Frank Dieckbreder/Bartolt Haase

Management des Sozialen

Inspiriert diakonisch handeln

Mit 42 Abbildungen und 2 Tabellen

Vandenhoeck & Ruprecht

Bibliografische Information der Deutschen Nationalbibliothek:
Die Deutsche Nationalbibliothek verzeichnet diese Publikation in der Deutschen Nationalbibliografie; detaillierte bibliografische Daten sind im Internet über https://dnb.de abrufbar.

Umschlagabbildung: © Shutterstock/BABAROGA
Innenabbildungen (Fotografien): © Stiftung Eben-Ezer; S. 52: © Pixabay/nuzree; S. 112: © Pixabay/KaThi25

Satz: SchwabScantechnik, Göttingen
Druck und Bindung: ⊕ Hubert & Co. BuchPartner, Göttingen
Printed in the EU

Vandenhoeck & Ruprecht Verlage | www.vandenhoeck-ruprecht-verlage.com

ISBN 978-3-525-63407-3

Inhalt

»Wer heute in das Management der Diakonie einsteigt, muss […] in ›bewegten Gewässern‹ unterschiedlicher Art zurechtkommen«
Ulrich Lilie

Diakonie inspiriert verändern

Vorwort von Ulrich Lilie

Die Zeit der »großen diakonischen Pötte« mit Kommandobrückenstruktur und Topdown-Ansagen ist vorbei – und mit ihr auch die Zeit der klassischen »Diakoniekapitäne«. Wie die »echten« Kapitäne auch, werden der Typus solcher überkommenden Organisationsstrukturen, genau wie die dazu passende Kultur und Praxis von Führung, über kurz oder lang schlicht wegdigitalisiert. »Smartshipping« erfasst die Seefahrt und verändert die Aufgaben der Seeleute. Auch das Führen und die Organisationen in der Diakonie wird die Digitalisierung nachhaltig verändern – in großen und kleinen Einrichtungen. Diese Transformation geht alle an. Die Digitalisierung verändert die Welt, in der wir leben und arbeiten. Und das rasant.

Ich schreibe dieses Vorwort in Zeiten der Corona-Pandemie, die auch eine Phase ist, in der wir steile Lernkurven in Bereichen des digital gestützten Arbeitens erleben, uns als Gesamtverband in der Diakonie anders wahrnehmen, Verantwortung und Arbeitsteilung neu denken müssen, Prioritäten anders setzen, Absprachen beschleunigen und durchaus viele gute Erfahrungen damit machen. Ein neues Vertrauen in die Selbstständigkeit und die Kreativität unserer Mitarbeitenden entsteht – zwangsläufig auch bei denen, die Kontrolle für die stabile Basis von Führung hielten – das ist die feine Ironie der Entwicklung.

Corona verändert viel, auch das gewohnte Management des Sozialen. Ein Virus drängt uns zu Veränderung. Und wir lernen im Prozess. Das ist nicht immer einfach, aber es geht. Vielleicht beschleunigen die Corona-Krise und die Corona-Normalität, in die wir derzeit gestaltend hineinwachsen, Prozesse, die sonst länger gedauert hätten.

Auch die Erwartungen der Menschen an die Arbeit der Diakonie haben sich verändert und verändern sich. Die Individualisierungs- und Singularisierungsprozesse etwa, die die spätmoderne Kultur der Industrienationen seit den Siebzigerjahren neu justieren, bringen auch andere Erwartungshaltungen an und neue Herausforderungen für unsere Angebote mit sich. Die deutsche Gesellschaft ist vielfältiger geworden. Die Vorstellungen davon, was ein gutes Leben ausmacht, unterscheiden sich immer mehr. Wir alle sind es inzwischen gewohnt und erwarten, dass wir in unserer Individualität passgenau wahrgenommen werden. Dazu gehört auch der Wunsch, dass Dienstleister unsere Bedürfnisse und Wünsche präziser verstehen und auch schneller bedienen. Personalisierte Werbung und der erstaunlich treffsichere Musikvorschlag auf Spotify oder die Möglichkeit zum individuell gestreamten »Fernsehabend« prägen auch unsere Erwartungen an soziale und medizinische oder pflegerische Dienstleistungen. Auch »die« Diakonie muss dieser Vielfalt der Erwartungen und Menschen gerecht werden lernen.

Damit das gelingen kann, werden wir unsere Strukturen und Prozesse, die Stellenbeschreibungen und Organisationsformen und auch das Selbstverständnis des Managements zu überprüfen und zu verändern haben.

Ich bin überzeugt, dass wir dank der Lernerfahrungen und Veränderungen im Zusammenhang mit der Realisierung von Inklusion auch auf radikale Überprüfungen gut vorbereitet sind. Das lang überfällige Bundesteilhabegesetz (BTHG), das die Individuen mit ihren Bedarfen und Potenzialen noch mal neu in den Mittelpunkt unserer Arbeit stellt und an dessen Umsetzung unsere Einrichtungen mit Engagement und mit den Menschen arbeiten, ist eine Übung für das, was kommt. Diese Entwicklung verändert unsere Unternehmen, lehrt Angebote zu individualisieren und an den Bedarfen und Potenzialen der Einzelnen zu orientieren. Ob die Adressat*innen – wie Frank Dieckbreder und Bartolt Haase unsere Zielpersonen nennen – alt oder jung, evangelisch oder muslimisch sind: Auf den einzelnen Menschen kommt es an.

Wer über zukünftige Anforderungen an Führungskräfte und ihre Teams sowie Strukturen in der Diakonie nachdenkt, sollte diesen Fokus nicht verlieren und muss sich gleichzeitig mit komplexen Gemengelagen beschäftigen: Digitalisierung und demographischer Wandel, religiöse Vielfalt und zunehmende Säkularität, Migration, Klimawandel und eben die Pandemie sind Faktoren, die unsere Gesellschaft tiefgreifend verändern.

Die Bedingungen, unter denen diakonische Einrichtungen und ihre Führungskräfte arbeiten, sind instabil und unübersichtlich oder, was weniger bedrohlich klingen mag, fluider. Die Megathemen und -trends übersetzen sich in die immer ebenfalls stark differierenden Gemeinwesen, in denen wir vor Ort diakonisch tätig sind, in denen wir »dienen und dazwischengehen« – wie man das griechische Wort *diakonein* auch übersetzen kann.

Wer heute in das Management der Diakonie einsteigt, muss also in »bewegten Gewässern« unterschiedlicher Art zurechtkommen. Die »Diakonie-Boote« müssen klein und wendig und sehr unterschiedlich sein: eher Pinne als Kommandobrücke, auch mal sich selbst lenkendes Schnellboot, dann wieder Kajak, vielleicht sogar Tretboot und Einhandsegler, Skiff, Fähre und Binnenschiff. Es braucht eine ganze Flotte sehr unterschiedlicher Wasserfahrzeuge. Und wer sie führen will, muss wissen, wo welches Boot wann von wem gebraucht wird und dafür sorgen, dass die Boote genau dann zugänglich sind und dass Menschen vor Ort sind, die mit ihnen umgehen können. Es geht auch darum, mit den unterschiedlichen Menschen das Boot zu bauen, das sie selbst steuern möchten.

Wir alle müssen in all unseren Angeboten und Haltungen flexibler, dynamischer und individueller werden, damit die Menschen uns weiterhin als zuverlässige und fähige Ansprechpartner*innen erleben können und wollen. Deswegen werden sich die Strukturen unserer Arbeit stetig verändern und mit ihnen auch unsere Kompetenzen erweitern müssen. Weniger vielleicht die Kompetenzen derer, die am Pflegebett oder in der Beratungsstelle direkt mit und für die Menschen arbeiten. Sicher aber die Kompetenz und Professionalität derer, die die unternehmerischen Rahmenbedingungen gestalten, in denen – religiös gesagt – die Menschenfreundlichkeit Gottes erlebbar werden soll.

Für die Gestaltung solcher Prozesse geben die überaus anregenden Inspirationen zu einem Management des Sozialen von Frank Dieckbreder und Bartolt Haase wertvolle Anregungen. Ich wünsche ihrem Buch, das wie ein spannender Film mit einem »Call to Action« als Cliffhanger endet, interessierte und lern- und veränderungswillige Leser*innen, die sich zu neuem diakonischen Handeln in der Perspektive der Menschenfreundlichkeit Gottes inspirieren lassen.

Berlin, im Mai 2020 Ulrich Lilie

*Erst wenn jemand bereit ist,
jemand anderen zu folgen,
kann dieser andere vorweggehen.*

1 Einleitung

Ein Mann bewegt sich auf einem Hang zu einer Musik. Eine ganze Weile tanzt er allein. Andere Menschen sitzen im Gras und schauen ihm zu. Unbeirrt und ganz bei sich gibt sich der Mann seinem Tanz hin. Dann steht einer auf und beginnt ebenfalls zu tanzen, dann noch eine und noch einer. Schließlich, als die Musik zu enden droht, sieht man Menschen zum »Ort des Geschehens« eilen, um dabei zu sein und mitzutanzen. Der gemeinsame Tanz endet in Jubel und ausgelassener Stimmung.

Diese Szene ist auf einem YouTube-Video mit dem Titel »First Follower«[1] zu sehen.

Was hat das mit unserem Buch zu tun?

Das Thema dieses Buches ist in erster Linie das Management und im Weiteren die inspirierte und inspirierende Führung diakonischer Unternehmen und Einrichtungen. Das Thema ist in der Welt, weil sich vertraute Hierarchien verändern: Verantwortung liegt nicht mehr ausschließlich auf den Schultern einzelner Leitungspersönlichkeiten, sondern wird auf mehr Menschen, eigentlich alle Mitarbeitenden, verteilt. Führung bedeutet unter diesen neuen Rahmenbedingungen, Probleme und Herausforderungen selbst zu erkennen und nach kreativen Lösungen zu suchen, anstatt mit der Bitte »Regel das mal!« zum*zur Chef*in zu laufen. Somit sind alle Mitarbeitenden einer Organisation potenzielle Führungskräfte. In diesem Zusammenhang gibt es nun eine Managementtheorie, die uns zentral zum Verfassen dieses Buches inspiriert hat. Sie heißt »First Follower Leadership«.

---

1 https://www.youtube.com/watch?v=SueVLgAmRvs (Zugriff am 16.05.2020)

Zurück zum tanzenden Mann: Was ist hier passiert?

Jemand hat Führung übernommen, indem er beharrlich bei der Sache (Tanz) blieb. Obwohl die Situation grotesk war, hielt er durch. Damit hat er einen Impuls gesetzt, der letztlich dazu geführt hat, dass ihm jemand folgte.

Genau das ist der entscheidende Moment. Wäre der »Folger« nicht aufgetaucht, wäre der Tanz irgendwann zu Ende gewesen und vergessen worden. Aber eben weil sich jemand angeschlossen hat, wurde die Angelegenheit letztlich zu einem Happening. Die Teilnehmenden waren vermutlich froh, dabei gewesen zu sein. Sie haben anderen Leuten davon erzählt. Diese fanden es vielleicht schade, nicht dort gewesen zu sein.

Das Video berührt zugleich den zweiten Themenstrang unseres Buches, denn unweigerlich bringt es die Assoziation der Nachfolge Christi hervor. Von dieser Nachfolge berichten alle Evangelisten. In seiner eigenen Nachfolge erzählt Jörg Zink (2001) hierzu in seinem Buch mit dem schlichten Titel »Jesus« folgende Geschichte:

> »Am Ortsrand von Kapernaum war die Zollstelle zwischen zwei verschiedenen Ländern, durch die die große Handelsstraße zum Meer hin führte. Da saß einer, der die Gebühren einzog oder auch mehr, als er eigentlich einziehen durfte. Der da saß, hatte einen guten Job. Er arbeitete für die verhasste Besatzungsmacht. Die Leute fürchteten ihn. Sie verachteten ihn. Aber man sagte nicht laut, was man über ihn dachte. Als Jesus vorbeikam und ihn anredete: »Lass dein Geld. Ich weiß etwas Besseres für dich. Komm mit!«, da stand er auf. Er ließ seinen gut bezahlten Platz hinter sich und begab sich in die Ungesichertheit eines Wanderlebens mit dem fremden Mann. Er trat heraus aus dem Schutz der Besatzungsmacht. Nun war er vogelfrei. Nun konnte man ihm allen zurückgehaltenen Hass zeigen. Nun konnte man ihm nachrufen: »Du Schwein!« Aber er ging mit. Was muss dieser Jesus für eine Ausstrahlung gehabt haben« (Zink 2001, S. 51)!

Ja, es geht sicherlich um die Ausstrahlung, das Charisma, das Jesus gehabt haben muss, wenn er neben dem Zöllner z. B. auch mittelständische Unternehmer im Fischereigewerbe zur Nachfolge aufforderte und diese dies schlicht taten.[2]

Mit der Theorie des »First Follower« können wir erkennen, dass erst diese Nachfolge dafür gesorgt hat, dass Menschen bis heute, in der x-ten Generation,

2 Vgl. z. B. Markus 1,16 ff.

Jesus folgen. Sie wollen dabei sein und anderen davon erzählen, wie toll das ist. Wie es sich anfühlt usw.

Damit das auch zukünftig gelingt, ist es auch im Kontext sozialdiakonischen Handelns wichtig, in dieser Nachfolge bereit zu sein, selbst Verantwortung zu übernehmen. Das auch auf die Gefahr hin, dass uns jemand folgt. Denn das ist natürlich eine Bürde.

Doch wir können, und das ist das Tolle und Besondere der Diakonie, getrost sein, dass unsere Führung aus der Nachfolge Jesu hervorgeht. Auch wenn wir beim Erkennen eines Problems oder einer Herausforderung die ersten sind und Verantwortung übernehmen (müssen), so wissen wir doch, dass wir nicht allein sind. Gott ist an unserer Seite, wenn wir auf einer Wiese »allein« tanzen, um etwas zu erreichen.

Worauf wollen wir mit unserem Buch hinaus?

Es gibt inzwischen eine langjährige Tradition, Management in einer systemischen Logik zu verorten. Daraus entstanden sind Ideen von Matrix- respektive Netzwerkorganisationen, mit denen die Überwindung von Abteilungsversäulungen einhergehen sollen und dies sicherlich auch tun. Der Grundgedanke lautet, dass alles mit allem zusammenhängt. Und die Welt scheint dies zu bestätigen. Spätestens mit der sukzessiven Umsetzung der Industrie 4.0 stellen Aspekte der zukünftigen Mobilität, der Arbeit, der Globalisierung etc. keinen Blick mehr in die Glaskugel dar. Die Bevölkerung der Erde ist eine Weltgesellschaft, unabhängig davon, dass es regionale Ausgestaltungen des Zusammenlebens, des Konfliktes bzw. der Konfliktbereitschaft sowie der Verteilung von Gütern und Lebensqualitäten gibt. Klimaveränderungen sind Weltklimaveränderungen. Digitale Vernetzungen sind Weltvernetzungen. Letztere sogar darüber hinaus, wenn die Satellitensysteme einbezogen werden. Jemand, der sich mithilfe einer Smartphone-App den Weg zwischen einem Punkt a und einem Punkt b erklären lässt, ist so gesehen ein Kosmopolit, auch wenn er sich in den Grenzen einer Stadt bewegt.

Im 21. Jahrhundert zu leben bedeutet auch, in einem Netz zwischen den Extremen existenzieller Bedrohungen und radikaler Veränderungen zu *existieren.* Und so ist auch der Blick Hararis (2019), den er in seinem Buch »21 Lektionen für das 21. Jahrhundert« wagt, nicht wirklich der in eine Glaskugel.

> »[...] Biotechnologie gekoppelt mit dem Aufstieg künstlicher Intelligenz – könnten [...] im Zusammenspiel dazu führen, dass sich die Menschen in eine

Klasse von Übermenschen und eine riesige Unterschicht nutzloser Homo sapiens aufspaltet. Diese bereits ohnehin düstere Lage könnte sich noch weiter verschlimmern, denn wenn die Massen ihre ökonomische Bedeutung und ihre politische Macht verlieren, dann könnte der Staat zumindest teilweise den Anreiz verlieren, in ihre Gesundheit, Bildung und Wohlfahrt zu investieren. Es ist höchstgefährlich, überflüssig zu sein. Die Zukunft der Massen wird somit vom guten Willen einer kleinen Elite abhängen. Vielleicht besteht dieser gute Wille ein paar Jahrzehnte lang. Doch im Falle einer Krise – etwa einer Klimakatastrophe – wäre es ziemlich verführerisch und nicht besonders schwer, die überflüssigen Menschen einfach über Bord zu werfen«. (Harari 2019, S. 115)

Es ist auch dieses Zitat, das uns angetrieben hat, dieses Buch zu schreiben. Dies zum einen, weil uns aus unseren Arbeitsbereichen sehr bewusst ist, von wem Harari hier schreibt, zum anderen weil uns auch darin auffällt, dass es die systemische Perspektive und Interpretationssingularität ist, in der eine ganz eigene Gefahr lauert. Nämlich die Gefahr, dass der/die Einzelne zu einer unerkannten Masse wird, die in Summe zu den Kategorien systemrelevant und eben nicht-systemrelevant (und somit als einzelner Mensch irrelevant?!) gezählt wird, ohne dass aus dem Systemischen heraus selbst erklärt werden könnte, wodurch diese Relevanz begründet wird. Somit erhält das System eine merkwürdige Verantwortung, die aufgrund der nicht vorgesehenen Personalität letztlich zur Folge hat, dass Fragen nach Gut und Böse und auch Richtig und Falsch, also ethisch-moralische Dimensionen, hinter die humanlose Dualität von relevant und nicht-relevant zurücktreten. Im philosophischen Diskurs gesprochen ist das Systemische in seiner Radikalität also nicht die Überwindung von Dualität, sondern im Gegenteil die Übertragung dieser in eine ethikfreie, weil menschenlose Zone.

Es wäre allerdings fatal und zudem wissenschaftlich unredlich, die Analysemöglichkeiten, die sich aus dem Systemischen ergeben, zu ignorieren. Deshalb greifen wir im Verlauf des Buches diese Perspektive immer wieder auf. Zugleich stellen wir jedoch Perspektiven entgegen, die auf den Einzelnen fokussieren. Wir wehren uns sozusagen gegen die Reduktion der Welt auf systemrelevant und systemirrelevant, weil wir schon allein aus christlicher Intention eine solche Simplifizierung für verfehlt halten, um sie in ihrer Ausschließlichkeit auf diakonische Organisationen im Speziellen und aus unserer Sicht auf Sozialorganisationen als Ganzes anwenden zu können. Für die Herausforderungen unserer Zeit versuchen wir deshalb ergänzende Lösungen, Ideen und Inspirationen zu finden.

In diesem Buch gehen wir von der These aus, dass das Sozialmanagement hinsichtlich gegenwärtiger Herausforderungen und des moralischen Anspruchs verändert werden muss, um den Anforderungen einer zunehmenden »Vermarktlichung« gewachsen zu sein. Darin sind sowohl die Organisationen der Leistungsträger als auch der Leistungserbringer hierarchisch organisiert. Sie streiten miteinander um Geldmittel, die »Dritten«, den Adressat*innen als Leistungsnehmenden oder -empfangenden, zugutekommen sollen. Um dieses Modell des sogenannten »Leistungsdreiecks« zu gestalten sowie den Markt vom »Dritten Sektor« in einen »realeren Markt« zu überführen, wird die Theorie eines »Managements des Sozialen« vorgeschlagen. Darin wird zuerst geklärt, wie es überhaupt dazu kommt, dass etwas »Normales« wie das Soziale eines Managements bedarf.

Welche Aspekte haben wir berücksichtigt?

In Kriminalromanen geht es um Spannungsbögen. In Sachbüchern ist das in gewisser Weise nicht anders. Die Spannung wird durch eine zeitliche Abfolge erzeugt. Informationen werden sukzessive aufgebaut, sodass sich der Gesamtzusammenhang zum Ende hin erschließt. Wir nehmen die rasanten Entwicklungen im Sozialbereich durchaus als einen Krimi wahr. Dies natürlich (und zum Glück) nicht im Sinne von Mord und Totschlag, jedoch hinsichtlich von existenzieller Verantwortung, die Tätige und Adressat*innen in diesem Bereich Tag für Tag für sich selbst und andere übernehmen. Organisational sind dies, ganz im Sinn von Vernetzung, Verantwortungen, die auf alle die Organisation betreffenden Bereiche zu beziehen sind.

Vielleicht kennen Sie die Geschichte, dass Kennedy bei einem Besuch bei der NASA einen Hausmeister gefragt haben soll, was er mache. Dieser soll geantwortet haben, dass er dafür sorge, dass Menschen zum Mond fliegen können. Unabhängig davon, ob sich diese Geschichte tatsächlich zugetragen hat, ist sie inhaltlich richtig. Es wird leicht übersehen, wer alles zu dem Netzwerk gehört, das eine Organisation ausmacht. Und ebenso leicht wird übersehen, dass das Netzwerk instabil wird, wenn nicht alle Teile (Personen!) verantwortlich handeln, indem sie nicht »nur« isoliert ihrer Arbeit nachgehen, sondern ihren Blick auf das Große und Ganze richten. Alles hängt mit allem zusammen, deshalb ist es aus unserer Sicht wichtig, die Einzelteile und somit die Einzelpersonen in den Blick und nicht lediglich hinzunehmen.

Wir sind, wie wir im Verlauf des Buches aus theologischer Perspektive darlegen werden, davon überzeugt, dass jeder Mensch inspiriert ist und aus dieser

Inspiration heraus andere Menschen inspirieren kann. Deshalb beginnen wir das Buch mit diesem Aspekt. Danach wird es dann durchaus sachlich, wenn wir herauszuarbeiten versuchen, warum es merkwürdig ist, von Sozialmanagement zu sprechen. Und vor allem arbeiten wir heraus, was Alternativen zu dieser Semantik sein können. Uns ist dieses Kapitel sehr wichtig, weil Sprache Realität schafft. Eine Realität, die unser Handeln prägt. Es hat einen Grund, weshalb es immer wieder Diskussionen gibt, wie denn nun die Personen, die von sogenannten Sozialorganisationen (und darin wieder von einzelnen Personen!) unterstützt werden, bezeichnet werden sollten. Der Grund für diese Diskussionen besteht darin, dass jeder Begriff letztlich eine Abwertung im Sinn eines Gefälles zwischen denjenigen erzeugt, die unterstützen und denjenigen, die unterstützt werden. In letzter Konsequenz ist dieser Konflikt nicht zu lösen. Wir nutzen in diesem Buch den Begriff Adressat*innen und nehmen damit in Kauf, dass wir uns damit zu Absendern machen. Auch irgendwie Unfug. Trotzdem nehmen wir diesen und in der Folge weitere Begriffe, die in sich immer Unschärfen enthalten. Wir tun dies in Ermangelung der Möglichkeit, eine allgemeingültige Schärfe erreichen zu können. Letztlich geht es uns darum, die Diskussion am Leben zu erhalten, um damit auf die Notwendigkeit eines sensiblen Umgangs mit Sprache hinzuweisen.

Auf der Basis der Inspirationen und der Verortung des Sozialmanagements als, wie der Buchtitel zeigt, »Management des Sozialen« in wirtschaftlichen und gesellschaftlichen Kontexten setzen wir unsere Erzählung mit dem Aufzeigen von Möglichkeiten fort, *wie Sie sich selbst inspirieren lassen und andere inspirieren können.* Wir tun dies in einer Form, die eine Art Mischgenre darstellt. Denn wie wir im weiteren Verlauf an der entsprechenden Stelle darlegen werden, ging und geht es uns mit diesem Buch nicht darum, ein weiteres Lehrbuch im Sinne einer Monotheorie zu schreiben, das dann in Methodenübungen übergeht und womöglich den Anspruch erzeugt, nun den richtigen Weg gefunden zu haben. Vielmehr haben wir uns über Jahre mit verschiedenen Ansätzen beschäftigt, aus denen wir exemplarisch, anhand unseres »roten Fadens« der Inspiration, Einzelnes herausgreifen. Unsere Erfahrungen, die wir selbst mit unterschiedlichen Methoden gemacht haben, zeigen, dass die Abgrenzung von Methoden gegeneinander (z. B. Kanban vs. Scrum) wesentlich Marktplatzierungsansprüchen geschuldet sind. In unserer Praxis haben wir gute Erfahrungen damit gemacht, unterschiedliche Methoden zu vermischen und daraus Handlungsstrategien für die jeweilige Organisation mit ihren jeweiligen Ansprüchen und Befindlichkeiten abzuleiten. Und weil diese Mixturen spezielle Anpassungen sind, halten wir uns sehr damit zurück, nun einen Eklektizismus wieder als allgemeingültig zu »verkaufen«. *Stattdessen bauen wir Metaebenen auf, geben Querverweise und versuchen ganz allgemein, Sie dahingehend zu inspirieren, Ihre eigenen Lösungen zu entwickeln.*

In gewisser Weise machen wir jedoch eine Ausnahme. Diese besteht darin, dass wir zum Ende des Buches sehr konkret einen Vorschlag für eine organisationale Struktur machen. Wir nennen diese »teilhierarchische Netzwerkorganisation«. »In gewisser Weise« deshalb, weil das Ende des Buches auch für uns (ganz im Sinn einer Krimi-Serie) einen »Cliffhanger« darstellt. Wir markieren schlicht den Punkt, an dem wir uns in unseren Überlegungen befinden. *Vielleicht inspiriert er Sie, dort weiterzudenken, ihn auszuprobieren und durch Handlung lebendig werden zu lassen.* Wir werden das tun!

Wer sind die Adressat*innen dieses Buches?

*Nun denn, Sie haben bereits bis hier hin gelesen. Somit sind Sie Adressat*in dieses Buches. Denn offenbar haben Sie sich von der Idee (vielleicht durch den Klappentext oder einen Bericht aus dem Bekanntenkreis) ansprechen lassen. In diesem Buch werden wir Sie immer wieder direkt ansprechen. Diese Stellen heben wir dadurch hervor, dass wir sie in kursiv setzen.*

Grundsätzlich gehen wir davon aus, dass das Buch von (angehenden) Leitungs- bzw. Führungskräften des Sozialbereichs gelesen wird. Und hier speziell aus solchen Organisationen, denen christliches Handeln inhärent ist. *Sollten Sie eine solche Funktion und Aufgabe innehaben oder anstreben, ist es richtig anzunehmen, dass wir das Buch für Sie geschrieben haben.* Darüber hinaus ist uns wichtig, dass wir aus unserer Überzeugung heraus Menschen als mehr wahrnehmen und verstehen, als es Funktionen und Aufgaben anzeigen. *Wir sprechen Sie also als ganzen Menschen an.* Und unsere Hoffnung ist, dass das Buch auch von Menschen gelesen wird, die nicht namentlich in Organigrammen auftauchen. Denn eine unserer Kernthesen besteht darin, dass das Management des Sozialen eine organisationale Gesamtaufgabe ist – ganz so, wie Ulrich Lilie es in seinem Vorwort am Beispiel der Seefahrt wunderbar in eine Metapher gegossen hat. Somit sind die Adressat*innen dieses Buches all jene, die – in welchen Funktionen und Aufgaben auch immer – im Sozialen und insbesondere der Diakonie tätig sind und sich auf das Abenteuer einlassen wollen, sich inspirieren zu lassen und andere zu inspirieren.

Wem gilt unser Dank?

Natürlich ist es üblich, sich in Büchern bei Personen zu bedanken, die bei der Entstehung geholfen haben. Für dieses Buch geht diese Danksagung jedoch über die durch die Üblichkeit erzeugte Redlichkeit hinaus, weil das Buch von Inspirationen handelt, für die wir dankbar sind.

Für unseren Dank müssen wir vom Abstrakten zum Konkreten gehen. Denn unser Dank richtet sich zuallererst an eine Vielzahl von Personen, die hier Seiten füllen würden. Doch auch, wenn wir hier nicht namentlich vorgehen können, bedanken wir uns, selbstverständlich das diverse Geschlecht einbeziehend, einzeln bei jeder Kollegin und jedem Kollegen, bei jeder Adressatin und jedem Adressaten, bei jedem Freund und jeder Freundin für die Inspirationen, die durch Worte und Gesten zu diesem Buch beigetragen haben.

Ferner bedanken wir uns bei den Autor*innen der vielen Bücher und Fachartikel, die wir zum Thema gelesen und deren Inhalte wir in unserer Praxis umgesetzt haben.

Ganz konkret gilt unser Dank Frau Jana Harle vom Verlag Vandenhoeck & Ruprecht, die mit freundlicher Geduld und Sachverstand die Entstehung des Buches begleitet hat. Wir bedanken uns bei Dörte Vollmer, die besonders den theologisch-diakonischen Teil begleitet, die geistlichen Inspirationen geschrieben und die Fotos beigetragen hat. Wir bedanken uns bei Aileen Reineke fürs Mitdenken, die Organisation der Bildbeiträge und redaktionelle Bearbeitungen. Für die gemalten Bilder bedanken wir uns bei den Künstler*innen der Kunstwerkstatt Eben-Ezer in Lemgo und deren Leiter Igor Oster. Unser Dank gilt zudem Hans-Hermann Wolf, der im entscheidenden Moment eine Inspiration einbrachte, die nachhaltig auf das ganze Buch wirkt. Und wir bedanken uns bei Ulrich Lilie, dem Präsidenten der Diakonie Deutschland, dass er sich die Zeit genommen hat, sich mit unseren Ideen zu beschäftigen und ein Vorwort zu schreiben.

Inspiration wird zur Wirkung, wenn sie berührt.

2 Inspirationen und Wirkungen aus der Geschichte sozialdiakonischen Handelns

Der Tanz geht weiter …

> »I danced in the morning when the world was begun,
> I danced on the moon and the stars and the sun.
> I came down from Heaven and I danced on the earth.
> At Bethlehem I had my birth.« (Bücken 2001)

So beginnt das Lied »Lord of the Dance« von Sydney Carter.

In der deutschen Übersetzung:

> Ich tanzte an dem Morgen, als die Welt begann,
> ich tanzte im ganzen Weltenall dann.
> Ich kam von oben und ich tanzte auf dem Feld,
> in Bethlehem kam ich zur Welt.

Der Kehrvers:

> Tanz, tanz, wo immer du auch bist,
> ich bin der Herr des Tanzes für dich.
> Und ich führe dich, wo immer du auch bist,
> denn ich bin der Herr im Tanz für dich.

Jesus als der »Lord oft the dance« – der Herr des Tanzes. Wer sich auf ihn einlässt, entscheidet sich dafür, mit ihm zu tanzen, sich auf den Tanz des Lebens einzulassen. Die Pharisäer und Schriftgelehrten lädt er zum Tanz ein:

> »I danced for the scribes and the pharisee,
> but they would not dance and they wouldn't follow me …« (Bücken 2001)

Sie lehnen ab, wollen den Tanz nicht mittanzen. Doch die Fischer am See Genezareth, die Jesus zum Tanz, zur Nachfolge auffordert, lassen sich darauf ein und verlassen ihr gewohntes Leben:

> »I danced for the fishermen, for James and John,
> they came with me and the dance went on.« (Bücken 2001)

Menschen tanzen mit, der Tanz geht weiter. Bis heute und über heute hinaus. Überall dort, wo Menschen sich bewegen und inspirieren lassen, neue Wege beschreiten und ihren Herzen folgen. Dieses zu tun ist in jedem Menschen angelegt, denn jedes Leben ist inspiriertes Leben.

Jedes Leben ist inspiriertes Leben

Gott schenkt Leben. Das ist die erste zentrale Aussage der Bibel. Gleich in den ersten Kapiteln der Bibel wird erzählt, wie Gott aus einem »Tohuwabohu« die Welt ordnet und für das Leben bereitmacht. Gottes Schöpfungshandeln verfolgt einen großen Plan – einen guten Plan, wie immer wieder betont wird. Dieser Plan gipfelt darin, dass in der von Gott geordneten Welt Leben entsteht: Leben in der Natur; das Leben der Tiere und schließlich: das Leben der Menschen. Der finale Akt dabei ist, dass Gott den zwar aus Staub geformten, aber immer noch toten Leib des Menschen anhaucht: »Da machte Gott der Herr den Menschen aus Staub von der Erde und blies ihm den Odem des Lebens in seine Nase. Und so ward der Mensch ein lebendiges Wesen« (Genesis 2,7)[3]. Es ist kein Pusten und kein Sturm, nur ein sanfter Hauch. Aber es ist der Hauch, der Leben bringt: Gott haucht den Atem ein. Aus einem toten Körper wird ein Mensch – oder in den Worten der Bibel: So ward der Mensch ein lebendiges Wesen.

In der Bibel ist mit dieser Feststellung nicht nur das Funktionieren des Körpers gemeint, das Auf und Ab des Brustkorbs oder das Schlagen des Herzens. Der Odem ist so etwas wie das Wesen des Lebens. Der Hauch Gottes ist das, was den Menschen in seiner Gesamtheit ausmacht. Durch diesen Hauch Gottes besteht eine Verbindung von Gott zum Menschen. Die menschliche Antwort, die dieser Verbindung entspricht, ist das Lob Gottes in Wort und Tat: »Alles, was Odem [= Atem] hat, lobe den Herrn! Halleluja!« (Evangelisches Gesangbuch [EG] Nr. 641).

3 Sofern nicht anders angegeben wird die Bibel zitiert nach Martin Luthers Übersetzung, revidiert 2017.

Leben ist also immer ein Geschehen in einer Verbindung. Leben heißt, in Verbindung zu Gott zu existieren. Leben ist Beziehung zwischen Gott und Mensch. In der Bibel wird dieses Urphänomen des Lebens anhand der Urmenschen Adam und Eva begründet. Sie werden von Gott ins Leben gehaucht. Genau dieses Schöpfungshandeln wiederholt sich bei jedem einzelnen Menschen. Jedem einzelnen Menschen wird von Gott der Hauch des Lebens verliehen. Das ist das Wunder des Lebens!

Der Lateinische Begriff, der dieses Schöpfungshandeln Gottes am besten beschreibt, ist »Inspiratio«. Wörtlich übersetzt bedeutet dieser Begriff so etwas wie »Beseelung« oder »Einhauchen«. Es geschieht also etwas von außen, etwas, das der Mensch nicht beeinflussen kann. Das ist göttliches Handeln. Dieser von außen kommende Akt ist aus theologischer Perspektive letztlich der Grund dafür, dass jeder Mensch eine unantastbare Würde hat. Diese Würde kommt nicht von ungefähr. Sie kommt von Gott. Sie ist Kern des Menschen – der Grund des Lebens. Sie ist da, bevor der Mensch seinen ersten eigenständigen Schritt geht. Sie ist da auf allen Wegen, die ein Mensch in seinem Leben geht. Diese Würde ist da bis zu dem Moment, in dem der Mensch seinen letzten Atemzug tut. Die Geschichte jeden Lebens ist also gerahmt vom Schöpfungshandeln Gottes. Man kann sagen: Von dieser biblischen Grundlage aus gedacht ist jedes Leben »inspiriertes« Leben. Ohne die Inspiration Gottes, ohne den Hauch des Lebens, gibt es kein Leben. Inspiration heißt in diesem Sinn, dass Gott in Verbindung zu jedem Menschen steht. Gottes Hauch des Lebens ist das verbindende Band zu den Menschen und zwischen den Menschen.

Mit Bezug auf das Thema dieses Buches lässt sich demnach festhalten: Diakonie ist in allen ihren Handlungsfeldern immer und per se inspiriertes Handeln, denn Diakonie ist Begegnung mit dem Leben. In jedem diakonischen Handeln begegnen sich Menschen, die von Gott zum Leben inspiriert sind. Jede Begegnung basiert darauf, dass der Hauch des Lebens weht. Wenn dieser Hauch des Lebens aber allein von Gott kommt, so ist in jeder Begegnung Gott auch gegenwärtig. Für die Diakonie und ihre Mitarbeiter*innen ist es grundlegend, sich das immer wieder bewusst zu machen: Jede Begegnung von Menschen ist inspiriertes Geschehen. In jeder Begegnung ist Gott gegenwärtig. Jedes diakonische Tun ist Dienst am Menschen aber ganz unmittelbar auch Dienst an Gott.

Diese Erkenntnis ist so etwas wie die Grundhaltung der Diakonie. Sie beschreibt die feste Überzeugung, dass in jedem Menschen Gott begegnet. Daraus folgt, dass jedem Menschen entsprechend würdevoll und angemessen zu begegnen ist, egal ob Kleinkind oder Erwachsenem, ob arm oder reich, ob stark oder schwach, mit oder ohne Behinderung, mit großem oder kleinem Unterstützungsbedarf.

Das macht die diakonische Sache durchaus komplex. Denn so kann Diakonie nie allein als Geschäftsmodell zur Generierung wirtschaftlicher Erträge betrachtet werden. Diakonie enthält immer ein unverfügbares Element. »Diakonie – damit Leben gelingt«, lautet die Überschrift über dem ersten Abschnitt des Leitbildes der Diakonie. Damit ist das Unverfügbare benannt. Gelingendes Leben kann nicht allein durch menschliches Planen und Handeln gewährleistet werden. Ob Leben gelingt, hängt in der Bibel immer vom Segen Gottes ab. Dabei steht verlässlich fest, dass für diesen Segen schon in der Schöpfung der gute Wille Gottes über jedem Leben liegt und in jedes Leben mit dem Atem eingehaucht ist: »Und Gott sah an alles, was er gemacht hatte, und siehe, es war sehr gut.« (Genesis 1,31)

Inspiration und Auftrag

Gleich in den ersten Kapiteln erzählt die Bibel auch, dass Gott auf der Grundlage dieser jedem Menschen gegebenen Inspiration einzelne Menschen auf besondere Art beauftragt. Eine erste berühmte Persönlichkeit in diesem Sinn ist Noah. Von ihm erzählt das erste Buch der Bibel. Kaum hat Gott die Menschen geschaffen, ist »alles Dichten und Trachten ihres Herzens nur böse« (Genesis 6,5). Gott bereut sein Schöpfungswerk, »es bekümmerte ihn in seinem Herzen« (Genesis 6,6). Er fasst den Plan, die Menschen wieder von der Erde zu vertilgen. Dies soll durch eine Sintflut geschehen. Vierzig Tage und Nächte soll es regnen, bis alles Leben auf der Erde vernichtet ist. Aber da ist einer, an dem Gott gefallen hat: Noah. Er ist ein guter Mensch und führt ein Leben, das Gott gefällt. Ihn will Gott verschonen. Er soll überleben, zusammen mit seiner Familie, seinen Knechten und Mägden und je einem Paar aller Tiere auf Erden. Es ist das Versprechen Gottes, diese Welt und ihre Menschen zu erhalten. Noah bekommt keinen geringeren Auftrag, als das Leben auf der Welt zu retten. Dazu braucht er neben dem handwerklichen Geschick, ein sturmfestes Schiff zu bauen, vor allem eines: die Kraft der Inspiration. Er muss Menschen und sogar Tiere überzeugen, mit ihm an einem Strang zu ziehen. Er muss sie überzeugen, ihm auf die Arche zu folgen. Er muss sie überzeugen, ein absolut verrücktes Abenteuer einzugehen. Alles beruht auf der Verheißung: Gott will das Leben erhalten. Deshalb inspiriert er Noah zu seinem Tun und macht ihn zum Helden der Flutgeschichte. Das eigentlich Heldenhafte aber ist, dass Noah Mensch und Tier inspiriert, ihm zu folgen und das Abenteuer Leben zu wagen. Das erinnert an die Idee des First Followers. Noah fängt an, die Arche zu bauen. Völlig verrückt – und trotzdem machen andere mit. Sie folgen ihm. Sie sind inspiriert.

Nach diesem Grundmuster werden in der Bibel viele weitere Geschichten erzählt. Immer wieder gibt es Personen und Persönlichkeiten, die – von Gott beauftragt – Menschen auf zum Teil abenteuerliche Wege mitnehmen. Immer wieder gibt es Frauen und Männer[4], die so auftreten, dass sie ihre Mitmenschen mitreißen und zu Anführer*innen werden.

Zum Beispiel Abraham: In einem Alter, in dem andere Menschen sich zur Ruhe setzen, beginnt für Abraham ein ganz neuer und sehr unruhiger Lebensabschnitt: »Und der HERR sprach zu Abram: Geh aus deinem Vaterland und von deiner Verwandtschaft und aus deines Vaters Hause in ein Land, das ich dir zeigen will.« (Genesis 12,1) Abraham folgt dem Willen Gottes und bewegt als alter Mann ein ganzes Volk dazu, mit ihm den Aufbruch in ein neues Leben zu wagen.

Da ist Mose. Als er die Schafe seines Schwiegervaters hütet, erscheint ihm der Engel des HERRN in der Flamme eines brennenden Dornbuschs. Der Engel beauftragt ihn, das Volk Israel aus der Sklaverei in Ägypten in die Freiheit zu führen. Mose wehrt ab. Er hält sich für ungeeignet: »Wer bin ich, dass ich zum Pharao gehe und führe die Israeliten aus Ägypten?« (Exodus 3,11). Tiefe Zweifel plagen ihn, der um seine mangelnde Wortgewandtheit und Überzeugungskraft weiß: »Siehe, sie werden mir nicht glauben und nicht auf mich hören« (Exodus 4,1). Aber Gott hält an der Beauftragung fest. Mose ist für ihn der Mann, der Israel aus Ägypten führen kann. Er stellt ihm seinen Bruder Aaron an die Seite. So wird es gelingen! Mose begreift, dass aller Widerstand zwecklos ist und nimmt den Auftrag an. Eine lange beschwerliche Reise durch die Wüste beginnt. Ein großes Abenteuer, getragen von der Verheißung Gottes, sein Volk in ein Land zu führen, in dem Milch und Honig fließen. Mose bewegt das Volk Israel dazu, den »Fleischtöpfen Ägyptens« abzusagen und sich ihm auf dem abenteuerlichen Weg durch die Wüste in das Gelobte Land anzuschließen. Auch das ist eine große Geschichte von Inspiration und Begeisterung, von Rückschlägen und Neuaufbrüchen!

Die Bibel erzählt aber nicht nur von inspirierten und inspirierenden Männern. Es gibt auch verschiedene Frauen, die ihre Mitmenschen bewegen. Da ist die Richterin und Prophetin Deborah. Sie beauftragt Barak, den Feldhauptmann Sisera zu besiegen. Barak antwortet: »Wenn du mit mir gehst, so will ich gehen; gehst du aber nicht mit mir, so will ich nicht gehen.« (Richter 4,8) Deborah sagt Barak ihre Begleitung zu: »Ich will mit dir gehen, aber der Ruhm wird nicht dir zufallen auf dem Weg, den du gehst, sondern der HERR wird Sisera in die

4 Und sicherlich damals schon diverse Personen. Aus Gründen der Lesbarkeit wird in diesem Buch auf die durchgehende Nennung des dritten Geschlechts verzichtet. Jedoch sind immer alle Menschen mit angesprochen und gemeint.

Hand einer Frau ausliefern.« (Richter 4,9) Als Sisera durch eine List besiegt ist, stimmt sie mit Barak ein Siegeslied an. Deborah nutzt die Kraft der Musik, um ihre Mitmenschen zum Feiern und Tanzen zu bringen. First Follower!

Nicht immer sind es spektakuläre Siege und große Taten, mit denen einzelne Menschen andere inspirieren. Das kleine biblische Buch Rut erzählt die Geschichte der Witwe Noomi. Noomi macht sich nach dem Tod ihres Mannes mit ihren beiden Schwiegertöchtern Rut und Orpa in das Land Juda auf. Dort soll es mehr zu essen geben als in der alten Heimat. Doch auf dem Weg schickt sie ihre Schwiegertöchter zurück: »Der HERR gebe euch, dass ihr Ruhe findet, eine jede in ihres Mannes Hause.« (Rut 1,10) Orpa geht, während Rut sich weigert umzukehren: »Wo du hingehst, da will ich auch hingehen, wo du bleibst, bleibe ich auch. Dein Volk ist mein Volk und dein Gott ist mein Gott.« (Rut 1,16) So bleiben die beiden Frauen Noomi und Rut beieinander. Am Ende einer abenteuerlichen und streckenweise auch leidvollen Reise heiratet Rut den Boas und wird, so erzählt es die Bibel, zur Stamm-Mutter Davids.

Das Muster vieler frühen Geschichten des Alten Testamentes ist faszinierend: Menschen inspirieren andere – zunächst nicht qua Amt oder durch feste Strukturen, sondern durch die Kraft Gottes, durch seinen Geist, durch seinen »Hauch des Lebens«. Mal sind es zarte und junge Figuren wie Josef oder der Hirtenjunge David, denen niemand zugetraut hätte, dass sie Großes bewirken und Menschen mitreißen. Mal sind es so kraft- und vom äußeren Erscheinungsbild eindrucksvolle Personen wie Samson, die sich Gott erwählt. Das Muster bleibt in allen Geschichten gleich: Gott wählt einen Menschen aus, der zur Nachfolge oder zum Mitmachen inspiriert. Am Ende geht es darum, dass Leben erhalten und Gott zur Ehre gestaltet wird. Der Hauch des Lebens bleibt in der Welt!

Eine deutlich andere Akzentuierung erhält das Verständnis von göttlicher Inspiration in der Zeit der Staatsbildung des frühen Israel. Zeitlich gesehen bewegen wir uns mit dieser Veränderung in den Jahren um 1000 vor Christus. Das Volk Israel begehrt, nach dem Vorbild anderer Völker, einen König zu haben. So entsteht in Israel ein Königreich. Samuel, der das Volk Israel richtet, soll einen König suchen. Die Wahl fällt auf Saul, einen Mann aus dem kleinen Stamm Benjamin. Die Bibel erzählt: »Als nun Samuel Saul sah, tat ihm der HERR kund: Siehe, das ist der Mann, von dem ich dir gesagt habe, dass er über mein Volk herrschen soll.« (1. Samuel 9,17) Saul wird erster König. Äußerlich erkennbar wird das durch einen offiziellen Akt: Samuel salbt Saul – oder genauer gesagt: Gott salbt Saul durch Samuels Mitwirken: »Da nahm Samuel den Krug mit Öl und goss es auf sein Haupt und küsste ihn und sprach: Siehe, der HERR hat dich zum Fürsten über sein Erbteil gesalbt.« (1. Samuel 10,1) Die göttliche Inspiration wird also formalisiert. Ein Mittler tritt im Auftrag Gottes auf. Er vollzieht ein Ritual, das inspiriert und den göttlichen Auftrag erkennbar macht. Dieses Handlungsmuster wird in der Folgezeit ausgebaut und weiter gestärkt.

Auf Saul folgt David, der jüngste Sohn des Isai. David ist ein Hirtenjunge mit zarter Gestalt und musisch begabt. Kein Kraftprotz, kein Kämpfer, keiner, von dem man denkt, dass er zum König über Israel gesalbt wird. Aber: »Ein Mensch sieht, was vor Augen ist; der HERR aber sieht das Herz an.« (1. Samuel 16,7) David wird von Gott erwählt. Samuel salbt ihn: »Und der Geist der HERRN geriet über David von dem Tag an und weiterhin.« (1. Samuel 16,13b) Noch stärker als bei Saul wird hier akzentuiert, dass mit diesem offiziellen Akt der Salbung die Inspiration für ein Amt verliehen wird.

Heutzutage ist eine solche Vorstellung nichts Außergewöhnliches. Jede Inthronisierung eines Königs oder einer Königin, jeder Amtseid bei der Übertragung eines Staatsamtes, jede offizielle Einführung in eine neue Aufgabe trägt diesen Charakter: Inspiration wird qua Amt verliehen. Das bedeutet: Nicht die Inspiration des einzelnen Menschen steht im Vordergrund, sondern die Inspiration der Institution, in der ein Amt übernommen wird. In besonderer Art und Weise wird das in patriarchal oder bischöflich strukturierten Kirchen deutlich. Hier wird die Inspiration des Amtes sogar per Sukzession weitergegeben. Feierliche Rituale umrahmen diesen Akt: Die Inspiration der Institution wird auf ihre Amtsträger übertragen. Das verleiht Würde, Kraft und Autorität – sagt aber nichts über die inspirative Kraft des Menschen aus, der mehr oder weniger zufällig Amtsträger ist.

In der Bibel gibt es also beides: Charismatische Menschen, die als Individuum inspirierend auf andere wirken aber auch Institutionen wie das Königreich oder später den Jerusalemer Tempel als religiöses Zentrum des Staates, die qua Amt und Autorität Inspiration ausstrahlen. Interessant ist, dass – über lange Sicht gesehen – die inspirierende Kraft der Institutionen eine schwächere Wirkung als die der einzelnen Menschen hat. Das israelitische Königreich fängt schon in der Zeit der charismatischen Könige David und Salomo an, seine Kraft zu verlieren. Es schließt sich eine tragische Geschichte des Zerfalls und Niedergangs an. Das geht so weit, dass auch der Jerusalemer Tempel als religiöser Inbegriff der göttlich autorisierten Macht des Staates zerstört wird. Exil und Orientierungslosigkeit sind die Folgen – bis wieder charismatische Persönlichkeiten auf den Plan treten und kraft ihrer Inspiration einen neuen Aufbruch ermöglichen.

Aus christlicher Perspektive gipfelt diese Logik in dem Auftreten und Wirken Jesu zur Zeit des Neuen Testaments. Das Kind aus dem Stall von Bethlehem ist nun wirklich der letzte Mensch, dem man in irgendeiner Art und Weise eine institutionelle Inspiration durch Staat, Tempel oder Kirche nachsagen könnte. Dieser einfache Tischler aus Nazareth entfaltet dennoch eine so gewaltige inspirative

Kraft, dass Menschen alles stehen und liegen lassen, um ihm zu folgen. Fischer, Handwerker, Frauen und Männer, Kinder und alte Menschen schließen sich ihm an. Sie merken: Hier ist Leben. Hier ist Hoffnung. Jesus zu folgen heißt Zukunft zu gestalten: »Und Jesus sprach zu ihnen: Kommt, folgt mir nach; ich will euch zu Menschenfischern machen! Und sogleich verließen sie ihre Netze und folgten ihm nach.« (Markus 1,17)

Doch die Geschichte der Nachfolge Jesu erhält eine dramatische Wendung. Gemeinsam zieht er mit seiner Anhängerschaft nach Jerusalem. Jubelnd wird Jesus in der Heiligen Stadt empfangen: »Hosianna dem Sohn Davids! Gelobt sei, der da kommt im Namen des Herrn! Hosianna in der Höhe!« (Matthäus 21,9b) Doch der umjubelte fällt tief. Jesus wird gefangen genommen und gekreuzigt. Selbst die engsten Follower wenden sich von ihm ab. Judas verrät ihn (Markus 14,10 f.). Petrus verleugnet ihn (Markus 14,66–72). Jesus wird von Schriftgelehrten und Hohepriestern angeklagt. Pilatus verurteilt ihn. Mit der Autorität des römischen Staates wird Jesus gekreuzigt.

Für einen Moment scheint es, dass die amtlichen Autoritäten des römischen Staates und die Macht der religiösen Institutionen stärker seien als die inspirative Kraft Jesu. Doch das große Wunder von Ostern ist, dass genau das eintritt, was nur durch die Kraft göttlicher Inspiration – also Gottes Hauch des Lebens – erklärbar ist. Wie bei der Schöpfung der Welt, als Gott mit seinem Hauch aus dem Nichts Leben schafft, sorgt er nun dafür, dass in dem Moment von Jesu Kreuzigung neues Leben entsteht. Diese Inspiration ist stärker als der Tod. Sie ist kraftvoller als der römische Staat. Letztlich beschreibt ein einziges Wort die inspirative Kraft Gottes im Gegensatz zum Versagen von Staat und Religion: Vivit! Er lebt. Jesus lebt.

Inspiriert zu diakonischem Handeln

Genau diese Erkenntnis hat im Verlauf der Geschichte des Christentums immer und immer wieder dazu geführt, dass Menschen diakonisch handeln. So berufen sich diakonisch handelnde Menschen zwar zunächst meist auf vermeintlich christliche Werte wie Nächstenliebe, Menschlichkeit oder die »einfache« Pflicht, Gutes zu tun. Diese Dinge können aber ebenso humanistisch oder philosophisch erklärt werden. Und es sind Werte, die auch die nichtkonfessionelle Wohlfahrt mit Fug und Recht für sich beansprucht. Die christliche Grundlage für diakonisches Handeln ist der Glaube an Gottes Inspiration des Lebens. Gott haucht das Leben ein. Er schenkt das Leben in seiner ganzen Vielfalt. Und vor allem: Gott öffnet eine Perspektive über den Tod hinaus. Seine Inspiration wirkt über alle

Grenzen und Begrenzungen hinweg. Die Verbindung zwischen ihm und dem Menschen, der Odem des Lebens, ist das tragende Band der Diakonie. Und – das ist in Abgrenzung zum katholischen nun der spezifisch evangelische Akzent – die inspirative Kraft Gottes ist nicht an Amt und Institution gebunden. Sie wirkt in der unmittelbaren Beziehung zwischen Gott und Mensch. Jeder Mensch ist inspiriert. Jeder Mensch lebt in Beziehung zu Gott und anderen. Ämter, Institutionen und Staaten können sich ändern oder auch ganz verschwinden – die Inspiration Gottes aber ist das Leben.

Spuren inspirierten Wirkens im frühen Christentum

Insofern ist es gerade für einen evangelischen Blick auf die Entwicklungen und die Geschichte der Diakonie von zentraler Bedeutung, die Frage nach der Kraft der Inspiration zu stellen und nach Spuren inspirierten Wirkens zu suchen. Bei einem Blick in das Neue Testament fällt zuerst auf, dass Inspiration offensichtlich verschieden bzw. vielfältig wirkt. Da gibt es Personen wie den Apostel Paulus, der vor allem zum Schreiben inspiriert wird. Sein persönliches Auftreten, seine – rhetorisch wohl nur mäßig und wenig fesselnd vorgetragenen – Predigten und auch sein Handeln sind es nicht, die andere Menschen inspirieren. Es sind seine Briefe und kraftvollen Worte, die überzeugen und ihn zur größten Autorität des biblischen Christentums werden lassen – eine Autorität, die bis heute ungebrochen ist. Immer noch und immer wieder werden, auch bei eher kirchenfernen Menschen, Verse aus den Paulusbriefen als Tauf-, Konfirmations- und Trausprüche ausgesucht. Sprüche, die durch das Leben begleiten. In Zeiten von einer sich dramatisch schnell verändernden Kirche und Gesellschaft bieten die eindrücklichen Bilder der paulinischen Briefe Richtung und Hilfe. Ganz markant kommt das zum Beispiel im Römerbrief zur Sprache. Paulus beschreibt in drei Versen, wie das ganze menschliche Leben in Gottes Hand liegt bzw. wie Gottes inspirative Kraft das gesamte menschliche Leben trägt:

> »Denn unser keiner lebt sich selber, und keiner stirbt sich selber. Leben wir, so leben wir dem Herrn; sterben wir, so sterben wir dem Herrn. Darum: wir leben oder sterben, so sind wir des Herrn. Denn dazu ist Christus gestorben und wieder lebendig geworden, dass er über Tote und Lebende der Herr sei.« (Römer 14,7–9)

In einem anderen, ebenso markanten wir bekannten paulinischen Bild ist ganz direkt auch von der inspirativen Kraft Gottes für das menschliche Zusammenleben die Rede: »Es sind verschiedene Gaben; aber er ist ein Geist. Und es sind verschiedene Ämter; aber es ist ein Herr. Und es sind verschiedene Kräfte; aber es ist ein Gott, der da wirkt alles in allen.« (1. Korinther 12,6)

Dieses Bild wird weiter entfaltet, indem die christliche Gemeinde als Leib mit vielen Gliedern dargestellt wird. Als Leib, der in seiner Vielfalt eben doch zusammengehört und miteinander lebt: »Und wenn ein Glied leidet, so leiden alle Glieder mit, und wenn ein Glied geehrt wird, so freuen sich alle Glieder mit.« (1. Korinther 12,26) Schlussendlich gipfeln diese Bilder in der wunderbaren Aussage, dass Gottes Liebe das große, unendliche, kraftvolle Band für alles Leben der Erde ist: »Nun aber bleiben Glaube, Hoffnung, Liebe, diese drei; aber die Liebe ist die größte unter ihnen.« (1. Korinther 13,13)

Paulus inspiriert durch Worte und Briefe, durch Sprache und wohlüberlegte Formulierungen.

Anders ist es bei Petrus. Er scheint eine charismatische Führungsfigur gewesen zu sein. Die Evangelien berichten von ihm als einem Hitzkopf, der schnell das Wort ergreift, sich nicht selten von seinen Impulsen leiten lässt, dabei auch mal scheitert und schließlich von Jesus zum Fels ernannt wird, auf dem die Kirche erbaut wird (vgl. Matthäus 16,18). Bemerkenswert ist die Geschichte seiner Befreiung aus dem Gefängnis in Apostelgeschichte 12. Dort wird erzählt, wie ein Engel Petrus von Ketten befreit, die Herodes ihm hat anlegen lassen. Dieses Ereignis macht Petrus zu einem frühen Helden des Christentums, jemanden, dem die Menschen folgen und an dem sie sich orientieren. Deutlich wird das zum Beispiel in der Überlieferung zum sog. Apostelkonzil (Apostelgeschichte 15). In dem Streit um die Frage, ob die frohe Botschaft von Jesu Leben auch Nichtjuden, also den Heiden gelte, erhebt Petrus das Wort. Sein Votum ist entscheidend für den Verlauf des Apostelkonzils – und damit ein entscheidender Punkt für die Verbreitung des christlichen Glaubens in alle Welt:

> »Als man sich lange gestritten hatte, stand Petrus auf und sprach zu ihnen: Ihr Männer, liebe Brüder, ihr wisst, dass Gott vor langer Zeit unter euch bestimmt hat, dass durch meinen Mund die Heiden das Wort des Evangeliums hörten und glaubten. Und Gott, der die Herzen kennt, hat es bezeugt und ihnen den heiligen Geist gegeben wie auch uns, und er hat keinen Unterschied gemacht zwischen uns und ihnen, nachdem er ihre Herzen gereinigt hatte durch den Glauben.« (Apostelgeschichte 15,7–9)

Interessanterweise verschwindet der charismatische Anführer Petrus nach diesem wegweisenden Auftritt recht still und des Weiteren unerwähnt von der Bühne des Neuen Testamentes. Selbst seine für die weitere Geschichte des

Christentums so bedeutende Reise nach Rom und die Übernahme des dortigen Bischofsamtes wird in der Bibel nicht erwähnt.

Bei der Suche nach Spuren inspirierten diakonischen Wirkens im frühen Christentum darf ein weiterer Blick in die Apostelgeschichte nicht fehlen. In Apostelgeschichte 6 wird die eindrucksvolle Geschichte von der Wahl der sieben Armenpfleger erzählt. Die Versorgung der Witwen mit dem Lebensnotwendigsten ist ein drängendes soziales Problem in der Gemeinde. Hilfe wird organisiert. Interessanterweise geschieht das gerade nicht durch das Auftreten einer charismatischen Figur oder einen diakonischen Gründungsvater. Vielmehr wird ein Amt eingerichtet, das sich 7 Menschen teilen: »Es ist nicht recht, dass wir das Wort Gottes vernachlässigen und zu Tische dienen. Darum, liebe Brüder, seht euch um nach sieben Männern in eurer Mitte, die einen guten Ruf haben und voll Geistes und Weisheit sind, die wollen wir bestellen zu diesem Dienst« (Apostelgeschichte 6, 2–4). Die Gemeinde stimmt diesem Vorschlag zu und wählt sieben Männer. Und – da begegnet wieder der Gedanke von der institutionellen Kraft von Inspiration: »Diese Männer stellten sie vor die Apostel; die beteten und legten die Hände auf sie« (Apostelgeschichte 6,6). Hier wird das Diakonat als Amt einer christlichen Gemeinde begründet.

Schon in der frühen Phase des Christentums lassen sich also vielschichtige Arten der Inspiration festmachen: Gottes Geist bewirkt, dass Menschen ihren Glauben verschriftlichen – wie Paulus oder die Evangelisten. Gottes Geist bewirkt, dass Menschen charismatisch inspiriert handeln und andere durch ihr tun mitreißen – wie Petrus und andere. Und Gottes Geist bewirkt, dass sich erste Strukturen von Gemeinde und Diakonie herausbilden, Inspiration also auch institutionell gedacht und gelebt wird – wie in der Ämterlehre des Paulus oder in der genannten diakonischen Struktur in Apostelgeschichte 6.

Persönliche Inspiration wird institutionalisiert

In der Kirchen- bzw. Diakoniegeschichte gibt es im Sinne charismatisch auftretender Leitfiguren zahlreiche Persönlichkeiten, die durch ihr Wirken andere Menschen zu diakonischem Handeln inspirieren. Die Lebens- und Wirkungsgeschichten von z. B. Sankt Nikolaus, Sankt Martin oder Hildegard von Bingen sind heute legendär. Diese Namen sind – wie andere auch – Inbegriff diakonischen Handelns der alten bzw. mittelalterlichen Kirche. Wenn bis heute an diese Menschen erinnert wird, dann zeigt das, welch kraftvolles inspirierendes Wirken von ihnen ausgegangen ist bzw. ihnen zugeschrieben wird. Sie haben erreicht, dass Menschen ihnen folgen. Jeder Martinszug im November und jeder

Nikolausstiefel, der am 6. Dezember vor die Haustür gestellt wird, erinnert an diese Persönlichkeiten. Menschen folgen ihnen bis heute – und sei es in Form von Tradition, Folklore oder Familienfesten.

In anderer Weise gilt das natürlich auch für die Gründer von Ordensgemeinschaften. Auch da weisen bis heute eindrückliche Spuren auf das Wirken charismatischer Gründerfiguren hin: Benedikt von Nursia war Einsiedler und später Gründungsabt des Benediktinerordens. Franz von Assisi war ein verwöhnter Sohn aus reichem Hause. In jungem Alter entschied er sich für ein Leben in Armut. Sein Name ist bis heute Inbegriff eines Lebens in Armut und zum Dienst an anderen. Die Franziskanerinnen und Franziskaner geben weltweit davon Zeugnis. Anders der Heilige Dominikus. Er galt als mutiger Friedensstifter – auch auf ihn beruft sich bis heute eine Ordensgemeinschaft. Die Namen der Gründer sind zum Programm geworden. Aus persönlicher Inspiration, aus Charisma und theologischer Botschaft wurde eine Institution. Nachhaltiger kann sich persönliche Inspiration kaum entfalten – als Inspiration, die über Jahrhunderte hinweg fasziniert, ausstrahlt und viele Grenzen überwindet.

Von dieser Art der Inspiration profitiert bis heute auch die Diakonie in Deutschland. Zwar gibt es keinen Wichern-, Fliedner- oder Bodelschwingh-Orden. Aber letztlich hat die inspirierende Kraft der Gründerväter und -mütter der heutigen Diakonie im 19. Jahrhundert ähnlich gewirkt wie die früherer charismatischer Identifikationsfiguren. Irgendwie ist es diesen Persönlichkeiten gelungen, andere Menschen anzustecken, für diakonisches Handeln zu begeistern und nachhaltig wirksame Strukturen für diakonisches Handeln zu entwickeln. Das soll nicht heißen, dass diese Personen alles gut und richtig gemacht haben. Und das bedeutet auch nicht, dass diese Personen in der historischen Betrachtung ihres Tuns unantastbar wären. Für heutiges diakonisches Handeln ist vielmehr die Frage interessant, wie und warum diese Menschen es geschafft haben, auf der Grundlage des christlichen Glaubens Inspiration für diakonisches Handeln zu wecken und – ggf. durch ihre Mitstreiter oder Nachfolger – in feste Strukturen diakonischen Handelns nachhaltig weiterzuentwickeln.

Denn das ist ja das eigentliche Wunder der Diakonie bzw. der gesamten christlichen bzw. auch alttestamentlichen Sozialgeschichte: Über viele tausend Jahre bewirkt die biblische Botschaft in der Welt, dass Menschen diakonisch handeln. Sie unterstützen sich, sie begleiten einander. Sie entwickeln ein Gespür dafür, dass Leben besser gelingt, wenn es gemeinsam und miteinander gestaltet wird. Mal opfern sie sich selbstlos für andere Menschen in Not auf. Mal entwickeln sie geniale Innovationen für die fachliche Weiterentwicklung diakonischer Arbeit. Sie bauen Strukturen auf, die auch in Kriegs- und Krisenzeiten tragen. Die Menschen in der Diakonie sind zugleich Treibende des Fortschritts und Hüter*innen der Tradition. Sie feiern Gottesdienst und beten zu Gott – und werden nicht müde, sich immer wieder neu auf die Begegnung mit Krankheit, Elend und Tod einzustellen. Das ist eine faszinierende Geschichte. Sie bezeugt: In jeder einzelnen diakonischen Tat, in jeder Begegnung und jedem Miteinander im diakonischen Kontext lebt die Botschaft, dass Gottes Inspiration Kraft zum Leben gibt. Sein Hauch zum Leben verbindet – und zwar Gott und Mensch wie auch Menschen miteinander. Diakonie ist ein Beziehungsgeschehen, das Räume für inspiriertes Handeln öffnet – und zwar auf allen Ebenen und in allen Bereichen diakonischen Tuns.

Konsequenz für heute

Das zu glauben heißt zu lernen und zu verstehen, dass diakonisches Handeln immer inspiriertes Handeln ist. Das heißt, auch für das heutige Tun Gottes Inspiration als Grundlage und Triebkraft diakonischen Handelns anzunehmen. Das heißt auch, eben nicht allein in Führungs- oder Vorstandsetagen Inspiration für Innovation und Weiterentwicklung zu vermuten. Vielmehr ist es Pflicht und Aufgabe von Leitung, Raum für Vielfalt zu geben – also agile Arbeitsformen zu fördern, kollegial zu leiten und Freiheiten zu selbstverantwortlichem Handeln zu geben. Wo dies geschieht, wird es immer Menschen geben, die diese Freiheit verantwortungsvoll nutzen und ausfüllen und damit ihrem Umfeld und Arbeitsbereich ein ganz eigenes schöpferisch-kreatives Gepräge geben.

Kolleg*innen inspirieren

Da ist die pferdebegeisterte Mitarbeiterin in einem landwirtschaftlich geprägten Wohnbereich, die mit viel Herzblut ein Tierprojekt ins Leben ruft und es engagiert begleitet. Ponys, Ziegen, ein paar Schafe, Esel und Hasen leben zusammen in einem Stall. Die Adressat*innen dieses Wohnbereichs lieben die Tiere und fühlen/wissen sich für sie verantwortlich. Kein Tag, an dem sie nicht vor und nach der Arbeit einen Besuch im Stall machen und nach den Tieren schauen. Und noch mehr: Das Tierprojekt lockt Menschen aus der Umgebung zu Kindergeburtstagen und Reittherapien an. So lebt rund um das Projekt eine Gemeinschaft unterschiedlicher Menschen, die durch ihre Liebe zu Tieren miteinander verbunden ist.

Da ist der Mitarbeiter, der seine Freizeit der Pflege von Renaissancemusik und dem Bau von alten Instrumenten widmet. Flöten in unterschiedlichen Größen und mit verschiedenen Klangfarben, Schlagwerk, Tischharfen und Leiern. Neben seiner Arbeit in einer diakonischen Einrichtung gründet und begleitet er ein inklusives Musikensemble, das auf den selbstgebauten Instrumenten Stücke aus der Renaissance spielt. Für die Menschen, die keine Noten lesen können, malt er mit Linien verbundene Punkte, die er unter die Saiten der Tischharfen legt. So können auch sie eine eigene Stimme spielen. Schon bald macht sich das Ensemble einen Namen über die Einrichtung hinaus und ist gern gesehener Gast in besonderen Gottesdiensten, bei Festen und Veranstaltungen. Die liebevolle und beharrliche Probenarbeit wird schließlich mit einem Preis belohnt. Bei der Preisverleihung gibt das Ensemble ein Konzert. Ein stolzer und unvergesslicher Abend!

Da ist der Mitarbeiter in der Werkstatt einer diakonischen Einrichtung, nennen wir ihn Martin. Er hat eine handwerkliche Grundausbildung und eine sozialtherapeutische Zusatzqualifikation. Seine Aufgabe ist es, individuell angepasste Vorrichtungen anzufertigen, die es Menschen mit einer Behinderung ermöglichen, Arbeiten zu verrichten, zu denen sie aufgrund ihrer kognitiven und/oder motorischen Fertigkeiten sonst nicht in der Lage wären. Paul zum Beispiel. Der 38-Jährige kann nicht zählen. Zahlen kommen in seinem Lebensentwurf nicht vor. Er empfindet das nicht als Mangel. Paul ist feinmotorisch sehr geschickt. In seiner Freizeit puzzelt er gern. In der Werkstatt hat er die Aufgabe, Metallstäbchen für eine Firma abzufüllen, je fünfzig in eine Tüte. Martin hat für ihn und andere mit der gleichen Aufgabe genau fünfzig Löcher in ein quadratisches Holzbrett gebohrt. Dort passen die Metallstäbchen exakt hinein. Paul hat große Freude daran, die Löcher auf dem Holzbrett mit Metallstäbchen zu füllen und sie dann in eine Tüte zu stecken. Fast wie ein Puzzle!

Marion hat eine spastische Lähmung. Es fällt ihr schwer, Dinge zu greifen. Oft greift sie daneben. Aber sie liebt es, mit dem elektrischen Schraubendreher Schrauben auf einer Leiste festzudrehen. Ohne Spezialvorrichtung könnte sie das nicht. Martin hat ihr eine Halterung für den Schraubendreher gebaut, die ihn fixiert, sodass Marion ihn nur auf und ab bewegen muss. Das schafft sie. So beobachtet Martin jeden einzelnen Menschen an seinem Arbeitsplatz und macht sich Gedanken, wie man Arbeitsabläufe optimieren und Unmögliches möglich machen kann. In der wöchentlichen Teambesprechung teilt er seine Gedanken mit den anderen. Seine Intuition geht weit über das Technische hinaus. Oft schon hat das Team durch ihn einen neuen Blick auf einzelne Menschen gewonnen.

Heike arbeitet im Wohnbereich. Schon seit fünfzehn Jahren ist sie Teamleiterin einer Gruppe für schwerstmehrfachbehinderte Menschen. Die Adressat*innen in Heikes Gruppe sprechen nicht. Sie sind darauf angewiesen, dass man sie auch ohne Worte versteht und ihre Gestik und Mimik zu deuten weiß. Das setzt eine lange Vertrautheit voraus. Heike ist sehr verbunden mit den Menschen in ihrer Gruppe. Manche hat sie von Anfang an begleitet. Sie erinnert sich an Ilka, die als junge Erwachsene in die Gruppe kam, nachdem sie vorher bei ihren Eltern gewohnt hatte. Die Eltern waren an ihre Grenzen geraten. Das Hauptproblem waren die Mahlzeiten. Ilka ließ sich nicht das Essen reichen, weder mit dem Löffel noch mit der Gabel oder der Hand. Sie konnte aber selbst nicht mit Besteck essen. Neben der Nahrung musste ihr bei den Mahlzeiten auch die Medizin verabreicht werden. Die Eltern hatten es schließlich nur zu zweit bewältigt: Der Vater hatte Ilka festgehalten und ihr den Mund aufgehalten, während die Mutter ihr die Nahrung und Medizin in den Mund geschoben hat. Anschließend hat der Vater Ilka den Mund zugehalten, bis sie alles geschluckt hatte. Eine furchtbare, gewaltgeladene Prozedur, die jedes Mal in Geschrei und Kampf geendet hatte. Auch Heike und ihre Kolleg*innen haben eine Weile mit Ilka gekämpft. Bis zu dem Tag, an dem Heike mit einer Idee in den Dienst kam: Wie wäre es, wenn wir Ilka ein Doppeldeckerbrot schmieren, das wir in kleine mundgerechte Stücke schneiden und die Medizin hineinlegen? Und wie wäre es, wenn wir ihr mittags einfach das Essen in Stücke schneiden: Kartoffeln, Gemüse, Würstchen … Vielleicht will sie einfach alleine essen, mit ihren eigenen Händen? Gesagt, getan – und es funktionierte! Kein Kampf mehr, kein Geschrei.

Weder Martin noch Heike halten das, was sie mit Paul, Marion, Ilka und andere erreicht haben, für spektakulär oder gar bahnbrechend. »Naja, irgendwas mussten wir uns ja einfallen lassen«, sagt Heike bescheiden. Aber ihre und Martins Ideen sind Zeichen und Wirkung ihrer Inspiration. »Gott gab uns Atem, damit wir leben. Er gab uns Augen, dass wir uns sehn«, heißt es in einem Lied (EG 432, Strophe 1). Heike und Martin schauen genau hin, mit den Augen und dem Herzen. Sie nehmen ihre Mitmenschen mit einem inspirierten Blick wahr. Dieser Blick sieht die Würde eines jeden Menschen, nicht die Defizite. Ein oft gehörter Satz lautet: Der Mensch ist nicht behindert, er wird behindert. Heißt: Es ist die Umwelt, die Grenzen setzt und Entwicklungen verhindert und behindert. Marion will trotz ihrer Spastik am elektrischen Schraubendreher arbeiten? Dann müssen Wege gefunden werden, dass das möglich wird. Ilka weigert sich, sich Essen reichen zu lassen? Dann gilt es, sie in ihrem Streben nach Selbständigkeit in diesem Bereich zu unterstützen. Der inspirierte Blick findet sich nicht mit der scheinbaren Unmöglichkeit ab. »Gottes Lebendigkeit, die dem Menschen seinen über das Material, aus dem er gemacht ist, hinausgehenden Wert gibt, nimmt den Menschen zugleich in die Pflicht, sich für Lebendigkeit einzusetzen« (Arbeitshilfe Loccum, 2017).

Klient*innen inspirieren

Kommen wir noch einmal auf das First-Follower-Video zurück. Woran liegt es, dass der Tänzer auf der Wiese eine ganze Weile allein tanzt, bevor sich nach und nach andere Menschen trauen mitzutanzen? – *Vielleicht kennen Sie es aus eigener Erfahrung: Speziell beim Tanzen gibt es bei vielen Menschen eine Hemmschwelle. Diese liegt im Kopf, in unseren Gedanken und Vorstellungen: Wie sieht das aus, wenn ich tanze? Ich kann das doch gar nicht … Was denken die anderen, wenn sie meine ungelenken Bewegungen sehen? Ich kann mir ja noch nicht mal eine einfache Schrittfolge merken! Je mehr solcher Sätze wir uns sagen, umso weniger haben wir den Mut mitzutanzen.*

Menschen mit einer Beeinträchtigung, mit Einschränkungen, mit Hilfebedarf, Klient*innen, Adressat*innen– wie immer sie genannt werden –, empfinden diese Hemmschwelle oft deutlich weniger Hätten sie zu Zeiten Jesu gelebt – viele von ihnen wären die ersten gewesen, die seinen Tanz beherzt und ohne jede Hemmung mitgetanzt hätten. Sie haben beste Voraussetzungen dafür, selbst für andere zur Inspiration zu werden und »First Follower« zu gewinnen.

Kerem, ein junger Mann, der von seinem Elternhaus her stark im muslimischen Glauben verankert ist und seit seiner Jugend in einer diakonischen Einrichtung lebt, kommt regelmäßig zum Gottesdienst und zu den wöchentlichen Andachten. Dort sitzt er gern in der ersten Reihe, ganz aufrecht und aufmerksam. Er strahlt eine besondere Ernsthaftigkeit und Innigkeit aus. Kerem kann aufgrund seiner Beeinträchtigung sehr schwer sprechen. Man versteht ihn kaum. Dennoch kommuniziert er gern, nimmt seine Hände zur Unterstützung zu Hilfe. Alles, was er mitteilen will, sagt er mit Nachdruck. In einem Gottesdienst geht es um Psalm 139: »Ich danke dir, dass ich wunderbar gemacht bin; wunderbar sind deine Werke, das erkennt meine Seele.« Als kreatives Element liegt der lebensgroße Umriss eines Menschen aus Pappe auf dem Boden. Daneben Stifte. Alle sind eingeladen, in den Umriss das hinein zu malen, was sie an sich wunderbar finden. Kerem ist, wie meistens, der erste, der aufsteht und sich neben die Pappe kniet. Er greift zum roten Wachsmalstift und malt ein großes Herz an die Stelle, wo er es im Menschen vermutet. Dann deutet er auf sein eigenes Herz und sagt: »Wunderbar!«. Wer Kerem kennt, der weiß, dass das ein anrührender und zutiefst wahrer Moment ist. Kerem hat ein großes Herz und in diesem Moment dankt er seinem Schöpfer dafür. Das zu erleben, macht demütig. Welch eine Würde strahlt dieser (scheinbar) objektiv so eingeschränkte Mensch aus! Damit wird er zum Vorbild und zur Inspiration für viele, die mit deutlich weniger Einschränkungen leben dürfen.

Katja ist eine junge lebensfrohe Frau Anfang 30. Sie liebt Geselligkeit und Aktion, ist bei jedem Fest zu treffen, hat einen großen Freundeskreis und ist Mitglied in einem inklusiven Sportverein. Sie lebt in einem eigenen Appartement im Betreuten Wohnen. Katja ist forsch und geht unbeschwert auf Menschen zu. Auch, wenn sie damit gelegentlich aneckt, bringt ihr gewinnendes sonniges Wesen ihr viele Sympathien ein. Seit einer Weile ist Katja etwas stiller und nicht gut bei Kräften. Ärztliche Untersuchungen bringen die erschreckende Klarheit: Katja hat Krebs. »Ich schaff' das«, ist ihre erste Reaktion. »Ich hab' doch noch so viel vor!« Soweit ihre Kräfte es zulassen, verwirklicht sie in der Folgezeit gezielt ihre Träume. Davon hat sie ganz feste Vorstellungen: »Ich will meinen Geburtstag richtig groß mit allen meinen Freund*innen feiern. Und ich will mit meiner Betreuerin nach Bielefeld fahren und shoppen gehen. Ich will mit meinem Freund noch oft ins Kino gehen und ich will bei der Weihnachtsfeier noch einmal den Engel spielen.« Das alles hat Katja gemacht. Sie hat an ihren Träumen festgehalten und sie der Krankheit zum Trotz verwirklicht. Sie hat das Leben geliebt und, im Rahmen ihrer gesundheitlichen Möglichkeiten, gefeiert. Damit hat sie, in der Sprache des Glaubens ausgedrückt, auf Gottes Geschenk des Lebens geantwortet. Sie hat den Atem Gottes in und durch sich fließen lassen bis zu ihrem letzten Atemzug, der leider viel zu früh kam. Katja hätte gern noch weitergelebt, gefeiert, gearbeitet, ihre Freundschaften gepflegt, Sport getrieben und bei der Weihnachtsfeier den Engel gespielt. Nur ganz am Ende ihres Lebens hat sie sich zurückgezogen. Da hatte sie keine Kraft mehr. Katjas Weg hat viele Menschen bewegt. Durch ihre sprudelnde Lebendigkeit hat sie viele Menschen um sich gesammelt und an sich gezogen, sie wirkte durch ihre Art integrativ. Diakonisch war ihr unüberhörbares Ja zum Leben und zu der frühen Begrenzung ihres Lebens. Damit ist sie zur Inspiration für all die geworden, die sie kannten.

Ein weiteres Beispiel: Marc, ein Mittvierziger, ist interessiert und engagiert. Er arbeitet selbständig in der Schreinerei, lebt in einer ambulant betreuten Wohngemeinschaft in der Stadt, erledigt seine Einkäufe, pflegt seine Hobbies und Kontakte und ist Mitglied im Kirchenvorstand. Er ist ein eher stiller Typ, der sich seine Gedanken über Gott, den Glauben und die Welt macht. Danach gefragt, teilt er diese Gedanken und gewährt einen Einblick in sein reiches Innenleben. Im Februar 2020 hat er die Chance, mit einer kleinen Delegation eine zwölftägige Reise in die Partnereinrichtung nach Indonesien zu machen. Er nimmt diese Chance wahr. Es ist die bisher weiteste und sicher auch aufregendste Reise seines Lebens. Das Programm ist straff und anspruchsvoll. Immer wieder stellt Marc sich vor. Dafür hat er sich ein paar Sätze zurechtgelegt. Die Partner*innen sind beeindruckt von ihm. Mit der ihm eigenen Zurückhaltung vermittelt er das Bild eines Menschen, der seinen Lebensentwurf beharrlich umsetzt und seinen Weg gefunden hat, auch wenn das nicht immer leicht war. Besonders beeindruckt sind die Gastgeber*innen davon, dass Marc den Mut zu dieser langen und anstrengenden Reise aufgebracht hat. Die Frage kommt auf, ob so etwas umgekehrt auch möglich wäre.

Kerem, Katja und Marc sind inspirierte und inspirierende Menschen. Alle drei zeichnen sich durch ihren langen Atem aus, der sie durch schwierige Situationen und Wegstrecken trägt. Alle drei haben ein Konzept für ihr Leben, sei es bewusst oder unbewusst. Alle drei hinterlassen Spuren bei den Menschen, denen sie begegnen. Spuren, die auch über den Tod hinaus bestehen. »Diakonie – damit Leben gelingt« – Kerem, Katja und Marc geben Beispiele für gelingendes Leben. So wie Gott am Anfang einen guten Plan für diese Welt und alles Leben hat, haben diese drei Menschen einen guten Plan für ihr Leben. Einen Plan, dem sie auf je ihre Art treu bleiben. Sie tanzen ihren Lebenstanz. Sie finden viele, die ihnen folgen. Der Tanz geht weiter …

Im Hören beginnt Inspiration

Ganz unterschiedlich sind die Lebensentwürfe der Menschen, von denen die Bibel erzählt und von Menschen, die heute leben. Und doch verbindet sie die Inspiration, das Angehaucht-Sein mit dem Atem Gottes, dem »Hauch des Lebens«. Gibt es noch mehr, was diese inspirierten Menschen über die Zeiten hinweg verbindet?

Schauen wir noch einmal auf die »First Follower« Gottes in der Bibel: Noah, Mose, Abraham, Deborah, Rut, Samuel und David, Paulus und Jesus. Sie alle haben gemeinsam, dass sie auf Gott hören. Bevor sie handeln, entscheiden, sich in Bewegung setzen, spricht Gott ganz unmittelbar zu ihnen. »Aber mit dir will ich meinen Bund aufrichten, und du sollst in die Arche gehen mit deinen Söhnen, mit deiner Frau und den Frauen deiner Söhne. Und du sollst in die Arche bringen von allen Tieren, von allem Fleisch, je ein Paar; Männchen und

Weibchen, dass sie leben bleibe mit dir« (Genesis 6,18–19), sagt Gott zu Noah. »Geh aus deinem Vaterland und von deiner Verwandtschaft und aus deines Vaters Hause in ein Land, das ich dir zeigen will« (Genesis 12,1), sagt Gott zu Abraham. »So geh nun hin, ich will dich zum Pharao senden, damit du mein Volk, die Israeliten, aus Ägypten führst« (Exodus 3,10), beauftragt Gott Mose. Von Noomi wird erzählt, dass sie im Land der Moabiter erfahren hatte, »dass der HERR sich seines Volkes angenommen und ihnen Brot gegeben hatte« (Rut 1,6). Samuel wird bereits als kleiner Junge von Gott im Tempel gerufen (vgl. 1. Samuel 3). Jesus ist in engstem Kontakt mit seinem himmlischen Vater. Er schöpft immer wieder Kraft, indem er sich an einsame Orte, auf einen Berg oder an einen See zurückzieht und ein Zwiegespräch mit Gott eingeht (vgl. Matthäus 14,23). Noch auf seinem Leidensweg ans Kreuz betet er allein im Garten von Gethsemane, während seine Jünger schlafen: »Abba, Vater, alles ist dir möglich; nimm diesen Kelch von mir; doch nicht, was ich will, sondern, was du willst!« (Markus 14,36) Saulus, der leidenschaftliche Christenverfolger, wird von einem hellen Licht am Himmel zu Boden geworfen und hört eine Stimme, die zu ihm sagt: »Saul, Saul, warum verfolgst du mich? [...] Ich bin Jesus, den du verfolgst. Steh auf und geh in die Stadt, da wird man dir sagen, was du tun sollst« (Apostelgeschichte 9,4–6).

Der Dichter Jochen Klepper hat die Erfahrung des Hörens auf Gottes Wort in einem bekannten und oft gesungenen Morgenlied aufgenommen:

> »Er weckt mich alle Morgen, er weckt mir selbst das Ohr. Gott hält sich nicht verborgen, führt mir den Tag empor, daß ich mit seinem Worte begrüß das neue Licht. Schon an der Dämmrung Pforte ist er mir nah und spricht« (EG 452, Strophe 1)

Heute gehört das unmittelbare Hören der Stimme Gottes nicht mehr in dem Ausmaß zu unseren Erfahrungen, wie es noch zu biblischen Zeiten war. Dennoch redet Gott mit uns. Wenn wir uns Zeit nehmen, können wir die Erfahrung machen, die Jochen Klepper für sich in der Stille vor Tagesanbruch macht: Gott spricht zu uns und mit uns. Das kann durch eine plötzliche Gewissheit geschehen, durch die Worte eines anderen Menschen, durch Sätze, die uns beim Lesen eines Buches oder beim Hören einer Predigt berühren, durch einen Liedtext oder eine beglückende Begegnung, manchmal auch durch einen Widerstand. Es kommt vor, dass wir im Leben plötzlich auf Wege geführt werden, die wir uns ganz anders gedacht hatten und die sich im Rückblick doch als genau richtig herausstellen.

Wie schon in der Bibel bezeugt, richtet sich Gottes Wort, wie auch immer es vernommen wird, an alle Menschen, ungeachtet ihrer kognitiven Fähigkeiten, ihrer Vorbildung, ihrer gesundheitlichen Verfassung und ihres sozialen Status. So, wie er allen Menschen den »Hauch des Lebens« mit auf den Weg gibt, begleitet er aller Menschen Leben mit seinem Wort. Mose hört dieses Wort anders als Kerem und Rut hört es anders als Katja. Aber alle haben ein Gespür dafür, wo es mit ihnen hingeht und was ihnen auf ihrem jeweiligen Weg Halt gibt. Alle haben das Ziel, dass ihr Leben, unter welchen Vorzeichen auch immer, gelingt. Das ist ein inspiriertes Ziel. Es lässt andere Menschen nicht als unbeteiligte Zuschauer am Rand stehen, sondern berührt und bewegt sie, nimmt sie mit, macht sie zu »Followern«.

> »Diakonie – damit Leben gelingt« (Leitbild Diakonie). Diakonisches Handeln ist immer und zuerst Hören auf Gottes Wort in seinen ganz unterschiedlichen Gestalten. »Wir hören jetzt auf Gottes Wort, und davon leben wir. Das wirkt im Alltag fort und fort, begleitet uns an jedem Ort« (EG 169, Strophe 1).

So beschreibt es ein Lied für den Anfang des Gottesdienstes. Der Gottesdienst ist in besonderer Weise ein Geschehen, bei dem Gottes Wort im Hinblick auf die heutige Zeit und in die Situation der Menschen hinein übersetzt und aktualisiert wird. Im Gottesdienst wird die je eigene Lebensgeschichte vor den weiten Horizont der Geschichte Gottes mit uns Menschen gestellt und damit vor den Horizont einer Geschichte, die weitergeht, weit über unsere Zeit hinaus

An Gottes Wirken zu glauben heißt, darauf zu vertrauen, dass Gott auch heute und in Zukunft Menschen dazu inspirieren wird, ganz vielfältig diakonisch zu handeln. Gott wird weiterhin Menschen inspirieren und zu ganz vielfältigem Tun befähigen und ermutigen. Dieser Optimismus zeichnet Diakonie aus. Es ist der Glaube, dass der »Hauch des Lebens« uns auch in Zukunft tragen und Wege zum Leben öffnen wird.

Organisiertes diakonisches und soziales Handeln

Sehr bewusst haben wir im letzten Unterpunkt eine Vermischung aus bekannten und weniger bekannten Personen aus der Bibel und Menschen vorgenommen, die uns in unserem diakonischen Alltag begegnet sind. Ebenso bewusst haben wir berühmte Persönlichkeiten der Diakoniegeschichte wie Wichern, Fliedner und Bodelschwingh lediglich erwähnt, da ihre Geschichten an dieser Stelle von dem abgelenkt hätten, was wir zeigen wollten, nämlich die alltägliche Möglichkeit der inspirierenden Kraft. Dennoch ist es für dieses Buch wichtig, auch solche Beispiele zu zeigen, die zu dem organisierten Handeln führten, wie wir es heute kennen. Es handelt sich dabei um eine Auswahl, die nicht willkürlich getroffen wurde, sondern die uns angemessen erschien, diesen Aspekt aufzeigen zu können. Und damit sich diejenigen, die die jetzt folgenden Beispiele bereits kennen, nicht langweilen, haben wir versucht – wie immer in diesem Buch –, auch diese Geschichten abseits der Lehrbuchliteratur zu schreiben.

Die Barnetts

Stellen Sie sich bitte ein richtiges »Drecksloch von Stadtteil« vor. Die Häuser sind grauschwarz und baufällig. Die Luft hat dieselbe Farbe. Auf den Straßen drängen sich Menschen, deren Kleidung als Lumpen bezeichnet werden muss. Kinder spielen im Dreck und lutschen an Steinen, um weniger Hunger zu haben. Das Hauptgeräusch besteht aus Husten. Der zentrale Begriff, der all das beschreibt, ist Armut.

Jetzt stellen Sie sich bitte vor, Sie müssten dort NICHT leben. Und stellen Sie sich darüber hinaus vor, dass Sie aber in London um das Jahr 1900 leben und es Ihnen gut geht, im Sinn von, Sie sind nicht arm.

Aufgrund der direkten Nachbarschaft zwischen arm und reich war diese Situation schlechter auszuhalten, als wenn wir heute Fernsehbilder aus fernen Ländern anschauen. Und da die reicheren und reichen Menschen das zu jener Zeit nicht gut ertragen konnten, weil sie sich in der Situation sahen, ihre angenehmere Situation womöglich rechtfertigen zu müssen, wurde diese Frage gesetzlich raffiniert geregelt.

Es gab die sogenannte Armengesetzgebung. In dieser war vorgesehen, dass jeder hilfsbedürftige Mensch vor lebensbedrohlicher Not bewahrt werden musste. Dabei waren die Ursachen für das Zustandekommen der Notsituation nicht relevant. Die Hilfe selbst sollte ein Lebensminium ermöglichen, durfte aber auf keinen Fall mehr sein als das Einkommen eines Menschen, der arbeitete – und zwar der Arbeiter mit dem geringsten Lohn. Wesentlicher Bestandteil der Armengesetzgebung war, dass jegliche Unterstützung für die Betroffenen mit Nachteilen einhergehen musste, damit die Hilfe möglichst kurz in Anspruch genommen wurde.

Genau genommen sollte von vornherein davor abgeschreckt werden, Hilfen zu empfangen. Deshalb bedeutete die Inanspruchnahme von Hilfen den Verlust der bürgerlichen Ehrenrechte, eine hochgehängte Bürokratie und die Einweisung in ein Arbeitshaus, in dem die Ehepartner*innen zudem in unterschiedlichen Gebäuden untergebracht wurden.

Bis auf einen wurden diese »Nachteile« von der armen Bevölkerung herzhaft belacht. Denn die Ehrenrechte (z. B. Wahlrecht) hatte man ohnehin nur ab einem bestimmten Einkommen. Und genau das Nichtvorhandensein eines solchen war ja das Problem. Im Umgang mit Bürokratie waren die meisten Menschen bereits geschult. Und dass die Ehepartner*innen getrennt wurden, galt nicht selten als beglückend, denn die Ehe entsprang gemeinhin nicht dem, was heute die Vorstellung von romantischer Liebe ausmacht.

Die einzige Sorge galt dem Arbeitshaus selbst. Sechzehnstundentage, schlagende Aufseher, Gewalt untereinander und Tätigkeiten, die inhaltlich oft stumpfsinnig waren. Kurzum, die Menschen nahmen die Hilfen nur im äußersten Notfall an, was oft genug trotzdem noch der Fall war an.

Wir haben diese Darstellungen damit eingeleitet, dass diese Gesetzgebung dazu diente, dass die reichere Bevölkerung mit ihrer Nachbarschaft im guten Gewissen leben konnte. Und das war der Fall. Schließlich gab es Hilfen, ja sogar eine gesetzliche Regelung dafür. Es war nicht relevant, wie die aussahen und was sie im realen Leben bedeuteten. Mit anderen Worten: Das Gewissen war beruhigt.

Wir müssen aber noch tiefer in die Situation eintauchen.

Also verdeutlichen wir uns, dass wir vom Mutterland der ersten Industrialisierung reden. Wir müssen uns vor Augen halten, dass Marx und Engels die »Inspirationen« zu ihren Texten wesentlich in England sammelten. Und sie bezeichneten die Arbeitslosen in diesem neuen Wirtschaftssystem als eine *Reservearmee*, die den zweifelhaften Zweck hatte, diejenigen zu bedrohen, die Arbeit hatten.

Aber es gab natürlich auch Menschen, die die Augen nicht verschlossen. Einer von diesen *Hinguckern* war Arnold Toynbee (1852–1883), der als Historiker und Nationalökonom als erster versucht hatte, auch praktisch gegen diese Verelendung (Pauperismus) vorzugehen. Er ist der Namensgeber von Toynbee Hall.

Toynbee Hall ist ein bis heute bestehendes College, dessen Idee und Gründung auf Henrietta und Samuel Barnett zurückgehen. Für die Inspirationsgeschichte sozialdiakonischen Handelns sind beide interessant, wobei Samuel mehr der politisch Aktive und Henrietta die Fürsorgerin (Sozialarbeiterin) war.

Grundsätzlich sind die Lebensumstände des Ehepaars Barnett die einer klassischen Pfarrfamilie. Er, der Seelsorger, sie, die Pfarrfrau, von der die Mitarbeit in der Gemeinde erwartet wurde. Aber Samuel Barnett war nicht irgendein Pfarrer in einer gemütlichen Gemeinde. Er war hoch motiviert, in den Osten von London (den Slum) zu gehen, weil er genau dort seine Aufgabe sah.

Wir haben also einen Pfarrer, der seinen Beruf ernst nahm. Interessant ist, was sein Tun an Inspiration für andere, insbesondere für seine Frau Henrietta, bedeutete. Denn, so berichten Augenzeugen, gutaussehend war der Pfarrer nicht. Hinzu kam, dass er nicht dazu neigte, seine Kleidung sonderlich sorgfältig zu wählen. Er war also das Gegenteil eines Frauentyps. Henrietta zumindest konnte an Samuel äußerlich überhaupt nichts finden. Und in den Kreisen, aus denen die beiden stammten, also weit weg von Elend und Armut, spielten die Romantik und somit auch Äußeres sehr wohl eine Rolle. Aber es geschah, dass sich Henrietta tatsächlich in das verliebte, was Samuel dachte und auch tat.

Es ist sicherlich übertrieben, hier von Romantik zu sprechen. (Nach Samuels Heiratsantrag erbat sich Henrietta spontan ein halbes Jahr Bedenkzeit.) Vielmehr muss es zwischen den beiden etwas gegeben haben, das wir Seelenverwandtschaft nennen. Denn Henrietta war alles andere als nur die Frau ihres Mannes, die die Ämter in der Gemeinde übernahm, die ihr zugedacht waren. Deutlich wird dies, wenn wir den Ort oder besser den Zusammenhang betrachten, in dem die beiden sich kennengelernt haben. Das war die Liga der Wohlfahrtsverbände.

Samuel Barnett, der in Oxford Geschichte, Recht und Religion studiert hatte, war derart gelangweilt von seinen dortigen Aktivitäten, dass er sich in der Liga engagierte. Zudem hatte er als Gemeindediakon bereits einen Arbeiterclub gegründet, mit dem er Seminare und Referate veranstaltete.

Henrietta Barnett war 19 Jahre alt, als sie ihren späteren Mann in der Liga der Wohlfahrtsverbände kennenlernte. Sie war aus einem sogenannten »gutem Haus«, hatte aber die Leidenschaft, etwas »Soziales« zu tun. So betrieb sie für die Liga das damals als Sozialarbeit geltende »friendly visiting« (freundliche Hausbesuche). Sie hatte also jenes Amt, das in Deutschland unter dem Begriff der Fürsorgerin bekannt war/ist.

Friendly visiting ist ein Euphemismus. Denn so freundlich waren die Besuche gar nicht. Das bedeutet nicht, dass Henrietta nicht nett war, das wissen wir nicht, aber der Auftrag war zweifelhaft. Die »Besucherinnen« dienten nämlich dazu, zu entscheiden, ob Hilfen eingeleitet wurden. Und dabei ging es, wie wir oben beschrieben haben, auch durchaus darum, dass entschieden wurde, ob jemand ins Arbeitshaus MUSSTE.

Für diese Entscheidungen gab es keine Kriterien, wie sie heute grundgelegt werden. Es hing alles davon ab, wie die *Besucherin* die Situation sozusagen »gefühlt« einschätzte. Da diese aber aus – gesellschaftlich gesehen – anderen (Lebens-)Welten kamen, war die Willkür (Lebenslageninterpretation) dabei enorm. Trotzdem müssen wir hier anerkennen, dass Henrietta die Welt, in der sie lebte, zum besseren verändern wollte.

Und hier ist dann auch der Liebespunkt zwischen Henrietta und Samuel einzuordnen. Beide waren bereit, für ihr gemeinsames Thema zu leben. Und das derart extrem, dass Samuel das Angebot annahm, eine Riesengemeinde (übrigens mit Kirchgängern, die zu diesem Gang nur bereit waren, um sich aufzuwärmen – Gott war aus der Sicht der dort lebenden Menschen weit entfernt von ihnen) mitten im Londoner Slum zu übernehmen. Und so zogen sie dorthin.

Wir haben nicht den Platz, die Bedeutung beider Eheleute vertieft darzustellen. Deshalb verweisen wir darauf, dass Samuel für Vieles zumindest der öffentliche Ideengeber war, aber dass Henrietta sehr wohl ihre eigenen Ideen einbrachte und vor allem umsetzte. Ihre Lebenserinnerungen umfassen zwei Bände. Aus denen können wir entnehmen, dass die beiden ein Team waren und sicherlich viel am Küchentisch gemeinsam entwickelten.

Kommen wir jetzt zu der Frage, was die beiden eigentlich in der Art Bedeutendes getan haben, dass sie in diesem Buch zum Thema werden? Soziales Engagement hat es schließlich immer gegeben, ohne, dass wir es in Büchern beachten. Somit kurz und gut: Samuel Barnett hat dafür gesorgt, dass es mitten im Londoner Osten (damals Slum) eine Collegeniederlassung (und wir reden hier von Oxford und Cambridge, auch Oxbridge genannt) gab und gibt.

Um zu verstehen, was er damit erreichen wollte, müssen wir wissen, was ein College im angelsächsischen Raum ist: Es handelt sich hierbei nicht »nur« um einen Ort des Studierens. Man lebt und arbeitet auch dort. Die Niederlassung (englisch: Settlement) einer Zweigstelle hatte also zur Folge, dass Student*innen – was seinerzeit gleichbedeutend war mit Oberschicht – in den Slum zogen, um dort zu studieren, zu arbeiten und vor allem zu leben. Die Barnetts (besonders Samuel) akquirierten sozial engagierte Studierende, die von der Idee ganz begeistert waren. Und so zogen ab 1884 die ersten von ihnen in das Haus, das nach und zu Ehren von Arnold Toynbee »Toynbee Hall« benannt ist. Daraus entstand eine Bewegung, die sich in andere Länder ausdehnte und unter dem Begriff Settlement-Bewegung weltberühmt wurde.

Ohne in die Tiefe zu gehen, können wir an dieser Stelle sofort die Idee ausmachen, die die Barnetts verfolgten: Es ging um die Kreuzung von »Lebenswelten« (Wobei der Begriff damals natürlich noch nicht genutzt wurde).

Diese Grundidee ist heute wieder hoch aktuell. Besonders bei sozialräumlichen Ansätzen, wenn es z. B. um Quartiersmanagement geht, ist die Ansässigkeit der professionellen Akteur*innen oft ein entscheidendes Kriterium, um authentisch arbeiten zu können.

Die Barnetts verbanden mit ihrem Ansatz die Idee, die Aspekte Bildung, Geselligkeit, Freizeit und Kultur in den Slum zu tragen, um so Sozialreformen herbeizuführen. Verglichen mit heutigen sogenannten Teilhabeplanungen wird deutlich, dass die Barnetts zu ihrer Zeit Kernbegriffe aufgenommen hatten, die bis heute als relevant gewertet werden.

Wie gesagt, Toynbee Hall existiert noch heute, auch wenn der Londoner Osten lange nicht mehr der Slum ist, der er einmal war. Und es gibt auch keine Verpflichtung mehr, dass die dort Studierenden auch am Ort leben. Bei den Barnetts war das so.

Für Sie, die Sie im 21. Jahrhundert handeln, wollen wir eine Tragödie aus dem Modell von Toynbee Hall hervorheben, die uns als Professionelle stets eine Mahnung sein muss:

Nehmen Sie die unterschiedlichen Ideen, die die Barnetts hatten: Bildung, Geselligkeit, Freizeit und Kultur. Meinen Sie, dass Sie damit den Nerv der Leute trafen? Bedenken Sie das hinsichtlich der Lebensumstände.

Kurzum, die Barnetts verfehlten insofern ihr Ziel, dass die Leute schlicht Hunger hatten. Und wenn es somit ums nackte Überleben ging, galt das Brecht'sche Diktum, dass erst das Fressen komme und dann die Moral. Und streng genommen erst dann Bildung, Geselligkeit, Freizeit und Kultur. Und so mussten die Barnetts mit dem Slogan der Bevölkerung leben: »Wir brauchen eure Freundschaft nicht«.

Aber es ist bequem, mit dem Abstand vom späten 19. zum frühen 21. Jahrhundert die Nase über Pionier*innen zu rümpfen. Und das wollen wir auch gar nicht. Wir haben großen Respekt vor den Leistungen der Barnetts. Und sie haben auch viel erreicht, denn z. B. wurde die Sozialgesetzgebung tatsächlich verändert. Vor allem aber haben sie dafür gesorgt, dass es nicht mehr möglich war, die Augen vor der Armut zu verschließen. Sie haben auch für alle Zeiten festgeschrieben, dass es beim sozialdiakonischen Handeln darum geht, die Aufgabe zu sehen und zu handeln.

Die Auseinandersetzung mit den Barnetts und Toynbee-Hall wirft uns auf das zurück, wofür wir einmal angetreten sind.

Was war es, was Sie die Entscheidung hat treffen lassen, im sozialen Bereich zu arbeiten?

Wir gehen davon aus, dass Sie eine ziemliche Portion Idealismus in sich tragen und heute hoffentlich auch noch auf diesen Motor zurückgreifen können. Aber wir gehen auch davon aus, dass sich Vorstellungen gewandelt haben, so z. B. der idealistische Hilfegedanke vs. Empowerment vs. Lebenswelt etc.

Das ist gut und richtig so. Denn der Satz, dass Freundschaft nicht gewünscht ist, würde auch uns treffen, wenn wir mit scheinbar wissender Arroganz Menschen begegnen würden. Das darf uns aber nicht davon abhalten, dem Beispiel zu folgen, das uns die Barnetts und andere gegeben haben. Nämlich: *Die Aufgabe sehen und handeln.*

Jane Addams und Hull House

Es gibt in einem Beitrag zu Jane Addams wohl keinen besseren Beginn, als uns von Alice Salomon, von der wir gleich noch berichten werden, etwas von ihr erzählen zu lassen. Sie schreibt:

> »Als ich Jane Addams bei einem Bankett im Jahre 1909 in Chikago zum ersten Mal sah, feierte der Bürgermeister sie als ›den ersten und bedeutendsten Bürger der Stadt.‹ Jetzt ist sie als ›weiser Staatsmann‹ mit dem Nobelfriedenspreis ausgezeichnet worden. [...] Sie gelangte von der sozialen Hilfe zur Arbeit für den Frieden. [...] Sie will ein neues Weltgewissen als Grundlage wahrer Realpolitik herbeiführen. Die gegenseitige Abhängigkeit der Völker ist ihr die gewaltigste Tatsache unserer Zeit« (Salomon, o. S.).

Wenn wir oben bereits darauf hingewiesen haben, dass aus dem Niederlassen, dem Settlement, eine Bewegung geworden ist, so müssen wir unsere Reise jetzt über den – sogenannten – großen Teich fortsetzen.

Umgekehrt, also von Amerika nach Europa, unternahm diese Reise Jane Addams (1860 bis 1935) im Jahr 1888. Ganz bewusst suchte sie die Barnetts auf, um deren Arbeit kennenzulernen, von der sie gehört und die sie begeistert hatte. Der Grund der Reise der reichen Erbin war, einen Beruf zu finden. Und zwar keinen, den sie trotz ihres Reichtums zum Broterwerb gebraucht hätte. Vielmehr ging es ihr um ihre soziale Identität – ihre Rolle in der Welt, also ihre Berufung.

Diese fand sie bei den Barnetts, die sie für ihre Sache so inspiriert hatten, dass sie – sozusagen als Follower – in ihre mit vergleichbaren Problemen belastete Wahlheimatstadt Chicago zurückkehrte und Hull House gründete (benannt nach dem ehemaligen Besitzer Charles J. Hull).

Exkurs: Aus historischer Redlichkeit müssen wir an dieser Stelle erwähnen, dass Jane Addams nicht die erste war, die in den USA ein Settlement gründete. Besonders zu erwähnen ist der US-amerikanische Menschenrechtler Stanton Coit (1857 bis 1944), der die Union Settlement Hall in Harlem (New York) gründete. Wie die anderen bedeutenden Settlements besteht auch dieses noch heute. Aber es war seinerzeit hinsichtlich der »Schlagkraft« nicht so gewaltig wie kurz darauf Hull House. Spekuliert mag dies daran liegen, dass Coit projekthaft an unterschiedlichen Orten, viel auch in England, arbeitete. Toynbee Hall und Hull House sind vermutlich deshalb historisch so herausragend, weil die Gründer*innen daraus ein Lebenswerk machten. Doch wie gesagt, das ist Spekulation. Somit zurück zu Addams.

Sie können sich vorstellen, dass das mit der Gründung von Hull House nicht so glattging, wie wir es oben skizziert dargestellt haben. Wir wollen das an dieser Stelle weniger ausführlich beschreiben, weil wir einen ganz anderen »sozialen Fall« einbringen möchten, der für Addams damals bedeutend war und für uns heute ebenso zentral ist.

Die USA erlebten seinerzeit eine ihrer großen Einwanderungswellen. Zwei Drittel der Chicagoer Bevölkerung waren Einwanderer*innen aus Irland, Böhmen, Deutschland, Italien, Polen und Russland. Hinzu kamen Afrikaner*innen mit dem Hintergrund der Sklaverei. Und auch geflohene Anarchist*innen und Sozialist*innen lebten dort.

Die Menschen, die in zumeist ethnisch unterteilten Ghettos lebten, waren ebenso arm wie die in London. Auch die Arbeitsbedingungen waren vergleichbar, genauso wie die Schere zwischen arm und reich. Addiert man hier noch die ethnischen und politischen Konflikte hinzu, ist es nicht übertrieben, von einem Pulverfass zu sprechen. Und genau dort hinein begab sich Jane Addams mit ihrem Hull House. Doch aufgrund dieser Gemengelage konnte Addams gar nicht anders, als »ihr« Settlement anders aufzuziehen als die Barnetts.

Es geschah aber noch etwas Anderes, was uns zudem langsam zu Alice Salomon führt: Hull House wurde eine Institution der Frauenbewegung.

Neben Jane Addams waren sechs weitere Frauen in und für Hull House tätig. Besonders erwähnen wollen wir Ellen Gates Starr, eine Studienkommilitonin von Jane Addams, die für Hull House u. E. ebenso viel geleistet hat, wie Addams selbst. In der Geschichtsschreibung verschwindet sie gemeinhin deutlich im Schatten von Addams, die für ihre Tätigkeit, wie schon von Salomon erwähnt, den Friedensnobelpreis erhielt. Weitere fünf Frauen waren ebenso zentral für Hull House. Sei es als Mitarbeiterinnen, sei es als Gönnerinnen. Auf drei von ihnen wollen wir zumindest einmal hinweisen und zudem darauf, dass diese unterschiedlich und zumeist akademisch gebildeten Frauen sozusagen das erste bekannte multiprofessionelle Team in der Sozialen Arbeit darstellten (Alice Hamilton: Ärztin, Julia Lathrop: Juristin, Louise de Koven Bowen: Übersetzerin). Wohlgemerkt: Ende des 19. Jahrhunderts. Definitiv eine Revolution.

Was war nun aber das, was den Durchbruch zur *social work* brachte?

Letztlich ganz einfach: Addams gelang es, sowohl kultursensibel unterschiedliche Menschen zusammen, als auch ihr eigenes Anliegen, die Frauenbewegung, nach vorne zu bringen.

Zum Handeln selbst: Es gibt den Spruch, dass man in Hull House alles bekommen konnte, nur kein Geld. Aber auch das, was man haben konnte, bekam man nicht einfach so. Addams und ihre Mitstreiterinnen, zu denen mit der Zeit auch Männer hinzukamen, versuchten zu erkennen, was die Menschen wirklich brauchten. Und in einer Mischung aus Beobachtung und Befragung (erster Hinweis auf empirische Forschung!) entstanden Hilfen. Aber nicht auf der Ebene »Ich tue für dich«, sondern dahingehend: »Was kann ich tun, damit du es tun kannst?« Oder im Verständnis des vorliegenden Buches: »Welche Inspiration benötigst du für dein Leben?«

Es ist hier nicht notwendig, weiter von Hull House zu erzählen, denn sekundär ist die ganze Geschichte gut dokumentiert und für Sie problemlos nachvollziehbar. Somit sei abschließend gesagt, dass Hull House heute ein Museum auf dem Gelände der University of Illinois/Chicago ist.[5] *In was für einem ehemaligen Viertel liegt also diese renommierte Universität? Auffallend, oder?*

Alice Salomon

Auch für Alice Salomon gilt, was wir bereits zu Jane Addams gesagt haben: Ihr Leben und Werk ist gut dokumentiert. Deshalb hier nur ein paar biografische Stichworte, um Ihre Leistung und Bedeutung im Kontext der Inspiration zu verorten.

Alice Salomon wurde 1872 in Berlin geboren. Analog zu Addams stammt auch Salomon aus dem, was wir ein gutes Haus nennen, nämlich einer jüdischen Kaufmannsfamilie.

Wir betonen *jüdisch* nicht nur deshalb, weil das zu jener Zeit, von der hier die Rede ist, natürlich eine besondere Bedeutung hatte. Das betraf auch Salomon. Denn sie wurde zwangsemigriert, sodass sie 1948 in den USA starb; in dem Land, dessen Staatsangehörigkeit sie 1944 angenommen hatte. Wir betonen das auch deshalb, weil Salomon bereits 1914 evangelisch geworden war. Das ist deshalb hervorzuheben, weil Salomon sich in vielen ihrer Handlungen und Schriften auf ein christlich-protestantisches Menschenbild bezog.

Wenn Sie etwas über Alice Salomon lesen, so werden Sie immer wieder auf eine inzwischen berühmt gewordene Stelle aus ihrer Autobiografie, die übrigens erst 1983 in Deutschland erschien, stoßen. In dieser schreibt sie, dass sie erst im Alter von 21 Jahren zu leben begonnen habe.

Was für eine Tragödie liegt in dieser Aussage! *Was verbirgt sich dahinter?*

Wir reden von einer Zeit, in der Frauen aus dem oben genannten guten Hause dazu verdammt waren, ein Leben als Hausfrauen zu verbringen. Deshalb wurde auch nur bedingt Wert auf ihre Schulbildung gelegt, sodass Alice Salomon nicht das Abitur machen durfte. Eine der wenigen Möglichkeiten, dieser Tristesse zu entkommen, war das Ehrenamt.

---

5 http://www.uic.edu/jaddams/hull/ (Zugriff am 30.09.2020).

Schön und gut, aber was verdanken wir Alice Salomon?

Nichts weniger als die Begründung der Sozialarbeit in Deutschland. Genauer: Die »Deutsche Akademie für soziale und pädagogische Frauenarbeit«.

Jetzt verstehen Sie, warum wir eben erneut das Ehrenamt ins Spiel gebracht haben. Alice Salomon ging es darum, dieses zu professionalisieren. Indem sie das tat, hörte es zwangsläufig sukzessive auf, dass Frauen auf Ehrenämter reduziert wurden. Selbst Akademikerinnen, die nach den Gesetzen der *besseren Schichten* nicht arbeiteten, besuchten die Akademie, um dann eben doch arbeiten zu können.

All das ist entstanden, weil Alice Salomon im Alter von 21 Jahren die Augen nach einem Sinn für ihr Leben offenhielt. Was sie entdeckte, war eine Welt der Ungerechtigkeit. Darin sah sie die Aufgabe und ließ Handlungen folgen. Das ist im Grunde die Inspiration der geöffneten Augen.

Wenn Sie mögen, können Sie mit einfachen Fragen die Inspirationsformel von Salomon nachvollziehen und für sich urbar machen. Wie gesagt, wenn Sie mögen, dann:

Welche Aufgaben (im hier verstandenen Sinn) habe ich in meinem Leben schon gesehen?

Wann habe ich gehandelt und warum?

Wann habe ich nicht gehandelt und warum nicht?

Notieren Sie Ihre Gedanken. Betrachten Sie diese genau und finden heraus, was davon aus Ihrer Sicht das dringendste Problem ist. Dieses Problem nehmen Sie nun in den Fokus, behalten aber die anderen für Ihre Unterlagen (wer weiß, was Sie damit noch machen?). Jetzt halten Sie erneut inne und klären, warum Sie gerade dieses Problem dazu drängt(e), es als Aufgabe zu erkennen und somit zur Handlung zu bewegen.

Schreiben Sie das »Problem« als Überschrift auf ein DIN-A4-Blatt. Dann schreiben Sie Antworten auf folgende Fragen darunter:

Warum ist das ein zentrales Problem? (Objektivierung – allgemeine Gültigkeit)

Was habe ich gesehen?

Welche Handlungen schlage ich vor?

Wie begründe ich diese Handlungen aus meiner Profession heraus?

Wenn Sie das gemacht haben, dürften Sie ordentlich Inspiration gefunden haben. Wer soll Sie jetzt aufhalten?

Und nehmen Sie all das mit ins nächste Kapitel. Es ist thematisch etwas spröder als die anderen. Nicht aufhalten lassen!

Das Soziale ist in seiner Normalität so komplex,
dass es gemanagt werden muss.

3 Zur Theorie des Managements des Sozialen

Zum Abschluss des zweiten Kapitels haben wir darauf hingewiesen, dass nun hier eine »sprödere« Auseinandersetzung folgt. Das klingt nicht nur wie eine Entschuldigung, es ist auch eine. Sozusagen aus dem »Nähkästchen geplaudert« ist dieses Kapitel die Keimzelle des gesamten Buches. Es ist auch das Kapitel, um das wir am stärksten gerungen haben. Eine nach wissenschaftlichen Kriterien aufgebaute Auseinandersetzung und Ansammlung von Analysen, um das Thema Inspiration nicht zu einer populärwissenschaftlichen Idee, sondern fundierten Notwendigkeit werden zu lassen.

Da dieses Kapitel als erster Teil dieses Buches entstanden ist, kann es auch in dieser Hinsicht als Keimzelle bezeichnet werden. Entstanden aus der Inspiration und dem Willen, sehr bewusst ausgerechnet im sogenannten Sozialen Bereich und speziell der Diakonie tätig zu sein. Drastischer: Ein Arbeits*leben* in diesem Kontext zu verbringen, verbringen zu wollen. Dabei sind wir inspiriert von der Möglichkeit, gestalten zu können. Von der Möglichkeit, mit anderen zu gestalten. Dies jedoch nicht im abstrakten Sinne irgendeiner Gestaltung, sondern ganz konkret in dem, was uns sozial-diakonisch wichtig ist. Und weil uns diese Möglichkeit antreibt, wollen wir uns von Rahmenbedingungen nicht dahingehend aufhalten lassen, dass wir sie als gegeben hinnehmen. Vielmehr wagen wir uns an Grenzen, die, wie der Theologe Paul Tillich es trefflich formulierte, »der eigentlich fruchtbare Ort der Erkenntnis sind« (Schmoll 2013). Wir loten Grenzen aus, die wir mit dem, was in den Kapiteln vor und nach dieser Keimzelle steht, flankieren. Im Grunde schaffen wir einen Zwischenraum, wie wir ihn in Kapitel 5 beschreiben. Wir wagen uns in diesem Kapitel an Grenzen, indem wir uns von den Möglichkeiten der Wissenschaft inspirieren lassen.

Der Begriff »Sozialmanagement« wird in der Literatur durchgehend und seit geraumer Zeit als gesetzter Begriff akzeptiert. Buchtitel wie »Sozialmanagement: Organisation, Leitung und Management sozialer Einrichtungen« (Amerein et al., 2019), »Management von Sozialunternehmen: Eine Einführung in die Allgemeine Betriebswirtschaftslehre mit Abbildungen und Praxisbeispielen« (Vogelbusch 2018), »Sozialmanagement: Teamarbeit und Teamentwicklung in sozialen Berufen« (Erger 2012) oder »Sozialmanagement: zwischen Wirtschaftlichkeit und fachlichen Zielen« (Schubert 2005) zeugen davon. Diese hier aus einem großen Spektrum von Möglichkeiten gewählten Titel zeigen bereits an, dass mit dem Begriff des »Sozialmanagements« eine Klammer gesetzt wird, innerhalb derer sich verschiedene Bedeutungsaspekte befinden.

Die mit diesem Buch vorgenommene Umwandlung des Begriffs »Sozialmanagement« in das »Management des Sozialen« stellt den Versuch dar, die implizierte Selbstverständlichkeit des Sozialen zu einem Handlungsimperativ zu weiten. Dies ist angezeigt, weil das, was seit einigen Jahren Sozialwirtschaft genannt wird (woraus Sozialmanagement resultiert), letztlich eine Aneinanderreihung von Verwaltungsakten darstellt. Beim sogenannten »Dritten Sektor« (Sozialwirtschaft) handelt es sich um einen staatlich diktierten Pseudomarkt, der letztlich immer nur einen Kunden, den Leistungsträger[6], hat, der zudem die Erlaubnis erteilt, überhaupt in diesem Markt tätig zu sein.[7]

Wenn in einer solchen Logik Kühlschränke produziert oder Restaurants geführt würden, wäre wohl niemand mehr am Markt. In der Sozialwirtschaft jedoch ist die Basis die Vereinbarung einer Betriebserlaubnis mit dem einzigen Kunden, der in der Folge den Auftrag erteilt (oder eben nicht erteilt), sich um Dritte zu kümmern. Diese »Dritten« wiederum sind somit nicht die Kunden eines Leistungserbringers, sodass der gesamte Wirtschaftlichkeitsansatz auf einer »Nichtschlüssigen Tauschbeziehung« basiert, bei der jedoch neben dem Kunden und den Adressat*innen ein ganzes Konglomerat von Stakeholdern im Blick behalten werden muss. (Neben Angehörigen sei hier beispielhaft der Auftrag genannt, ein Wohnhaus für Personen mit einem Unterbringungsbeschluss[8] zu bauen.)

Wie lähmend diese Situation ist, zeigen die momentanen zentralen Gesetzesänderungsmaßnahmen im Sozialgesetzbuch (SGB). Sowohl das in einzelnen Schritten einzuführende Bundesteilhabegesetz (BTHG)[9], als auch die angekün-

6 Behörden, die Steuergelder verwalten, die für Unterstützungsleistungen z. B. von Menschen mit Beeinträchtigungen eingesetzt werden sollen.

7 Vgl. z. B. für die Jugendhilfe SGB VIII, § 45.

8 Personen, die auf der Basis eines richterlichen Beschlusses nach dem Betreuungsgesetz des BGB, § 1906 Abs. 1, untergebracht sind.

9 Vgl. https://www.bmas.de/DE/Schwerpunkte/Inklusion/bundesteilhabegesetz.html (Zugriff am 30.09.2020).

digte Novellierung des SGB VIII[10] zeigen an, dass das Sozialmanagement – respektive diejenigen, die in diesem Zusammenhang Verantwortung tragen – sich einzig von Gesetzestexten treiben lassen (müssen?). Stetig geht es um Umsetzung und Integration dieser in die eigene Organisation. Am Markt bleibt, wem dies am besten gelingt.

Was bedeutet das?

Ein Beispiel: Im SGB XII steht der sich im Übergang zum SGB IX noch deutlich verschärfende Auftrag »Vorrang haben ambulante Leistungen vor teilstationären und stationären Leistungen sowie teilstationäre vor stationären Leistungen.«[11] Also bieten alle Leistungserbringer ambulante Hilfen an. Ungeklärt bleibt, was in und mit diesen stattfindet. Zwar gibt es inzwischen ziemlich ausgereifte sogenannte Hilfeplanverfahren (vgl. z. B. § 36 SGB VIII), aber auch diese sind inhaltlich vorgegeben. Somit erfüllen die Leistungsanbieter das, was dort vorgegeben ist. Alles andere ist nicht refinanziert und findet deshalb, mit der Ausnahme von fremdfinanzierten Projekten, gemeinhin nicht statt.

An dieser Stelle ist etwas Weiteres ungeklärt. Nämlich, was dieses Andere sein könnte? In der Logik des Sozialmanagements bleibt diese Frage unbeantwortet, weil Inspiration und Innovation im Refinanzierungsmodell, wenn überhaupt, nur reaktiv vorgesehen sind. Mit Blick auf die Tatsache, dass es sich in diesem staatlich gewollten Wirtschaftszweig um das Management der Selbstverständlichkeit des Sozialen handelt, ist diese Frage jedoch zentral. Kurzum: Einen ambulanten Dienst zu betreiben, ist in der jetzigen Sozialmanagementlogik ein Generikum, dessen Produktentwicklung nicht wesentlich von Fachleuten erforscht und entwickelt wurde (an der Novellierung des SGB VIII waren bis jetzt kaum Fachleute aus Pädagogik und Soziale Arbeit beteiligt, sondern Jurist*innen). Bezogen auf die unbestrittene Tatsache, dass das Soziale nicht von allein (im Sinn des sozialen Friedens) funktioniert, muss sich Sozialmanagement, so eine unserer zentralen Thesen, durch Inspiration und Innovation emanzipieren, um überhaupt das Recht zu erwerben, das Soziale managen zu dürfen.

10 Vgl. https://www.dgvt.de/fileadmin/user_upload/DGVT-BV/Dokumente/Aktueller_Stand_der_Reform_des_SGB_VIII.pdf (Zugriff am 30.09.2020).

11 https://dejure.org/gesetze/SGB_XII/13.html (Zugriff am 30.09.2020).

Zentrale Begriffe

Um eine Theorie des »Managements des Sozialen« entwickeln und zudem mit Operationalisierungsvorschlägen versehen zu können, müssen die Kernbegriffe bzw. -themen der Theorie für den Kontext geklärt werden. Diese sind, wie der weitere Verlauf des Kapitels zeigen wird, »Soziales/Gesellschaft«, »(Sozial-) Management«, »Profession und Adressat*innen« sowie »Netz, Netzwerk und Netzwerkarbeit«.

Soziales/Gesellschaft

Einer der Autoren des vorliegenden Buches hat an anderer Stelle (Dieckbreder 2015, S. 14) darauf hingewiesen, dass das Wort »›Sozial‹, von lat. Socius, [...] ›gemeinsam/Gefährte‹, ›verbunden/Geselle‹ oder ›verbündet/Mitmensch‹« bedeutet. Und weiter: »Nun wird mit dem Wort ›Sozial‹ gemeinhin etwas Positives verbunden. Dabei wird jedoch übersehen, dass [...] Verbundenheit sowohl negativ, als auch positiv ausgestaltet sein kann. Ob in einer Nachbarschaft gegenseitige Rücksichtnahme oder Konflikte gelebt werden – in beiden Fällen handelt es sich um soziales Verhalten« (Dieckbreder 2015, S. 14).

Kein geringerer als der antike griechische Philosoph Aristoteles, der im Übrigen nicht gerade ein Menschenfreund war und im weiteren Verlauf des Kapitels zum Begriff der Ökonomie wieder Erwähnung finden wird, wies in seiner »Politik« (1995[12]) darauf hin, dass der Mensch ein politisches und, so kann postuliert werden, somit ein soziales Wesen sei. (S. 88) Dieses »sozial« ist keines, das nach Gut und Böse befragt werden kann. Vielmehr geht es darum, dass Menschen in Abhängigkeit dazu leben, dass es andere Menschen gibt.

Biologisch sind Menschen k-Strategen, was bedeutet, dass sie wenig Nachkommen haben, dafür aber viel Energie und Zeit in die »Aufzucht« investieren. (Andere Lebewesen sind r-Strategen, die viel Nachwuchs hervorbringen und die Aufzucht unberücksichtigt lassen – Frösche z. B.). (Vgl. Klotz/Kühn 2002) Ganz schlicht: Wenn sich zu Beginn menschlichen Lebens nicht um den Nachwuchs gekümmert wird, und zwar sowohl hinsichtlich Nahrung als auch emotional, dann stirbt der Nachwuchs. Wenn er überlebt, ist er für seine Lebensspanne aufgrund dieses Beginns mit anderen Menschen »verbunden«; selbst dann, wenn sich jemand einsam in eine Wüste zurückzieht. Denn dieser Rückzug geschieht, um sich vom Sozialen abzugrenzen. Und da ohne das Soziale, also

12 Geschrieben zu Lebzeiten (384–322 v. Chr.).

andere Menschen, der Rückzug keinen Bezugspunkt hätte, ist auch der Rückzug letztlich ein sozialer Akt.

Bereits diese ersten Überlegungen zeigen, dass das Soziale in Bezug auf Menschen bedeutet, dass mindestens zwei ein *Wir* bilden müssen, um überhaupt Mensch sein zu können. Ein Urbild der Zweisamkeit sind Adam und Eva in der Schöpfungsgeschichte (Genesis 2).

Das Wort *Wir* ist im Kontext des Sozialen deshalb hervorzuheben, weil jedes *Wir*, mit der Ausnahme der Menschheit an sich, den Zusammenschluss von Menschen bedeutet, die sich deshalb als *Wir* verstehen, weil sie sich zu anderen Menschen abgrenzen. Schlicht nach der Formel: Wenn es *uns* als *Wir* gibt, muss es *die* als *Die* geben, die zumindest nicht *Wir* sind. *Die* jedoch, bilden wieder eigene *Wirs* usw. usf.

In der semantischen Logik des Wortes »sozial« werden *Wirs* auf der Basis der »Verbundenheit« bis hin zum »Verbünden« gebildet. Das wiederum weist darauf hin, dass sich der einzelne Mensch ihm nahestehenden Menschen »verbunden« fühlen kann, weil sie z. B. Verwandte sind. »Verbünden« (für, gegen und mit jemandem und/oder *denen*) wird sich der Mensch mit Menschen, die ihm entweder sehr nahestehen (Liebe) oder mit denen ihn ein gemeinsames Ziel verbindet. Das »Verbindende« kann also zum »Verbünden« *(Wir)* führen und aus Menschen »Gefährten« machen.

Einen deutlich größeren Abstraktionsgrad erhält das aus dem Wort Sozial hervorgehende *Wir*, wenn es sich um »Mitmenschen« handelt. Die Beziehungen sind deutlich loser, als wenn Menschen »verbunden« und/oder »verbündet« sind. In der Semantik verharrend, ist jeder Mensch allen anderen Menschen ein »Mitmensch«. Spätestens hier zeigt sich, dass das Wort »sozial« nicht als ausschließlich positiv intendierter Begriff verstanden werden darf; denn bekanntlich sind Menschen immer wieder bereit, »Mitmenschen« zu töten oder, wie (noch immer) hinsichtlich der Fluchtereignisse auf dem Mittelmeer oder in der mexikanisch-US-amerikanischen Wüste deutlich wird, dem Tod zu überlassen. Es scheint also ein Qualitätsunterschied zu entstehen, indem Menschen entscheiden, wen Sie als »Mitmenschen« akzeptieren und wen nicht. Eindrücklich beschreibt dies Jean-Jacques Rousseau (1765/1996) im »Gesellschaftsvertrag« am Beispiel des Krieges:

> »Der Krieg ist [...] keine Beziehung von Mensch zu Mensch, sondern eine Beziehung von Staat zu Staat, in der die Einzelnen nur durch Zufall Feinde sind, nicht als Menschen und nicht einmal als Bürger, sondern als Soldaten; nicht als Glieder des Vaterlandes, sondern als seine Verteidiger« (Rousseau 1765/1996, S. 12–13).

Rousseau zeigt im Zitat ein *Wir* und ein *Die,* welche die abstrakte Größe von Gesellschaft als eine Spielart des Sozialen im wahrsten Sinn des Wortes »ins Feld führen«. Dass Gesellschaft ein Konstrukt sei, ist dabei das Hauptpostulat, das Peter L. Berger und Thomas Luckmann (1969/1996) in ihrem als »Klassiker« zu bezeichnendem Buch »Die gesellschaftliche Konstruktion der Wirklichkeit« aufstellen. Die 1966 in den USA erschienene Erstauflage trägt den Titel »The Social Construction of Reality«. Dies schlicht deshalb, weil das englische Wort für Gesellschaft »society« den lateinischen Wortstamm »socius« bereits enthält. Das deutsche Wort »Gesellschaft« enthält diesen Stamm in der Übertragung »Geselle«, sodass Gesellschaft eine verkürzte Form von »Gesell*en*schaft« darstellt.

Nach Berger und Luckmann konstruiert das Soziale die Wirklichkeit bzw. die Wahrnehmung von Wirklichkeit. Dies im Sinn des hier analysierten *Wirs* als Notwendigkeit menschlichen Seins dahingehend, dass die Interdependenz, wie Norbert Elias[13] es sagen würde, dazu führt, dass Menschen sich als (gesellschaftliches) *Wir* verstehen und sich nach entsprechenden Maßgaben verhalten.

> »So übt Gesellschaft auf den Einzelnen Zwang aus, während sie zugleich Bedingung seiner menschlichen Existenz ist. Denn Gesellschaft ist auch eine subjektive Wirklichkeit: sie wird vom Einzelnen in Besitz genommen, wie sie von ihm Besitz ergreift« (Berger/Luckmann 1996, o. S.).

Gesellschaft erzeugt also Wirklichkeit. Was sie mit Wirklichkeit meinen, schreiben die Autoren gleich auf der ersten Seite der Einleitung:

> »Für unsere Zwecke genügt es, ›Wirklichkeit‹ als Qualität von Phänomenen zu definieren, die ungeachtet unseres Wollens vorhanden sind – wir können sie ver- aber nicht wegwünschen. ›Wissen‹ definieren wir als die Gewißheit, daß Phänomene wirklich sind und bestimmbare Eigenschaften haben« (Berger/Luckmann 1996, S. 1).

Berger und Luckmann verstehen ihr Buch im Kontext der Wissenssoziologie. Deshalb führen sie hier auch den Begriff des Wissens mit ein. Wirklichkeit erklären sie als die »Qualität von Phänomenen«, also die Qualität dessen, was sich, übertragen aus dem Griechischen, Menschen *zeigt* oder ihnen *erscheint.* Was Qualität in diesem Zusammenhang bedeuten kann, lässt sich mit der Veränderung von Perspektiven beschreiben.

13 Vgl. Elias 1970/2014.

Angenommen, jemand schaut aufs Meer: Wellen, Gischt am Strand, all das ist Wirklichkeit. Erst in dem Moment, in dem dieselbe Person eine Taucherbrille aufsetzt und die Oberfläche des Meeres durchdringt, erkennt diese, dass die Wirklichkeit viel größer ist, als die Oberfläche des Wassers vermuten lässt. Wirklichkeit ist also das, was sich uns zeigt oder uns erscheint. Und diese Wirklichkeit bestimmt unser Wissen. Wenn wir bereit sind, aktiv zu werden, also wie im Beispiel, den Kopf durch die Wirklichkeit (der Wasseroberfläche) zu stecken, erscheint und zeigt sich mehr; sozusagen die Wirklichkeit hinter der Wirklichkeit. Und da nun die Wirklichkeit unser Wissen bestimmt, gilt, dass unsere Wirklichkeit proportional größer wird, je mehr wir wissen. Und je öfter sich unsere Wirklichkeit bestätigt, desto mehr wird aus dem, was wir wissen, Gewissheit. Diese Gewissheiten bestimmen unser Handeln, indem wir z. B. die Eigenschaften von Watte und Steinen auseinanderhalten können und mit Watte ein Sofa polstern und aus Steinen ein Haus bauen und nicht umgekehrt. Und mit derselben Gewissheit schießen wir auf einen Fremden, der als Person nicht unser Feind sein kann, aber den wir einer Nation und dadurch auch einer Armee zuordnen. Diesem gesellschaftlich konstruierten *Wir* sprechen wir in dem Moment dieselbe Qualität zu wie unserem Wissen darüber, dass man mit Watte ein Sofa polstert oder mit Steinen ein Haus baut.

Mit anderen Worten: Auch das, was wir für Qualität halten, ist mit Berger und Luckmann »gesellschaftliche Konstruktion von Wirklichkeit«.

Ohne Berger und Luckmann widersprechen zu müssen, wenn auch durchaus ignorant mit ihnen umgehend, entwirft der Soziologe Niklas Luhmann (1987) einen Gesellschaftsbegriff in Form »sozialer Systeme«. Er begründet dies mit der Komplexität moderner Gesellschaften und schreibt:

> »Einfache Gesellschaften sind instabil, weil sie nicht modifiziert, sondern nur zerstört werden können, vor allem durch Tod. […] Komplexe Gesellschaften sind […] stabil; sie gewinnen ihre Permanenz dadurch, dass ihre Zusammensetzung geändert werden kann. […] Auf ihrer Ebene erfüllt sich der Sinn der Geschichte als *Gattungs*geschichte der Menschheit. Diese Unterscheidung von einfachen und zusammengesetzten Gesellschaften ist mit der alteuropäischen Semantik im 18. Jahrhundert versunken. Was seitdem Gesellschaft heißt, ist in jedem Falle ein hochkomplexes System. […] Der erste Versuch, dies Nachfolgeterrain durch die Differenz von Staat und Gesellschaft (das heißt: politischen vs. ökonomischen Funktionsprimaten) zu kennzeichnen, kann als gescheitert betrachtet werden. […] So ergibt sich ein Bedarf für eine Wiedergewinnung des Problemlösungsformats der alt-

europäischen Semantik. Dies erfordert, daß der Gesellschaftsbegriff analog zum Weltbegriff gebildet wird: sich selbst und alle anderen Sozialsysteme erhaltend« (Luhmann 1987, S. 554; Hervorhebung im Original).

Das Zitat entstammt Luhmanns erstem Hauptwerk »Soziale Systeme – Grundriß einer allgemeinen Theorie«. Wenn er am Ende des Zitats auf »alle anderen Sozialsysteme« hinweist, so sind damit z. B. Wirtschaft, Erziehung und Recht gemeint, die er in weiteren Büchern einzeln beschrieben hat. Zentral an Luhmanns Theorie ist, dass er zwar den Menschen als biologisches und psychisches System als Bedingung zur Kenntnis nimmt, letztlich aber die Kommunikation als zentrale »Operation« sozialer Systeme fokussiert. Es würde an dieser Stelle zu weit führen, den Begriffsdschungel aufzuführen, den Luhmann in seiner Theorie hervorgebracht hat und über den es eigene Lexika gibt. Entscheidend ist die Wahrnehmung der Grundidee, dass die Gesellschaft nach Luhmann ein »Konstrukt« aus Systemen ist. Die Systeme werden dadurch erkennbar, dass sie sich von ihrer Umwelt, also anderen Systemen, durch Differenz »zeigen«. Systeme sind autopoetisch angelegt, also mit einem Drang zur Selbsterhaltung ausgestattet. Die Selbsterhaltung gelingt, indem Systeme beobachtend operierend ihre Umwelten nach Sinn absuchen, der für den Erhalt des eigenen Systems notwendig ist. Dieser Sinn wird in das eigene System hineingeholt und löst dort eine Perturbation (Störung oder Verwirrung) aus, die das System verändert. Diese Veränderung erzeugt in der Folge eine Veränderung des Gesamtsystems Gesellschaft, weil letztlich alle Systeme durch Beobachtungsoperationen miteinander in Verbindung stehen und auf Veränderungen mit eigenen Veränderungen, sofern sie Sinn bedeuten, reagieren.

Die Dramatik der Luhmann'schen Theorie besteht darin, dass mit ihr gesellschaftliche »Phänomene« und Gesellschaft an sich erklärbar werden, dem einzelnen Menschen jedoch wenig Bedeutung zugemessen wird. Ein Beispiel sind erneut die Fluchtereignisse auf dem Mittelmeer und in der Wüste. Zwar haben aufnehmende Gesellschaften wie die in Europa und den USA die Möglichkeit, sich zu modifizieren, also Menschen mit anderen kulturellen und religiösen Hintergründen aufzunehmen und die daraus resultierenden Perturbationen zu kompensieren, aber die Notwendigkeit, dies zu tun, besteht nicht, weil die Systeme keinen entsprechenden Bedarf haben, der zur Selbsterhaltung notwendig wäre. Vielmehr scheint der Sinn darin zu bestehen, Perturbation an dieser Stelle zu verhindern. Mit anderen Worten: *Wir* und *Die.*

Ein Ausweg aus diesem Dilemma ist letztlich eine moralische Intention. Mit Luhmann ist diesbezüglich jedoch schwerlich zu argumentieren, wie Jürgen

Habermas im ersten Band seines Spätwerks »Auch eine Geschichte der Philosophie« (2019) eindrücklich zeigt. Er schreibt:

> »Die Moderne *ist* die Krise – von hier ist es nur noch ein kleiner Schritt zu Niklas Luhmann, der den Krisenmodus zum Normalzustand der Reproduktion der gesellschaftlichen Moderne erklärt (und keine therapeutische Notwendigkeit mehr erkennen kann)« (S. 41; Hervorhebung im Original).

Die Tatsache, dass Menschen mit beispielsweise kognitiven Beeinträchtigungen innerhalb Deutschlands im Zuge der Sozialstaatlichkeit Unterstützung erfahren, hat eine historische Logik, aus der folgt, dass unser Ansehen in der Welt davon abhängt, dass sich die Ereignisse aus der Zeit des Nationalsozialismus nicht wiederholen. Der Sinn ist also dieses Ansehen, das in der Folge ermöglicht, beispielsweise Wirtschaftsbeziehungen aufbauen zu können. Der in der westlichen Welt beobachtbare »Vormarsch« nationalistischer Kräfte zeigt, dass dieser Sinn fragil ist, sodass die kühle Beobachtung der Umwelt auch in Deutschland dazu führt, dass Gesellschaft und darin »Wirklichkeit« und »Gewissheit« einen Wandel vollziehen, in dem das Soziale seine positive Deutung nicht aufrechterhalten kann.

Wirklichkeit ist aber auch, dass z. B. im selben »politischen System« einer Gesellschaft unterschiedliche Kräfte wirken. Und zwar nicht ausschließlich als System, sondern als einzelne Akteur*innen. Denn systemisch ist der Umstand banal, dass z. B. etwa ein Personenkreis sich gegen die Unterstützung von Menschen mit Beeinträchtigungen ausspricht und ein anderer verurteilt, dass der andere Personenkreis dagegen ist. Diese Systeme finden ihren Sinn und ihre Autopoiesis letztlich darin, dass sie sich auf den Begriff des »Dagegen-seins« verständigen (Kommunikation).

Die verengte Sichtweise Luhmanns durchaus überwindend bringt der Soziologe Harmut Rosa mit seiner Idee der »Resonanz – Eine Soziologie der Weltbeziehung« (2017) den (einzelnen) Menschen zurück in die gesellschaftliche Bedeutung. Er schreibt:

> »Weil die Urangst der inneren Beziehungslosigkeit in […] der Weltbeziehung niemals ganz überwunden werden kann, lauert in ihrem Hintergrund eine andere Möglichkeit, die Vereinzelung, Vereinsamung und Ohnmacht zu überwinden: Die totalitäre Versuchung des Faschismus oder des Stalinismus oder einer anderen autoritären Herrschaft, welche Verbundenheit und Gemeinschaft herstellt (oder simuliert) um den Preis der Aufgabe des eige-

> nen Selbst. Die Sehnsucht nach symbolischer Verschmelzung in einem Volksganzen [...] ist [...] eine Reaktion auf die Erfahrung, einer beziehungslosen Welt ausgesetzt zu sein. Weil sie aber den eigenen Willen beziehungsweise das eigene Selbst auflöst, untergräbt sie auch die Möglichkeit echter Begegnung mit einem lebendigen Anderen« (Rosa 2017, S. 570).

Mit diesem Zitat schließt sich der Kreis zu den Ausführungen von Berger und Luckmann: »Denn Gesellschaft ist auch eine subjektive Wirklichkeit: Sie wird vom Einzelnen in Besitz genommen, wie sie von ihm Besitz ergreift« (Berger/Luckmann 1996, o. S.). Die »subjektive Wirklichkeit« basiert auf dem, was sich uns zeigt (Phänomen). Dabei kann leicht übersehen werden, dass sich zunächst immer nur eine Oberfläche zu erkennen gibt. Diese Oberfläche heißt es zu durchdringen, um die Wirklichkeit zu entdecken, die sich dahinter befindet. Gesellschaft mag aus Systemen bestehen. Doch diese wiederum bestehen aus einzelnen Menschen, die als Person, nicht als System, nach Anschlussmöglichkeiten suchen – weil sie als Menschen gar nicht anders können. Der Soziologe Hartmut Rosa begründet diese Suche mit dem menschlichen Bedürfnis nach Resonanz. Daraus gestaltet sich Weltbeziehung. Die Voraussetzung von Gesellschaft ist demnach Begegnung, sodass die Erkenntnis und Grundlage für ein Gesellschaftsverständnis im Kontext des vorliegenden Buches auf das Diktum Martin Bubers endet: »Alles wirkliche Leben ist Begegnung« (Buber 2017, o. S.).

(Sozial-)Management

Wer sich akademisch mit Betriebswirtschaftslehre auseinandersetzt, kommt – alltagssprachlich formuliert – am »Wöhe« (2016) nicht vorbei. »Der Wöhe« ist eine »Einführung in die Allgemeine Betriebswirtschaftslehre«, die vom verstorbenen Günter Wöhe verfasst wurde und in der Bearbeitung von Ulrich Döring und Gerrit Brösel 2016 in der 26. Auflage erschienen ist.

Das Buch findet hier Erwähnung, weil darin seit der ersten Auflage einleitend ein Richtungsstreit in der deutschen Betriebswirtschaftslehre thematisiert wird, der auch für das (Sozial-)Management relevant ist. Wöhe schreibt:

> »Der Zwiespalt zwischen einer Betriebswirtschaftslehre, die, von marktwirtschaftlichem Willen getragen, auf der **Wirtschaftstheorie** aufbaut, und einer **Managementlehre**, die an ethisch-soziale Verantwortung der Unternehmensführung appelliert und unter die Fittiche einer allumfassenden Verhaltens- bzw. Sozialwissenschaft schlüpfen will, lässt sich an folgenden Unterscheidungsmerkmalen festmachen« (Wöhe 2016, S. 3):

Tab. 1: Wissenschaftlicher Standort der Betriebswirtschaftslehre (nach Wöhe, 2016, S. 4)

Wissenschaftlicher Standort der Betriebswirtschaftslehre		
Merkmal	wirtschaftstheoretisch fundierte BWL	verhaltenswissenschaftlich fundierte BWL
Handlungsmotiv der Wirtschaftssubjekte	Eigennutz	Gemeinnutz
Handlungsweise der Wirtschaftssubjekte	rational	emotional
Koordination betrieblicher Entscheidungen	Shareholderansatz	Stakeholderansatz
Unternehmensziel	langfristige Gewinnmaximierung	Zielkompromiss zwischen Stakeholdern

Mit den Ausführungen aus dem letzten Unterpunkt konnte gezeigt werden, dass dieser Zwiespalt zumindest hinsichtlich der Frage nach dem Sozialen nicht gegeben ist. Beide hier dargestellten Modelle führen zu sozialen Handlungen im Sinne des Wortes. Denn »Ökonomie erfordert immer Dritte, sodass das Soziale der Ökonomie zwangsläufig inhärent ist« (Dieckbreder 2016, S. 199). Dies unabhängig davon, ob beispielsweise »Eigennutz« oder »Gemeinnutz« im Fokus stehen.

Da damit also auch Managementhandeln immer soziales Handeln ist, stellt der Begriff »Sozial-Management« eine Tautologie dar. Der Begriff selbst ist jedoch anders intendiert, wie Peter Zängl in seinem Artikel »Sozialmanagement als Ergebnis und Produzent Sozialer Arbeit« (2012) wie folgt darlegt:

> »Allgemein gesprochen und damit fast schon leerformelhaft ist Sozialmanagement das Management von Organisationen der Sozialwirtschaft. Gegenständlicher betrachtet leistet es Managementfunktionen, die für die Steuerung sozialer Organisationen notwendig sind, so insbesondere Leitbild- und Konzeptentwicklung, Organisationsentwicklung, Personalführung und -entwicklung, Finanzierung, Öffentlichkeitsarbeit, Projektmanagement, Qualitätsentwicklung und andere Teildisziplinen des Managements.« (S. 38)

Abstrakter, jedoch vergleichbar, beschreibt Sailer (2012, S. 13) die Aufgaben des Managements im Rekurs aus Hans Ulrich wie folgt:

> »Manager arbeiten in komplexen Organisationen, an komplexen Aufgaben in einem komplexen Umfeld. Dementsprechend definiert Hans Ulrich [...] Management als die Gestaltung, Lenkung und Entwicklung von komplexen,

produktiven, sozialen Systemen. Der zielorientierte Umgang mit Komplexität nimmt im Management damit eine zentrale Rolle ein«

Der hier benannte Hans Ulrich ist der Begründer des sogenannten St. Gallener Management-Modells[14], innerhalb dessen, wie der Hinweis auf die »sozialen Systeme« anzeigt, die Systemtheorie nach Luhmann die Ausgangsidee darstellt.

An dieser Stelle wird der Fokus auf die Tatsache gelenkt, dass sich Management respektive diejenigen, die dieses betreiben, grundsätzlich den komplexen Aufgaben stellen müssen, die Zängl in seinen Ausführungen benennt; egal, ob sie eine sogenannte »soziale Organisation«[15] leiten, ein anderes Dienstleistungsunternehmen oder ein produzierendes Gewerbe. Das zeigt sich auch hinsichtlich der Berufe, die zumindest im Top-Management zu finden sind. So mag es sein, dass kirchliche Träger, die in Bezug auf den Kontext »sozialer Organisationen« die größten Arbeitgeber in Deutschland sind[16], an der Spitze Theolog*innen einsetzen, immer gibt es aber auch eine betriebswirtschaftliche Leitung, die auch das Unternehmen führt. Da also das Soziale in jeder Form des Managements enthalten ist, ist Sozialmanagement kein überzeugender Begriff für das Managen »sozialer Organisationen«. Hinzu kommt, dass auch der Begriff der »sozialen Organisation« zwar wieder anders intendiert, nicht jedoch angemessen gewählt ist, da analog zum Management auch Organisationen immer »soziale Organisationen« sind. Was also bleibt, ist die Tatsache, dass es Organisationen gibt, in denen Menschen tätig sind, die Besonderheiten des Sozialen gemeinhin als subsidiären Auftrag erfüllen. Dass sie dies tun, hat nicht zur Folge, dass sie sozialer sind als andere Organisationen. Sie sind somit keine »sozialen Organisationen«, sondern (un-tautologisch) schlicht Organisationen. Und das darin enthaltene Management ist (un-tautologisch) schlicht Management. Ein Management, das sich einem bestimmten Thema, dem des Sozialen, als organisationalen Auftrag stellt. Eben dem »Management des Sozialen«. Da sich diese Aufgabe deutlich davon unterscheidet, im Sektor der Dienstleistung, zu dem das »Management des Sozialen« gehört, ein Restaurant zu führen oder im produzierenden Gewerbe Kühlschränke herzustellen, weil das Soziale alle Menschen berührt und alle Menschen mit Expertise versieht, muss gut begründet werden, warum Menschen meinen, das Soziale überhaupt managen zu müssen. Diese Begründung

14 Vgl. Rüegg-Stürm/Grand 2017.

15 Der Begriff ist sprachlicher Unfug, weil jede Organisation sozial ist. Aus Gründen der Anpassung an die gängige Form wird er in diesem Buch jedoch, mit der Ausnahme dieses Kapitels, verwandt.

16 Allein die Diakonie beschäftigt fast 465.000 Mitarbeitende. Vgl. https://www.ekd.de/Diakonie-Zahlen-Fakten-EKD-14435.htm (Zugriff am: 01.10.2020).

wird im weiteren Verlauf des Buches entwickelt. An dieser Stelle galt es herauszuarbeiten, warum der Begriff »Sozialmanagement« durch den des »Managements des Sozialen« ersetzt werden sollte.

Profession und Adressat*innen

Zuletzt wurde die Funktion des Managements im Kontext organisationaler Dienstleistungen, die das Soziale zum Inhalt haben, beschrieben. An dieser Stelle gilt es nun darzustellen und zu begründen, was das Professionelle im Kontext des Sozialen bedeutet. Zudem auch, wer die Adressat*innen dieser Profession(en) sind.

Bezüglich der Profession ist festzuhalten, dass im sogenannten »Dritten Sektor« oder auch »Intermediären Bereich«[17], unterschiedliche Professionen eingesetzt werden. Diese stehen in Abhängigkeit zu den Angeboten der Organisation und reichen von Pädagogik (mit den Facetten Erziehung, Sozialpädagogik, Heilpädagogik) – z. B. Jugendhilfe – über Soziale Arbeit (bereichsübergreifend) und Heilerziehungspflege (Mischform aus Erziehung und Pflege, die als Profession gemeinhin in der Behindertenhilfe eingesetzte wird) bis hin zur Pflege und ihren Ausdifferenzierungen wie beispielsweise der Zusatzqualifikation der Psychiatrischen Pflege (Krankenhaus). Hinzu kommen Berufsgruppen wie Ärzt*innen, Psycholog*innen, Seelsorger*innen und therapeutische Berufe wie Physio- und Ergotherapie (bereichsübergreifend). Aus Platzgründen wird an dieser Stelle die Profession der Sozialen Arbeit repräsentativ in den Blick genommen.

Die Soziale Arbeit, wie sie heute als Profession verstanden wird, hat ihre Ursprünge in den beiden Strängen der Sozialpädagogik und der Sozialarbeit. Diese Differenz wird inzwischen nicht mehr aufrechterhalten. So schreibt Kleve (2018):

> »Sozialarbeit und Sozialpädagogik sind in Deutschland die beiden zentralen Wissens- und Handlungsbereiche der Sozialen Arbeit. Ursprünglich wurde davon ausgegangen, dass Sozialarbeit (›Armenfürsorge‹) Ersatz für schwindende familiäre Sicherungsleistungen bietet, während Sozialpädagogik (›Jugendfürsorge‹) die schwindenden familiären Erziehungsleistungen kompensiert. […] Inzwischen können wir allerdings von einer

17 Der »Intermediäre Bereich« stellt eine Mischform aus Markt und Staat dar, weil dieser Sektor/Bereich unter marktähnlichen Bedingungen steuerfinanziert gestaltet wird (vgl. z. B. Beck/Schwarz 2013, S. 38).

Identität von Sozialarbeit und Sozialpädagogik sprechen [...], d.h., eine Unterscheidung zwischen diesen beiden Bereichen ist kaum noch möglich, sodass das Berufsfeld immer häufiger als Soziale Arbeit bezeichnet wird« (Kleve 2018, S. 33 f.).

Der »Deutsche Berufsverband für Soziale Arbeit e. V.« verweist auf seiner Homepage auf die internationale und die deutsche Fassung der Definition der Sozialen Arbeit[18], die an dieser Stelle zur weiteren Analyse beide zitiert werden.

Internationale Fassung:

> »Social work is a practice-based profession and an academic discipline that promotes social change and development, social cohesion, and the empowerment and liberation of people. Principles of social justice, human rights, collective responsibility and respect for diversities are central to social work. Underpinned by theories of social work, social sciences, humanities and indigenous knowledge, social work engages people and structures to address life challenges and enhance wellbeing.«[19]

Deutschsprachige Fassung:

> »Soziale Arbeit fördert als praxisorientierte Profession und wissenschaftliche Disziplin gesellschaftliche Veränderungen, soziale Entwicklungen und den sozialen Zusammenhalt sowie die Stärkung der Autonomie und Selbstbestimmung von Menschen. Die Prinzipien sozialer Gerechtigkeit, die Menschenrechte, die gemeinsame Verantwortung und die Achtung der Vielfalt bilden die Grundlage der Sozialen Arbeit. Dabei stützt sie sich auf Theorien der Sozialen Arbeit, der Human- und Sozialwissenschaften und auf indigenes Wissen. Soziale Arbeit befähigt und ermutigt Menschen so, dass sie die Herausforderungen des Lebens bewältigen und das Wohlergehen verbessern, dabei bindet sie Strukturen ein.«[20]

18 Im Jahr 2014 in Melbourne beschlossen und im Anschluss in Deutschland übernommen. Sie gilt, mit lokalen Anpassungen, in 116 Staaten (Stand 2016).

19 https://www.dbsh.de/profession/definition-der-sozialen-arbeit/internationale-fassung.html (Zugriff am 01.10.2020).

20 https://www.dbsh.de/profession/definition-der-sozialen-arbeit/deutsche-fassung.html (Zugriff am 01.10.2020).

Beide Texte, die inhaltlich sehr nah beieinanderliegen, zeigen, dass in der Professionsklärung der »Sozialen Arbeit« das oben beschriebene Phänomen von *Wir* und *Die* enthalten ist. Die sich der Profession zugehörig Fühlenden »schälen« sich sozusagen aus ihrer basalen sozialen Expertise heraus und bilden ein *Wir*, das einem *Die* gegenübersteht. Dies geschieht anhand von Orientierungspunkten wie »Gerechtigkeit« und »Menschenrechten«, die nicht a priori bestehen, sondern der Klärung und Umsetzung bedürfen. Da die Klärung gemeinhin übergeordnet herbeigeführt wird (z. B. in der UN-Behindertenrechtskonvention[21]), besteht in der Umsetzung die Profession. Semantisch lässt sich ableiten, dass dieser Ansatz systemisch verstanden wird, wenn z. B. davon die Rede ist, dass Soziale Arbeit »befähigt« und nicht der*die einzelne Sozialarbeiter*in.[22]

Das Problem, dass der Gegenstand Sozialer Arbeit jeden Menschen berührt und für den jeder Mensch Expertise besitzt, wird mit der Definition dahingehend zu überwinden versucht, dass das Soziale in den Kontext des Guten gerückt wird – also einen Teilaspekt dessen, was sozial ist, zur Grundlage nimmt. Soziale Arbeit bedeutet also daran zu arbeiten, dem Sozialen eine Richtung (zum Guten) zu geben. Dies wird durch eine praxisorientierte Theorie- und Methodenbildung gerechtfertigt, die die soziale Alltagsexpertise derjenigen, die nicht der Profession angehören, übersteigt (bzw. übersteigen soll).

Als *Wir* mit diesem Anspruch steht der Sozialen Arbeit das *Die* derjenigen gegenüber, die dieser Arbeit bedürfen. Nach der Definition des Bundesverbandes wird dieses *Die* keinem besonderen Personenkreis zugeordnet. Somit können prinzipiell alle Menschen Adressat*innen Sozialer Arbeit sein. In der Praxis sind Personenkreise, die mit Sozialer Arbeit unterstützt werden, sehr wohl spezifiziert, wie z. B. der Buchtitel »Soziale Arbeit – die Handlungs- und Arbeitsfelder« von Klein et al. (2018) anzeigt.

Aner und Hammerschmidt (2018) spezifizieren diesen Aspekt in ihrem Buch »Arbeitsfelder und Organisation der Sozialen Arbeit – Eine Einführung« wie folgt:

> »Unter Sozialer Arbeit verstehen wir […] eine personenbezogene soziale Dienstleistung, die im sozialstaatlichen Rahmen zur Bearbeitung sozialer Probleme eingesetzt wird, damit die Adressat*innen im gesellschaftlichen Interesse bei der Bewältigung von Lebensproblemen so unterstützt werden, dass sie in die Lage versetzt werden, gesellschaftlichen (Normalitäts-)Anforderungen zu entsprechen« (S. 2).

21 Vgl. https://www.behindertenrechtskonvention.info/ (Zugriff am 01.10.2020).

22 In der Sozialen Arbeit ist für den Systemtheoretischen Ansatz prominent Sylvia Staub-Bernasconi zu nennen. Vgl. z. B. Staub-Bernasconi 2017.

Diese Spezifikation verdeutlicht einmal mehr, dass eine ausschließlich systemische Klärung des Sozialen nicht ausreicht. Denn letztlich verfehlt Soziale Arbeit, als professionalisiert von Menschen auszuführende Instanz dessen, was im »Management des Sozialen« geschieht, ihr Ziel, wenn die Anwendung von Theorie und Methode nicht in die konkrete Situation, in die konkrete Begegnung eingebunden wird. In ihrem Buch »Soziale Arbeit – die Adressat*innen und Adressaten« (2017, S. 73) zeigen Bitzan und Bolay auf, was das bedeutet:

> »Im Ergebnis zeigt sich, dass in theoretischer Hinsicht von einem relationalen Subjektverständnis auszugehen ist, in dem Subjektbildung nicht als ausschließlich individueller Vorgang konzipiert ist, sondern vielmehr nur als hochgradig gesellschaftlich verwobener zureichend bestimmt werden muss«.

In diesem Zitat kulminieren die großen Ströme sozialarbeiterischer Theorie und Methode, wie etwa die der Lebensweltorientierung nach Hans Thiersch[23] oder der Sozialraumorientierung nach Wolfgang Hinte[24].

Zusammenfassend und für das vorliegende Buch grundlegend kann gesagt werden: Die Adressat*innen Sozialer Arbeit sind Menschen, denen auf der Basis gesellschaftlicher Normalitätsvorstellungen unterstellt wird, dass sie Unterstützung benötigen, um diesen Vorstellungen gerecht werden zu können. Positiv formuliert geht es darum, diese Personenkreise dahingehend zu unterstützen, dass sie »normal« an der Gesellschaft teilhaben können. Bei dieser Unterstützung müssen die professionell-sozialarbeiterisch Handelnden berücksichtigen, dass sie selbst und die Adressat*innen (ggf. unterschiedlich) »gesellschaftlich verwoben« (Relationalität) sind, ihr Handeln also nicht losgelöst von Gesellschaft geschieht. Organisational, also bezogen auf das »Management des Sozialen«, folgt daraus, dass es im »Dritten Sektor« agiert, also die Finanzierung dieser Arbeit als gesellschaftlichen, weil steuerfinanzierten Auftrag erfüllt (Subsidiarität). Dies mit der Folge, dass sowohl die Personenkreise der Adressat*innen (z. B.

23 Im Modell der Lebensweltorientierung wird beschrieben, dass es eine Differenz zwischen der subjektiven und objektiven Einschätzung der Lebenssituation gibt. Die subjektive Einschätzung ist die Lebenswelt, die objektive Einschätzung die Lebenslage. So kann jemand, der wenig Geld zur Verfügung hat, die eigene Situation als auskömmlich einschätzen, obschon er objektiv arm ist. (Hier greift auch Hartmut Rosas Idee der Resonanz, die in Kapitel 2.1 beschrieben wird.) Zur Lebensweltorientierung vgl. Grunwald/Thiersch 2008.

24 Den Ansatz der Lebensweltorientierung implizierend, wird in der Sozialraumorientierung vom Menschen in seinen sozialen Bezügen ausgegangen. Beispielsweise die Ermöglichung von Teilhabe (an der Gesellschaft) wird hinsichtlich der Frage »woran teilhaben?« auf der Basis dessen »erforscht«, was die Adressat*innen wollen, nicht, was sie sich wünschen. Vgl. Fürst/Hinte 2014.

Jugendliche, Menschen mit geistigen und/oder seelischen Beeinträchtigungen), als auch die Arbeit selbst ihre Finanzierung auf der Basis von Gesetzen erfüllen muss. Das ist der Kontext, in dem sich Sozialarbeiter*innen und Adressat*innen begegnen.

Netz, Netzwerk und Netzwerkarbeit

Steinmann et al. (2013) weisen in ihrem Buch »Management – Grundlagen der Unternehmensführung: Konzepte – Funktionen – Fallstudien« auf Folgendes hin: »In der Regel schafft man […] zur effektiven Erfüllung der Managementfunktionen eine Leitungshierarchie (vertikale Arbeitsteilung)« (S. 7).

Im in diesem Buch vorgeschlagenen Modell eines »Managements des Sozialen« ist u. a. vorgesehen, die Hierarchie von Unternehmen aus dem »Dritten Sektor« in eine teilhierarchische Netzwerkorganisation zu überführen. Der Grund für diesen Vorschlag resultiert aus der Erkenntnis, dass Hierarchien eine zweidimensionale Antwort auf die dreidimensionalen Herausforderungen von Organisationen darstellen und somit zu kurz greifen. Deshalb wird dieser Aspekt an dieser Stelle aufgegriffen und für eine Operationalisierung in kritischer Betrachtung vorbereitet.

Die Überschrift dieses Unterpunkts stellt die Zerlegung des Wortes Netzwerkarbeit in seine drei Einzelwortbestandteile, nämlich *Netz, Werk* und *Arbeit* dar. So auseinandergenommen ist es möglich, das (zusammengesetzte) Wort umgekehrt zu lesen. Dann kommt heraus, dass durch *Arbeit* ein *Werk* in Form eines *Netzes* entsteht. Das ist deshalb bedeutend, weil die Arbeit am Sozialen merkwürdig unsichtbar ist. … *Heute ist es gelungen, zusammen mit Herrn M. an einer Perspektive zu arbeiten, die ihm Hoffnung gibt.* … Das ist schön, aber eben wenig sichtbar. Das Werk in der Sozialen Arbeit ist gemeinhin ein Werk im Verborgenen, das nur dann sichtbar im Sinn einer öffentlichen Wahrnehmung wird, wenn etwas nicht gelingt und/oder Geld kostet. Egal ob in substantivierter Form, also großgeschrieben, vom Netzwerken gesprochen, oder »netzwerken« als schlichtes Verb verstanden wird; dass das Arbeit ist, schwingt immer mit.

Bei dieser Analyse fällt auf, dass das Wort »Arbeit« wegfällt, Netz und Werk jedoch zusammen bleiben. Dies deshalb, weil es des Wortes »Arbeit« im Grunde nicht bedarf, wenn Netzwerk auf »en« endet. So gesehen kann festgehalten werden, dass ein Netz etwas ist, das durch Arbeit zu einem Werk werden kann. Das dann als aktive Verlaufsform, denn das Werk ist nie zu Ende.

Alleinstehend ist ein Netz eine Metapher, die mit verschiedenen Bildern assoziiert wird. Das Fischernetz beispielsweise ist eine frühe, ja epochal antike

Metapher des Netzwerkens. So steht in der Bibel nach Martin Luther in Matthäus 4,19: »Und er [Jesus] sprach zu ihnen: Folgt mir nach; ich will euch zu Menschenfischern machen«.

Gerichtet ist diese Aufforderung an Menschen, die viel von Netzen verstehen. Dabei ist das Bild des Fischernetzes gleich in zweierlei Hinsicht etwas unglücklich; weil Fische ja gefangen werden, um sie zu töten. Zudem ist die geforderte und bekanntlich gelingende Nachfolge auch immer mit der Gefahr verbunden, dass den »falschen Propheten« hinterhergelaufen wird. Historisch gibt es diesbezüglich genügend Beispiele; bis hin zur Gegenwart.

Das zweite bekannte Bild ist das Spinnennetz. Genau wie das Fischernetz, ist auch dies eine Todesfalle. Noch weitere Netzmetaphern führen zu der Erkenntnis, dass es mit Netzen häufig darum geht, etwas zu fangen und mit hoher Wahrscheinlichkeit zu töten. »Jemand ist mir ins Netz gegangen«[25], geht für diesen Jemand gemeinhin nicht gut aus. Fische werden gegessen[26] und wer dem Retiarius, also dem Gladiator mit Dreizack, Dolch und Wurf*netz*, in eben Letzteres geriet, war verloren. Genauso hätte der bunte Schmetterling, der auf eine Nadel gespießt in einem Glaskasten an der Wand hängt, wohl noch ein paar Stunden »fröhlich« Blumen beglückt, wenn nicht das Schmetterlingsnetz auf ihn niedergesaust wäre.

Diesen Netzmetaphern ist allerdings jene des Rettungsnetzes entgegenzuhalten. Mit Recht, denn dieses Netzt ist dafür gemacht, den Tod zu verhindern. Somit haben Netze offenbar zwei Logiken, nämlich zu töten und den Tod zu verhindern. Es kommt also darauf an, wie und für was sie eingesetzt werden.

Festzuhalten gilt, dass mit der Dramaturgie des Begriffs Netz bzw. Netzwerk, die größte existentielle Herausforderung, der Tod, immer einhergeht. Entweder diesem im wahrsten Sinn des Wortes »von der Schippe« und in das rettende Netz hineinspringend oder tödlich darin gefangenen zu werden. Mal ist es also für die betroffene Person gut, weil rettend, dass das Netz da ist, mal ist es tödlich.

Diese Gedankenspiele klingen nach einer übertriebenen Spielerei. Schließlich geht es bei den Netzwerken, die im Kontext des »Managements des Sozialen« stehen, ja um die Verknüpfung, also den Akt der Netzherstellung selbst. Doch eingehender und ehrlich betrachtet ist das schlichte und einfache Ziel von »sozialen Netzwerken«, sich zu »verbünden«.

25 Hinweis: Werden die entsprechenden Begriffe in Suchmaschinen eingegeben, erscheint keine Assoziation mit dieser Redewendung, sondern ein Konglomerat von Hinweisen auf »ins Internet gehen«, was angesichts der hier angestellten Überlegungen eine ganz eigene Dramaturgie evoziert.

26 Was tun Menschenfischer mit den gefangenen Menschen?

Erneut verweisend auf den Stamm des Wortes »sozial« (vom lateinischen *socius*) gilt, dass Netzwerke, die von Menschen zwischen Menschen geknüpft werden – also schlicht »Beziehungen« – immer soziale Netzwerke sind. Unabhängig davon, ob sie genutzt werden, um Gutes zu tun, oder um eine Mafiaorganisation zu betreiben. Sozial ist beides.

Hinsichtlich dieser Überlegungen ist es berechtigt zu fragen, ob der Ansatz des Netzwerkens überhaupt geeignet ist, im Kontext von Organisationen des »Dritten Sektors« eingesetzt zu werden, wenn das Netz in all seinen Erscheinungsformen letztlich immer mit der Gefahr einhergeht, selbst zur Todesfalle zu werden, anstatt zu retten?

Die Antwort auf diese Frage lautet eindeutig: Ja! Und zwar mit der sicherlich zu begründenden Erklärung: gerade deshalb. Auf der Basis der oben entwickelten Erkenntnis, dass das Soziale für Menschen als Bedingung des Menschseins unausweichlich ist, wäre es fahrlässig, das Netzwerken nicht als zentralen Aspekt des »Managements des Sozialen« anzunehmen. Worum es also gehen muss, ist die Ausgestaltung.

Beim Ausgestalten hilft die Einsicht, dass alle Netze sowohl rettend als auch Todesfallen seien können. Denn sie mahnt, sehr behutsam und mit ständiger Reflexion Netzwerke zu knüpfen, zu pflegen und auszubauen. Muss also bei allen »professionellen« Handlungen stets bedacht werden, was geschieht, wenn Menschen (Adressat*innen) in »soziale« Netz(werk)e in der professionellen Ausgestaltung von Organisationen des »Dritten Sektors« geraten?

Antwort: In der Idee eines Netzes als Todesfalle ist enthalten, dass sich die Teile des Netzes respektive deren Knotenpunkte, *gegen* etwas oder jemanden verbünden. Aus der Tradition des Helfens heraus, steht diesem *gegen* ein *für* entgegen. Das, was unter dem Begriff der Fürsorge bekannt ist, wurde in den hier entwickelten Bildern als Rettungsnetz bezeichnet.

Nach dieser Lesart ist »gegen« das Böse und »für« das Gute. Inzwischen ist der Begriff der Fürsorge veraltet. Stattdessen wird das Miteinander sowohl in Management- als auch Sozialarbeitstheorien sowie den Kontext herstellenden Gesetzestexten[27] betont. Das ist angemessen, da die Worte *für* und *gegen* durchaus vergleichbar sind. Denn das Wörtchen *für* kann ja auch so ausgedrückt werden, dass es *anstelle von* heißt. Ich gehe *für,* also *anstelle von* jemanden zum Bäcker. Was aber, wenn ich *für* jemanden, also *anstelle von* jemandem da bin? Nun denn, dann ist die andere Person wohl in ihrer Existenz bedeutungslos.

Im kleinen und weniger dramatischen Kontext bedeutet Fürsorge, dass stellvertretend für Menschen Dinge übernommen werden, die sie ggf. durch-

27 Wenn in diesem Zusammenhang auch eher unter dem Begriff der Beteiligung.

aus selbst tun könnten. Dies z. B. im Zusammenhang mit einer Organisation des »Dritten Sektors«, in der ein Zeitplan eingehalten wird (eingehalten werden muss?), der nicht zulässt, dass sich jemand selbständig anzieht, weil beispielsweise ein Bulli vor der Tür wartet, mit dem die Person in eine Werkstatt für Menschen mit Behinderungen (WfbM) gebracht werden soll. Wenn eine Mitarbeiterin unter dieser Zeitvorgabe das Ankleiden (für/anstelle von) einer Person z. B. mit etwa einer körperlichen Einschränkung übernimmt, obwohl diese es selbst könnte, geht es schneller. Wenn das jedoch geschieht, hat sich die Mitarbeiterin mit den anderen Mitgliedern des Netzwerks (z. B. Wohnheim und WfbM) im Rahmen eines »guten« Netzwerks (Organisationen des »Dritten Sektors«) gegen das Potenzial eines Menschen verbündet. Die betroffene Person ist diesen Organisationen »ins Netz gegangen«. Zuweilen sind solche Organisationen also eine Todesfalle (die als Rettungsnetz geplant war) für Potenziale, die in Menschen stecken. An dieser Stelle wird deutlich, dass ein solches Netzwerken z. B. im diakonischen Kontext nicht tragbar ist. Es bedarf der Inspiration, die vorhandenen Netzwerke neu zu denken.

An dieser Stelle gilt es zu berücksichtigen, dass die Metaphern »Rettungsnetz« und »Netz als Todesfalle« in ihren zeitlichen Dimensionen betrachtet werden müssen. Ein Rettungsnetz ist für den kurzfristigen Einsatz gedacht (nach der Landung im Netz wird dieses wieder verlassen). Alle anderen Netze (z. B. Fischernetz) sind langfristig(er) angelegt. Mit dieser Überlegung kann postuliert werden, dass in der Dimension der Zeit die Gefahr erkennbar wird, dass Rettungsnetze zu Todesfallen (z. B. mit Blick auf die »Tötung« von Potenzialen) werden können. Für diesen Zusammenhang ist zu ergänzen, worauf Hannah Arendt in ihrem Buch »Vom Leben des Geistes« (2016, S. 252) im Rekus auf Bergson hinweist. Nämlich, dass alle

> »Ausdrücke [...]der Sprache des Raumes entlehnt [sind]. Wenn wir die Vorstellung der Zeit bilden wollen, so ist es in Wirklichkeit der Raum, der sich uns darstellt. Daher gilt: ›Die Dauer drückt sich immer als Ausdehnung aus‹, und die Vergangenheit wird als etwas hinter uns Liegendes verstanden, die Zukunft als etwas vor uns Liegendes«.

Mit dieser Erklärung erhält die Netzwerkarbeit eine räumliche Klammer, die zu Auseinandersetzungen mit Kontexten wie Zeitraum führen muss. Deshalb wird der Begriff bzw. die Idee von Netzwerken im weiteren Verlauf des Kapitels dahingehend geprüft, wie diese langfristig »rettend« wirken können.

Theorie eines »Managements des Sozialen«

Das »Management des Sozialen« steht in der Tradition einer wesentlich durch Ökonomie geprägten Managementgeschichte und gegenwärtiger Managementtheorien und -modelle. Unter der Berücksichtigung der oben erarbeiteten Begriffe werden auf den folgenden Seiten die Volkswirtschaftslehre (VWL) und die Betriebswirtschaftslehre (BWL) skizziert und das »Management des Sozialen« darin verortet.

Zur Notwendigkeit der Ökonomie im »Management des Sozialen«

Grundgelegt wird an dieser Stelle die These, dass es auch beim »Management des Sozialen« um Ökonomie geht. Und weiter, dass diese Ökonomie Macht bedeutet. Macht, die bezogen auf leistungserbringende Organisationen durch Gesetze und operativ dann durch Leistungsträger (z. B. Landschaftsverbände, Jugendämter) entsteht, die auf Mitarbeitende (dieser Organisationen) *mächtigen* Einfluss hat und Macht, die auf Adressat*innen (dieser Organisationen) wirkt. Festgemacht werden kann diese Macht am Beispiel des Ideals der Freiheit. Hier mit der weiteren These, dass Freiheit so lange »gelingt«, wie sie nicht durch äußere (z. B. fehlende Geldmittel) oder innere (z. B. Krankheit) Umstände determiniert wird. Ein Beispiel dafür geht auf Richard David Precht zurück, der der Frage nachgeht, wie Menschen sich zwischen Smartphone und Wahlrecht entscheiden würden.

Mit Herbart ist »Freiheit die Freiheit der Wahl« (Herbart 1804/1996) und somit der Verzicht auf das Smartphone oder das Wahlrecht zwar eine Entscheidung, aber aufgrund der Tatsache, dass es sich nicht um ein *Sowohl-als-auch* (Smartphone *und* Wahlrecht), sondern um ein *Entweder-Oder* (Smartphone *oder* Wahlrecht) handelt, eine eingeschränkte Entscheidung, die zur Abschaffung der persönlichen Freiheit führen kann. Das dingliche Gut oder der Besitz eines Smartphones steht optional höher als die »Freiheit der Wahl«, im Doppelsinn des (letzten) Wortes. Und in diesem Sinne wird der Mensch selbst zu Eigentum, nämlich zum Eigentum von Lebensbedingungen.

Vielleicht sind es ähnliche Gedanken, die Karl Marx zu seinen ökonomischen Theorien getrieben haben, um in diesem Lebensbedingungsdilemma wenigstens Gerechtigkeit herauszuarbeiten. So schreibt dieser am Beispiel des Robinson Crusoe in »Das Kapital« (1872/2000, S. 91):

> »Stellen wir uns endlich, zur Abwechslung, einen Verein freier Menschen vor, die mit gemeinschaftlichen Produktionsmitteln arbeiten und ihre vielen indi-

> viduellen Arbeitskräfte selbstbewußt als eine gesellschaftliche Arbeitskraft verausgaben. Alle Bestimmungen von Robinsons Arbeit wiederholen sich hier, nur gesellschaftlich, statt individuell. Alle Produkte Robinsons waren sein ausschließlich persönliches Produkt und daher unmittelbar Gebrauchsgegenstände für ihn. Das Gesamtprodukt des Vereins ist ein gesellschaftliches Produkt. Ein Teil dieses Produkts dient wieder als Produktionsmittel. Er bleibt gesellschaftlich. Aber ein anderer Teil wird als Lebensmittel von den Vereinsgliedern verzehrt. Er muss daher unter sie verteilt werden. Die Art dieser Verteilung wird wechseln mit der besonderen Art des gesellschaftlichen Produktionsorganismus selbst und der entsprechenden geschichtlichen Entwicklungshöhe der Produzenten«.

Mit »gutem Willen« ist das Zitat dahingehend zu verstehen, dass es ihm um »Verteilungsgerechtigkeit« geht. Aber auch im »Management des Sozialen« geht es nicht um »guten Willen«. Das Zitat muss deshalb kritisch analysiert werden:

Da ist zunächst von einem »Verein freier Menschen« die Rede. Mit dem, was weiter oben beschrieben wurde, wird dabei deutlich, dass hier ein *Wir* gemeint ist; nämlich das *Wir* der »freien Menschen«. Offenbar ein exklusiver Club, in dem *Die* dann offenbar Unfreien, nichts zu suchen haben. Gerechtigkeit?

In der weiteren Marxschen Argumentation wird davon gesprochen, dass ein Einzelner etwas produzieren soll, das über das, was er benötigt, hinausgeht. Ökonomisch also ein Mehrwert. Das Individuum jedoch soll auf das zurückfallen, was es im Mindestmaß benötigt, nämlich Nahrung[28]. Doch diese von ihm erzeugte Nahrung darf es nicht einfach behalten und essen, sondern muss sie erst in einen großen Topf geben, aus dem heraus es dann eine ihm zugeteilte Portion erhält. (Dies übrigens ohne Benennung jenes *Wirs*, das diese Zuordnungen vornimmt – Macht.) Dass dieser Prozess dann noch etwas mit der Entwicklungshöhe des Individuums als Produzenten zu tun hat, macht die Angelegenheit endgültig undurchschaubar. Gerechtigkeit?

Das Problem besteht darin, dass in der Marxschen Logik ein zentraler Denkfehler enthalten ist. Wenn dort steht: »Aber ein anderer Teil wird als Lebensmittel von den Vereinsgliedern verzehrt« (Marx 1872/2000, S. 91), so entsteht zwangsläufig Eigentum. Der durchaus marxistische Ökonom und Soziologe Alfred Sohn-Rethel bringt dies auf den Punkt, wenn er schreibt: »›Gesellschaft‹ ist […] ein Zusammenhang der Menschen in Bezug auf ihr Dasein, und zwar in der Ebene, in der ein Stück Brot, das einer ißt, den anderen nicht satt macht«

28 Emotionales wird hier nicht berücksichtigt!

(Sohn-Rethel 1985, o. S.). Das ist der Punkt, an dem nicht mehr auf der Ebene der Gerechtigkeit argumentiert werden kann.

Das »Management des Sozialen« kann, bei allem moralischen Anspruch, der diesem inhärent ist, diesen grundlegenden Tatsachen nicht entzogen werden. Es ist also notwendig, mögliche moralisierende Bilder eines »Managements des Sozialen« zu dekonstruieren.

Dabei wird erkennbar, dass sowohl Management als auch Ökonomie merkwürdig moralisierend betrachtet werden; so, als müsse sich gegen ein anderes Management, gegen eine andere Ökonomie abgegrenzt werden, sobald das Wort »sozial« eingebunden wird. So schreibt z. B. Lambers (2015) in seinem Artikel »Ökonomische Bescheidenheit statt Sozialrendite«: »Sozialwirtschaft [...] ist dem Individuum verpflichtet, nicht der Gesellschaft. Sozialwirtschaft riskiert ihre Glaubwürdigkeit, wenn sie gesellschaftlichen Nutzenerwartungen gerecht zu werden und den Beleg hierfür mittels erwerbswirtschaftlicher Rationalität zu liefern versucht« (Lambers 2015, S. 15).

Dass diese Abgrenzungen, die sowohl bei Marx, als auch bei Lambers, letzter stellvertretend für weitere Autor*innen, nicht notwendig oder sogar falsch sind, zeigen Acemoglu und Robinson (2013) in ihrem Buch »Warum Nationen scheitern«. Sie schreiben:

> »Im Mittelpunkt unserer Theorie steht die Verbindung zwischen inklusiven wirtschaftlichen und politischen Institutionen einerseits und dem Wohlstand andererseits. Inklusive Wirtschaftsinstitutionen, die den Schutz von Eigentum durchsetzen, faire Wettbewerbsbedingungen herstellen sowie Investitionen in neue Technologien und Fertigkeiten fördern, sind für das Wachstum nützlicher als extraktive Wirtschaftsinstitutionen, deren Struktur zur Folge hat, dass wenige die Ressourcen von vielen an sich bringen, dass Eigentumsrechte nicht geschützt und keine Anreize für ein wirtschaftliches Engagement geschaffen werden. Inklusive Wirtschaftsinstitutionen stützen ihre politischen Pendants und werden ihrerseits von ihnen geschützt. Die letzteren verteilen die Macht auf pluralistische Art und erzeugen eine gewisse politische Zentralisierung, wodurch sie Recht und Ordnung, die Grundlage sicherer Eigentumsrechte und eine inklusive Marktwirtschaft herstellen können. Entsprechend sind extraktive Wirtschaftsinstitutionen mit einem extraktiven politischen System synergetisch verknüpft, in dem sich die Macht in den Händen weniger konzentriert. Diese sind motiviert, extraktive Wirtschaftsinstitutionen zu ihrem eigenen Nutzen zu entwickeln und zu erhalten und die Ressourcen, über die sie verfügen, zur Festigung ihrer politischen Macht zu verwenden« (Acemoglu/Robinson 2013, S. 505).

Aus dem Zitat lässt sich ableiten, dass in westlichen Staaten in Bezug auf Management und Ökonomie eine inklusive Marktwirtschaft gemeint ist. Dieser stehen neben dem extraktiven Modell weitere Graustufen dieses Extrems entgegen und mit der deutschen »Sozialen Marktwirtschaft« kann ein inklusiv-exklusiver Sonderweg gemeint sein. Grundlage ist jeweils ein demokratisches Gesellschaftsbild, in dem wenig(er) regulierte Märkte, Freiheit des Einzelnen als moralisches Gut und Subsidiarität als Unterstützungsmodell für diejenigen, denen Teilhabe (Inklusion) aus eigener Kraft nur bedingt gelingt, enthalten sind.

In diesem herausfordernden Umfeld ist die aus der Managementperspektive komplexeste Aufgabe die, das Soziale zu organisieren. Um dies widerspruchsfrei in Bezug auf Unterstützung des Einzelnen und gesellschaftliche Verantwortung tun zu können, muss das »Management des Sozialen« im ökonomischen Duktus weiter verortet werden:

> »Der größte Fortschritt in den produktiven Arbeitskräften und die Vermehrung der Geschicklichkeit, Gewandtheit und Einsicht, womit die Arbeit irgendwo geleitet oder verrichtet wird, scheint eine Wirkung der Arbeitsteilung gewesen zu sein« (Smith 1776/2009, S. 11).

Mit diesem Satz beginnt Adam Smith sein tausendseitiges Ökonomie-Epos »Wohlstand der Nationen«.[29] Es ist nicht möglich (und wenn doch, dann unangemessen), über die Geschichte der Ökonomie[30] (und des Managements) nachzudenken, ohne mit Adam Smith zu beginnen. Egal, welche Geschichtsschreibung in Bezug auf Ökonomie zur Hand genommen wird, am Anfang steht Adam Smith. Und wenn es Untertitel gibt, wie beispielsweise in Phil Thorntons (2015) Buch »Die großen Ökonomen – 10 Vordenker, deren Werk unser Leben verändert hat«, dann steht dort: »**Adam Smith** – Der ›Gründungsvater‹ der Wirtschaftswissenschaften« (Thornton 2015, S. 13; Hervorhebung im Original).

Interessanterweise wird sich in anderen Zünften, so z. B. in der Soziologie, auch auf Smith bezogen. Nicht als Gründervater[31], aber doch als (sehr) bedeutende Persönlichkeit für die Zunft. Als Grund dafür kann postuliert werden, dass Smith im Grunde wie ein Manager dachte und somit Bezugspunkte zu anderen Zünften zuließ.

---

29 Das ist das, was vom ursprünglichen Titel noch übriggeblieben ist. Dieser lautete 1776: An Inquiry into the Nature and Causes of the Wealth of Nations (deutsch: Untersuchung über Wesen und Ursachen des Reichtums der Völker).

30 Ökonomie als Ganzes, nicht in Teilgebieten wie VWL und BWL.

31 Diesbezüglich ist für die Soziologie wesentlich Isidore Marie Auguste François Xavier Comte (1798–1857) zu nennen.

Wiederum egal, welche Sekundärquellen in Bezug auf Smith gelesen werden, gemeinhin beginnen diese mit dem Beispiel des *Nadelmachers.* So auch hier:

> »Nehmen wir zum Beispiel ein sehr unbedeutendes Gewerbe, bei welchem man jedoch sehr oft von der Teilung der Arbeit Notiz genommen hat; nämlich das Gewerbe des Nadelmachers. Ein Arbeiter, der für diese Tätigkeit (woraus die Teilung der Arbeit ein eigenes Gewerbe gemacht hat) nicht angelernt wäre, der mit dem Gebrauch der dazu verwendeten Maschinen (zu deren Erfindung wahrscheinlich ebendieselbe Teilung der Arbeit Gelegenheit gegeben hat) nicht vertraut wäre, könnte vielleicht mit dem äußeren Fleiß täglich kaum eine, gewiß aber keine zwanzig Nadeln herstellen. In der Tat aber, wie diese Tätigkeit jetzt betrieben wird, ist es nicht nur ein besonderes Gewerbe, sondern sie teilt sich in eine Anzahl von Zweigen, von denen die meisten wiederum besondere Gewerbe sind. Der eine zieht den Draht, ein anderer streckt ihn, ein dritter schneidet ihn ab, ein vierter spitzt ihn zu, ein fünfter schleift ihn am oberen Ende, wo der Kopf angesetzt wird; die Herstellung des Kopfes erfordert zwei oder drei verschiedene Tätigkeiten; das ansetzen desselben ist eine besondere Tätigkeit, das Weißglühen der Nadel eine andere; ja sogar das Einlegen der Nadeln in Papier bildet ein Gewerbe für sich« (Smith 1776/2009, S. 12).

Das Zitat wird an dieser Stelle unterbrochen, denn der fortlaufende Text ist ebenso kleinschrittig aufgebaut, wie in diesem Ausschnitt. Deshalb verkürzt: Die Essenz besteht darin, dass ohne diese Arbeitsteilungen, wenn also eine Einzelperson alle Arbeitsschritte erledigt, diese deutlich länger brauchen und somit weniger produzieren würde. Arbeitsteilung sorgt somit für mehr Produktion, die im Übrigen dann auch die höheren Personalkosten einspielen und eine größere Versorgung mit Nadeln (für die Kund*innen) sicherstellen würde.

Was nun das Moralische in der Ökonomie betrifft, so gibt es in Bezug auf Smith eine Pointe. Diese besteht darin, dass Smith, was in seiner Funktion als Gründervater auch nicht anders zu erwarten wäre (Jesus war auch kein Christ, sondern Jude), von Haus aus kein Ökonom, sondern Moralphilosoph war. Und das nicht irgendwo, sondern im Schottland des 18. Jahrhunderts.

Warum dieser Hinweis wichtig ist, verdeutlicht Gerhard Streminger (2017) in seiner Smith-Biografie mit dem Titel »Adam Smith – Wohlstand und Moral«. Er weist auf Folgendes hin:

> »Es ist ein weit verbreiterter, sich hartnäckig haltender Irrtum, dass die Epoche der Aufklärung vor allem in Frankreich ihren Ursprung habe. In Wahrheit wurzelt sie aber wesentlich an den Universitäten von Glasgow und Edin-

burgh – und in den Kneipen insbesondere der Hauptstadt, wo Intellektuelle die Glaubensinhalte ihrer Väter von Grund auf hinterfragten und heftige Debatten führten, etwa über Moral, über die beste Staatsverfassung, über chemische und geologische Phänomene und über die beste Art zu wirtschaften« (Streminger 2017, S. 14–15).

In einem solchen Gedankenumfeld erfährt Smith einen wesentlichen Teil seiner intellektuellen und eben auch menschlich-moralischen Prägung. Und so ist es dann zu erklären, dass er es eben nicht bei der Deskription der Arbeitsteilung belässt und die ökonomischen Optionen preist, sondern zugleich den Ansatz kritisiert. Streminger beschreibt Smith' Denken wie folgt:

> »Jene Einrichtung, die für den ökonomischen Reichtum verantwortlich ist und die alle materiellen Grundbedürfnisse spielend decken könnte, *die Arbeitsteilung*[32], hat gesellschaftlich höchst bedenkliche Auswirkungen. Sie führt nämlich zur Verdummung und geistigen Verelendung der Massen« (Streminger 2017, S. 16).

Als Wissenschaft ist die Ökonomie also, wie im letzten Zitat sehr deutlich wird, eine aus der Moralphilosophie entstammende Sozialwissenschaft. Das ist sicherlich etwas anderes als eine entfesselte ökonomische Praxis, die im Kontext globaler Märkte Menschenleben kostet. Das »Management des Sozialen« wird deshalb hinsichtlich der Ökonomie dahingehend verortet, dass sowohl ökonomische Logiken wie Arbeitsteilung in den Blick genommen werden müssen als auch das, was dieses Ökonomische für Menschen bedeutet, die diese Arbeit tun, und jene, die die Adressat*innen dieser Arbeit sind. Hinzu kommen Aspekte wie Kund*innenorientierung und Risikobereitschaft. In Summe ist das »Management des Sozialen« mit den Fähig- und Fertigkeiten verbunden, sich eine Unmenge Wissen »drauf zu schaffen«, dieses in inspirierende Visionen zu wandeln und Handlungen so zu vollziehen, dass ökonomischer Erfolg immer auch moralischen Erfolg darstellt. Es steht deshalb im Spannungsfeld zwischen Wissen, Methode und ökonomisch-moralischem Erfolg. Ein solcher Ansatz darf dann vermutlich gelassen »Management des Sozialen« genannt werden.

32 Hervorhebung im Original.

Die Bedeutung der Volkswirtschaftslehre für das »Management des Sozialen«

In den Jahren zwischen 384 und 322 v. Chr. lebte Aristoteles, der in seiner oben bereits erwähnten »Politik« den Begriff der »οἶκος« *(oikos)* fortschrieb.

Mit diesem einleitenden Satz und der darin enthaltenen Fokusperson wird sich an dieser Stelle der häufigen Lehrmeinung angeschlossen, die Aristoteles an den Ursprung der Ökonomie setzt. Aus Gründen der Redlichkeit sei an dieser Stelle darauf hingewiesen, dass aus historischer Perspektive Xenophon an den Ursprung zu setzen wäre. Explizit schreibt beispielsweise Raworth (2018): »Der Begriff ›Ökonomie‹ wurde von dem griechischen Philosophen und Politiker Xenophon geprägt« (S. 13). Und spezifischer bei Sedlàček (2012):

> »Xenophon, ein Zeitgenosse Platons, hielt seine Idee zur Ökonomie vor allem in zwei Büchern fest, *Oeconomicus (Gespräch über Haushaltsführung)* und *De Vectigalibus (Mittel und Wege, dem Staat Geld zu verschaffen).* [...] Man kann ohne große Übertreibung sagen, dass Xenophon die allerersten eigenständigen Lehrbücher für Mikro und Makroökonomie geschrieben hat«[33] (S. 131 f.).

Doch an dieser Stelle weiter mit Aristoteles und seiner Idee der »οἶκος«, weil sie für unseren Zusammenhang die »griffigere« Grundlage bildet. Übersetzt heißt »οἶκος« »Hausgemeinschaft«. In der Antike bedeutete »Hausgemeinschaft«, dass zu dieser die Familienmitglieder ebenso zählten wie vom männlichen »Führer« dieser Familie abhängige Personen wie Kleinbauern und Sklaven. Hinzu kam Besitz, der gemeinhin mit Funktionen verbunden war. So waren z. B. Ochse und Pflug auch Teil der »οἶκος«.

In der Retrospektive wird Aristoteles auch hinsichtlich seiner moralischen Bedeutung gefasst. So schreibt Robin Lane Fox (2013) in seinem Buch: »Die klassische Welt – Eine Weltgeschichte von Homer bis Hadrian« zu Aristoteles:

> »Berüchtigt sind seine Auffassungen von Sklaven und Frauen. Anonyme Denker, vermutlich aus dem Athen des Sokrates, hatten geleugnet, dass die Sklaverei eine ›naturgegebene‹ Einrichtung sei. Aristoteles widersprach: Es gab Menschen, die ›von Natur aus‹ Sklaven waren – unfähig für Weitblick, Überlegung oder praktischer Vernunft« (S. 231).

---

33 Hervorhebungen im Original.

Das, was hier als Kritik dargestellt ist, legt etwas frei, das doch sehr an die (Post-) Moderne Ökonomie erinnert. Die Hausgemeinschaft *(οἶκος)* stellt im Grunde einen Familienbetrieb (mittelständisches Unternehmen) dar, der aus mehreren Hierarchieebenen besteht und über Personal und Gebrauchsgüter verfügt, um einen vorab definierten Auftrag (hier Landwirtschaft) zu erfüllen. Nicht moralisierend, sondern in sachlicher Betrachtung, sind auch in Organisationen des »Dritten Sektors« Menschen zu identifizieren, die über Weitblick – im Management würde dies »strategisches Denken« genannt werden – verfügen. Personen, die einen bestimmten Arbeitsbereich (Abteilung[34] etc.) im Blick haben und auch jene, die womöglich nicht mehr (und hoffentlich nicht weniger) als das tun, was andere ihnen sagen. Es ist schwerlich zu leugnen, dass es all diese Personentypen gibt. Das hat, anders als Aristoteles es annahm, nichts mit dem Geschlecht zu tun. Doch es gilt insgesamt zu bedenken, dass sowohl in einem utilitaristisch-orientierten als auch beispielsweise in einer christlich-ethischen Einstellung erkennbar ist, dass all diese Menschen im Kontext des hier skizzierten Arbeitszusammenhangs gebraucht (Nutzen) werden und wichtig (Ethik) sind. Das, was heutige Organisationen (hoffentlich) vom Denken des Aristoteles unterscheidet, ist der Respekt vor jedem Menschen und dem, was er oder sie an Potenzialen und Ressourcen zu bieten hat.

Aristoteles prägte nicht ausschließlich den Begriff der »Hausgemeinschaft«, er war auch ein zentraler Begründer von wissenschaftlichen Methoden. (Aristoteles – der Empiriker). Und als Wissenschaftler zitierte er und bezog sich auf andere, um das, was er selbst dachte, durch argumentativ zu stützen. So beispielsweise einen Ausspruch des Hesiod, jenes 700 Jahre v. Chr. geborenen Dichters, der von Ackerbau und Viehzucht lebte (was seine Themen sicherlich beeinflusste) und der heute vermutlich weniger bedeutend wäre, wenn Aristoteles ihn nicht für seine Argumentation herangezogen hätte. Das Zitat lautet:

34 Dieses Abteilungsdenken wird wesentlich mit dem Ingenieur und Begründer der Arbeitswissenschaft (interdisziplinärer wiss. Ansatz, um Arbeit zu analysieren und zu verbessern) Frederick Winslow Taylor (1856–1915) als sogenannter Taylorismus in Verbindung gebracht. Mit seiner Idee des Scientific Managements, also der wissenschaftlichen Betriebsführung, verortete Taylor bestimmte Aufgaben in Abteilungen. Die Kritik an dieser Idee besteht darin, dass die Menschen in der Praxis dann nicht auf das Gesamtunternehmen schauten (und schauen), sondern auf ihre Abteilung. Es hilft aber nicht, dass ein Teil des Autos (Henry Ford ließ nach diesem Prinzip arbeiten – deshalb das Beispiel) fertig ist, wenn dadurch die Produktion eines anderen Teils verzögert wird. Denn dann kann das Gesamtprodukt nicht fertiggestellt werden. Der Grund, dass das passieren kann, liegt in der Weglassung der zentralen Perspektive der Kund*innen. Wird diese aufgenommen, ist klar, dass alle Abteilungen zusammenarbeiten müssen (prozessorientiertes Arbeiten). Das ist bis heute nicht selbstverständlich und muss immer wieder neu errungen werden – auch in Organisationen des »Dritten Sektors«. Und deshalb ist ein zentraler Punkt des »Managements des Sozialen« die Kundenausrichtung.

»Allererst nun ein Haus und das Weib und den pflügenden Ochsen« (Hesiod, zit. in Aristoteles 1995[35], S. 3).

Das Buch, in dem sich Aristoteles auf Hesiod bezieht, heißt, wie mehrfach erwähnt, »Politik«. In die griechische Bedeutung übertragen, ist mit Politik die Polis gemeint, also die Stadt, aber auch der Staat insgesamt.[36] Der gemeinhin auf die verkürzte Formel gebrachte und oben bereits erwähnte Ausspruch, dass der Mensch ein soziales Wesen sei, stammt aus diesem Buch. Genau lautet der Satz: »[W]ir haben gesagt, daß der Mensch ein von Natur auf die staatliche Gemeinschaft angelegtes Wesen ist« (Aristoteles 1995, S. 88).

Damit ist der Kontext hergestellt, aufgrund dessen Lehrbücher zur VWL mit dem Hinweis auf Aristoteles beginnen (gemeinhin ohne weitere Vertiefung). Das Zitat von Hesiod, in dem ein Haus als Hausgemeinschaft (οἶκος) beschrieben wird, steht, wie oben genannt, bei Aristoteles auf Seite 3. Dieses Grundgerüst der Ökonomie kommt also vor der in Folge beschriebenen Polis, vor dem Staat. Denn dieser Staat entsteht aus der Summe der Hausgemeinschaften und generiert aus diesen Steuern etc. Dieser Zusammenschluss ist somit auf der Basis der Gesamterzeugnisse aller Hausgemeinschaften staatserzeugend. Damit lässt sich aus dem Aristotelischen Begriff der »οἶκος« der einer Ökonomie ableiten, die auf die Wirtschaftlichkeit des Staates zielt. Ein Staat, der durch das Volk besteht. Somit kann in der Zeit um 350 v. Chr. die Geburtsstunde der Volkswirtschaft im Sinne der Wahrnehmung und Beschreibung dieser als Handlungsnotwendigkeit in Gesellschaften ebenso erkannt werden wie die Tatsache, dass das »Volk« einen direkten Bezug zur Nationalstaatlichkeit hat. Deshalb wurde Volkswirtschaft auch lange Zeit Nationalökonomie genannt.[37] Zudem zeugt der Titel »Wohlstand der Nationen« von Adam Smith auch von diesem Sinnzusammenhang.

Inzwischen ist als Folge der Globalisierung zu benennen, dass der globale Markt sowohl volkswirtschaftlich als auch betriebswirtschaftlich nicht mehr nationalstaatlich zu fassen ist.[38] Es gibt also ein Spannungsfeld aus globalisierten Volks- und Betriebswirtschaften, die in sich (auch methodisch) nicht homogen sind. Und genau das sind die Flanken, zwischen denen sich – auch als Konsequenz von volkswirtschaftlichem und betriebswirtschaftlichem Ver-

35 Verfasst zu Lebzeiten.

36 Die Doppelbedeutung ist dem Umstand geschuldet, dass in der Antike Stadt und Staat oft zusammengehörten. So z. B. der Stadtstaat Athen.

37 Arnold Toynbee, nach dem das 1884 vom Ehepaar Barnett gegründete Settlement Toynbee Hall benannt ist, war z. B. Nationalökonom. Soziale Arbeit und Ökonomie haben also eine lange gemeinsame Tradition.

38 Und wie ein Blick in die Geschichte des Handels zeigt, womöglich zu fassen war. Der einzige Unterschied besteht darin, dass die Welt in anderen Zeiten kleiner war und Distanzen langsamer überwunden werden konnten als heute.

halten (Wirtschafts- und Klimaflucht z. B.) – die Sozialwirtschaft, hin zu einem »Management des Sozialen« positionieren und Management erzeugen muss. Um das zu erklären, wird an dieser Stelle auf zwei Aspekte fokussiert: Zum einen auf den Unterschied zwischen Mikro- und Makroökonomie (hier dann mit einem Exkurs in die Sozialwirtschaft), zum anderen auf die sogenannten drei zentralen ökonomischen (VWL) Probleme.

Zusammengefasst werden mit der Mikroökonomie einzelwirtschaftliche Größen in den Blick genommen und in der Makroökonomie die Gesamtwirtschaft (eines Volkes). Also dreimal griechisch, nämlich mikro, makro und Ökonomie. Der Begriff der Ökonomie wurde inzwischen hinlänglich erklärt. Bleiben noch mikro für *klein* und makro für *groß*. Also *kleine Wirtschaft* und *große Wirtschaft*. Begrifflich liegt es jetzt nah, dass in der Mikroökonomie kleine oder kleinere Wirtschaftszusammenhänge untersucht werden und in der Makroökonomie größere und große. Mikroökonomisch werden z. B. Haushalte und Unternehmen hinsichtlich von Aspekten wie Jahresumsatz, Konsum oder Schulden in den Blick gekommen. Makroökonomisch werden sogenannte Aggregate gebildet; z. B. die Umsätze aller Unternehmen einer Branche. Mikroökonomisch wiederum wird beispielsweise erforscht, wie es zu bestimmten Preisen kommt. Makroökonomisch stehe dann Aspekte wie Konjunktur aber auch Finanzkrisen im Fokus.

Für einen Exkurs zur Sozialwirtschaft wird hier grundlegend postuliert, dass die Volkswirtschaftslehre diejenige der Wirtschaftswissenschaften ist, die die philosophischeren oder auch gesellschaftswissenschaftlicheren Züge hat. Die großen Denker*innen dieser Zunft haben immer versucht Gesellschaft zu beschreiben. Aber auch das Verhalten von Einzelpersonen findet Aufmerksamkeit. In Büchern zur VWL gibt es immer auch Hinweise auf Verhaltensweisen von Menschen und Personenkreisen. Das ist oft etwas grob, aber letztlich müssen beispielsweise Theorien zum Kauf bestimmter Produkte über Verhaltensweisen erklärt werden.

Auf der Grundlage solcher Verhaltensüberlegungen hat John Maynard Keynes (1883 bis 1946) seine Theorie entwickelt. Als jemand, der die sogenannte »Große Depression« (1929) miterlebt hat; ebenso wie Kriege, blickte er auf ökonomische Zusammenhänge dahingehend kritisch, dass er den Märkten nicht zutraute, sich selbst zu regulieren. Also ein A-priori-Gegenentwurf zu dem, was später unter dem Begriff des Neoliberalismus unter den beiden großen politischen Protagonist*innen Margret Thatcher und Ronald Reagan bekannt wurde. In seiner, wie sie verkürzt genannt wird, »Allgemeinen Theorie« versucht Keynes herauszufinden, wie Wirtschaft funktioniert. Dabei nimmt er soziale und psychische Phänomene, wie z. B. den Umgang mit (ökonomischer) Unsicherheit, sehr genau in den Blick. Daraus zieht er viele Schlüsse, die hier aufzuzählen den Rahmen sprengen würde. Eines jedoch muss benannt werden, nämlich dass er vorschlägt, dass im Zweifel der Staat den Markt regulieren solle. Und zwar dadurch, dass dieser Anreize schaffe (Vgl. Keynes 1936/2017). Staatenlenker*innen wie eben Ronald Reagan und Margaret Thatcher sowie später Gerhard Schröder und Tony Blair sorgten dafür, dass Keynes Ideen zunehmend aus dem Blick gerieten. Freie Märkte duldeten keine Einflussnahme, sondern mussten vor dem Staat beschützt werden. Es war die Finanzkrise 2007/08 (bis dato und durch Corona in einer neuen Welle), die Keynes wieder auf den Plan brachte, was Maßnahmen wie z. B. die »Abwrackprämie« zeigen. Das war ein Konjunkturprogramm im besten Sinne dessen, was Keynes gemeint hat.

Bezogen auf das Sozialmanagement und eben noch nicht das »Management des Sozialen« lässt sich aus dieser Zuspitzung ableiten, dass die Finanzierungssysteme sozialer Maßnahmen fast ausschließlich fiskalisch, also mit Steuergeldern und somit staatlich bezahlt werden. Die milliardenschwere Dienstleistungsmaschinerie des »Dritten Sektors« ist in diesem Sinne also seit Anbeginn der Sozialstaatlichkeit ein gigantisches Konjunkturprogramm. Das dann aber nicht im Sinne Keynes, der einen Anschub meinte, sondern kontinuierlich. Aus dieser Analyse kann geschlossen werden, dass viele Probleme, die heute in Organisationen des »Dritten Sektors« hinsichtlich Qualität, Mitarbeitenden etc. existieren, aufgrund dieses Systems bestehen. Damit ist, im Sinne eines »Managements des Sozialen«, nicht gemeint, dass sich der Staat aus seinen Leistungen zurückziehen soll. Aber es kann nicht bestritten werden, dass die momentane (Sozial-) Wirtschaft des »Dritten Sektors« eine Pseudowirtschaft ist, in der es sich nur bedingt lohnt, z. B. durch Fachlichkeit zu überzeugen. Deshalb muss das Sozialmanagement als »Management des Sozialen« dahingehend weiterentwickelt werden, dass es sich (auch monetär) lohnt, beispielsweise der beste Anbieter z. B. einer ambulanten Leistung am Markt zu sein. Und (gute!) Mitarbeitende müssen unbedingt für diesen Anbieter arbeiten wollen. Das ist mit der Dopplung eines ökonomisch-moralischen Erfolgs gemeint. Der zweite Aspekt, der an dieser Stelle hinsichtlich der volkswirtschaftlichen Bedeutung des »Management des Sozialen« in den Blick genommen werden muss, sind die »drei ökonomischen Probleme«.

Mankiw und Taylor (2016) teilen die »ökonomischen Probleme« in drei Fragen auf, die hier zitiert werden:

> »Entscheidungen repräsentieren das ökonomische Problem. Es gibt drei Grundfragen, die sich jede Gesellschaft stellen muss:
> Welche Waren und Dienstleistungen sollen produziert werden?
> Wie viel soll von diesen Waren und Dienstleistungen produziert werden?
> Wer soll die produzierten Waren und Dienstleistungen erhalten?«
> (Mankiw/Taylor 2016, S. 1)

Ausgehend von der Tatsache, dass die Dienstleistungen des »Dritten Sektors« gemeinhin aus Steuermitteln bezahlt werden, es also (im Widerspruch z. B. zu Lambers Thesen) eine gesamtgesellschaftliche Verantwortung hinsichtlich der Verwendung der Mittel gibt, sind diese drei Fragen in Bezug auf das »Management des Sozialen« wie folgt zu beantworten:

Welche Dienstleistungen sollen produziert werden?

Zur Beantwortung dieser Frage wird umgehend deutlich, dass sich hier der Kreis zu dem schließt, was oben beschrieben wurde: Dienstleistungen, die dazu führen, dass Menschen an der Gesellschaft teilhaben können und bei denen die Gesellschaft einen Nutzen davon hat, dass diese Teilhabe erfolgt.

Wie viel soll von diesen Dienstleistungen produziert werden?

So viel, dass die bei der Beantwortung der ersten Frage benannten Ziele erreicht werden können.

Wer soll die Dienstleistungen erhalten?

Menschen, die ermittelte Bedarfe haben.

Die Beantwortung dieser drei Fragen zeigt, dass eine volkswirtschaftliche Perspektive, wenn sie, nationalstaatlich verstanden wird, zu kurz greift, um ein »Management des Sozialen« umfänglich zu realisieren. Besonders die letzte Antwort macht deutlich, dass sich der Geldgeber, also der Staat und im Auftrag für diesen die »Leistungsträger«, das Recht vorbehält, zu bestimmen, was ein Bedarf ist und auch, wer diesen hat. Die Folge ist das sogenannte Leistungsdreieck.

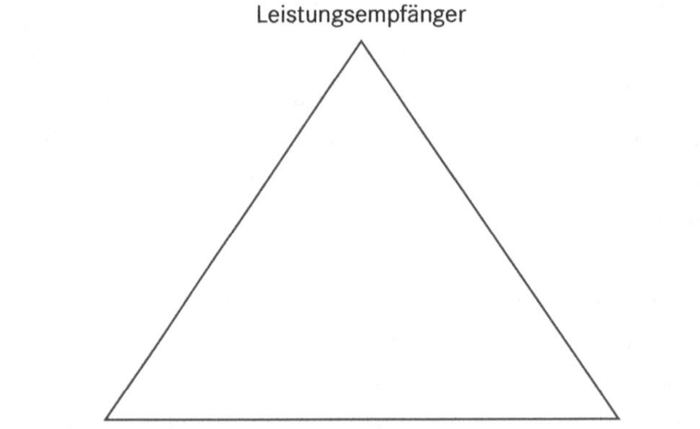

Abb. 1: Das Leistungsdreieck (eigene Darstellung)

Da es nun nicht möglich ist, auf der Basis von Gesetzestexten alle Leistungsempfänger*innen zu beschreiben, bleiben Bedarfe zwangsläufig unerwähnt, weshalb diese jedoch nicht weniger existieren. Deshalb ist es für Organisationen des »Dritten Sektors« angezeigt, weitere Gelder, z. B. über den Ansatz des »Social Return on Investment«[39], zu akquirieren, um zusätzliche und gesetzlich nicht berücksichtigte Bedarfe in den Blick nehmen zu können. Mit dem »Social Return on Investment« ist es möglich über die nationalstaatliche Volkswirtschaft hinaus, private bzw. unternehmerische Geldgeber*innen in die Finanzierung von Dienstleistungen einzubinden, die den »Dritten Sektor« als Pseudomarkt überwinden und zu einem Teil marktwirtschaftlicher Zusammenhänge im Sinne dessen, wie sie von Acemoglu und Robinson beschrieben wird, werden zu lassen. Das »Management des Sozialen« ist somit umfänglicher als das, was unter Sozialmanagement verstanden wird, da es unterschiedliche Stakeholder umfänglicher in die Dienstleistungen einbezieht. Diese Handlungsweise darf Gesellschaft von Leistungserbringern erwarten:

> »[Gesellschaft] kann verlangen, dass durch professionelle Unterstützung Menschen an gesellschaftlichen Prozessen beteiligt sind und jeder Mensch kann verlangen, beteiligt zu sein. Dabei mag es so sein, dass einige[40] sich auch durch ein Investment beteiligen und anderen[41] dieses Investment erst Beteiligung ermöglicht. Wenn dies durchaus auch im Sinn von Inklusion dazu führt, dass *»Menschen zur Realen Teilhabe am Leben [befähigt werden], ist der Schlüssel für ein aktuelles Verständnis sozialer Gerechtigkeit«*[42] gegeben.« (Dabrock 2009, S. 13)

»Gesellschaft kann somit zusammenfassend von der Sozialwirtschaft verlangen, dass sie Investments nutzt, um als soziale Rendite zur Gerechtigkeit beizutragen« (Dieckbreder/Dieckbreder-Vedder 2016, S. 198).

Volkswirtschaftlich haben Organisationen, die das »Management des Sozialen« im Sinne eines über den »Dritten Sektor« hinausweisenden Ansatzes anwenden, die Chance, die zumindest im Sektor der staatlichen Hilfen wie

39 Da dieses Thema in der Fachwelt sozusagen »heiß« diskutiert wird, sei an dieser Stelle auf die »neue Praxis« in der Ausgabe von 2019, Heft 2, hingewiesen, die ein Kompendium der Diskussion darstellt. Die Lektüre ist gut geeignet, um unseren hier eher positiven Blick auszuwiegen.

40 Privatpersonen oder Unternehmen. Zusammengefasst unter dem Begriff des Social Entrepreneurship. (Anm. d. A.)

41 Adressat*innen (Leistungsempfänger). (Anm. d. A.)

42 Hervorhebung im Original.

Eingliederungshilfe (SGB IX) und Jugendhilfe (SGB VIII) angesiedelten Leistungen auszubauen und so ihre Leistungskraft zu steigern. Sogenannte »Non-Governmental Organisations« (NGOs)[43] arbeiten bereits nach solchen Prinzipien, wobei ihr Schwerpunkt auf dem Ausland liegt. Beim »Management des Sozialen« geht es darum, diese Prinzipien auch im Inland, als Teil eines globalisierten Marktes, einzubinden. Hinzu kommt, über den bei NGOs üblichen Gewinnverzicht hinaus, auch gewinnorientiert zu arbeiten. Dies sollte dann in der Form umgesetzt werden, dass – in Abgrenzung zu kassenfinanzierten, als GmbH betriebenen Altenheimen – auf Basis eines sozialen Renditeversprechens »Social Entrepeneurs« als Geldgeber akquiriert werden. Damit sind in der Folge betriebswirtschaftliche Aspekte gefordert, die über die im »Dritten Sektor« übliche Refinanzierung hinausweisen und weitere Finanzierungsmodelle einbeziehen. Deshalb sollen diese im folgenden Unterpunkt in den Blick genommen werden.

Die Bedeutung der Betriebswirtschaftslehre für das »Management des Sozialen«

Johann Wilhelm Eugen Schmalenbach (1873–1955) steht stellvetretend für die vier auch »im Wöhe« hervorgehobenen Pioniere der deutschen BWL, zu denen neben Schmalenbach Heinrich Nicklisch (1876–1946), Wilhelm Rieger (1878–1971) und Fritz Schmidt (1882–1950) (vgl. Wöhe 2016, S. 14) zählen. Schmalenbach wird an dieser Stelle hervorgehoben, weil er als derjenige gilt, der die BWL akademisiert hat.

Interessant im Vergleich der vier Professoren sind die Lebensdaten. Sie begannen ihre »Lehrjahre« um die Jahrhundertwende zum zwanzigsten Jahrhundert. Ob das Zeitalter der ersten Industriellen Revolution in Deutschland nun mit Hubert Kiesewetter 1815 oder Wilhelm Henning 1835 beginnt, ist zweitrangig hinsichtlich der Tatsache, dass es sich um die Jahrhundertwende sicherlich nicht mehr um eine Revolution, sondern vielmehr um eine Zeit der Industrie handelte. Es ist die Zeit der großen Familien-Dynastien Krupp, Oetker usw.

Die Industrielle Revolution war eine Zeit des Aufbruchs, mit gigantischen gesellschaftlichen Veränderungen. Um die Jahrhundertwende ging es der Industrie bzw. ihren Protagonist*innen darum, den Status quo zu halten und Gewinne auszubauen. Aufgrund einer reformierten Sozialpolitik, wie sie mit

43 Vgl. bspw. https://www.bmz.de/de/service/glossar/N/nichtregierungsorganisation.html (Zugriff am 02.10.2020).

den Bismarckschen Sozialgesetzen[44] einhergegangen war, war die Ausbeutung der Arbeiter (und ihrer Familien) nicht mehr in dem Maße möglich, wie zu Beginn der Revolution. Zudem wurde erkannt, dass sich Produkte nur verkaufen lassen, wenn es auch Menschen gibt, die diese kaufen können. Also eine schlichte volkswirtschaftliche Logik. Um dieser Logik folgen zu können, waren betriebliche Veränderungen notwendig, damit diese trotz beispielsweise. steigender Löhne wirtschaftlich profitabel gehalten werden konnten. Kurzum, die Steuerung eines Betriebs wurde zu einer zunehmend komplexen Aufgabe, bei der mehr Dinge beachtet werden mussten, als ein ausgewogenes Verhältnis zwischen Gewinn und Verlust.[45]

Schmalenbach z. B. führte mit seinem »wertmäßigen Kostenbegriff« (vgl. z. B. Wöhe 2016, S. 846) die Idee von Opportuninätskosten ein, also jenen Kosten, die schwer vorhersehbar sind, aber als Möglichkeit in Planungen eingepreist werden müssen.

Aus Redlichkeit gegenüber der Geschichte muss hier das Intermezzo eingeworfen werden, dass die großen Unternehmer besonders im Bereich Stahl usw. ihre Erfolge in der ersten Hälfte des 20. Jahrhunderts weniger ihren betriebswirtschaftlichen Fähigkeiten, denn ihren Kollaborationen mit kriegstreibenden Mächten verdankten. Erst nach dem zweiten Weltkrieg ging es mit dem voran, was betriebswirtschaftliche Steuerung genannt wird.

Vergleichbar einfach war die betriebswirtschaftliche Steuerung von Organisationen des »Dritten Sektors«, als diese noch nach dem sogenannten »Kostendeckungsprinzip« agieren konnten. Das »Kostendeckungsprinzip« war ein wirtschaftlicher Ansatz, bei dem es – wie der Name schon sagt – darum ging, anfallende Kosten zu decken. Damit war aber auch gemeint, keine Gewinne zu generieren. Wohlfahrtsstaatlich wurde bis in die 1990er-Jahre des letzten Jahrhunderts unter »Kostendeckungsprinzip« wesentlich auch verstanden, dass Träger im »Dritten Sektor« ihre Arbeit machten und hinterher mitteilten, was unternommen wurde und wie viel dies kostete. Mit anderen Worten: Es bedurfte keiner überragenden betriebswirtschaftlichen Expertise, um einen Träger der sogenannten »Freien Wohlfahrtspflege« finanziell zu steuern, denn die Leistungsträger bezahlten die gestellten Rechnungen. In diesem Kontext bestätigt Wöhrle (2017) das Grundproblem bzw. die Grundherausforderung, die der Hauptgegenstand des vorliegenden Kapitels ist. Er schreibt:

44 Am 22.06.1889 wurden durch Kaiser Wilhelm I auf Anraten von Otto von Bismarck Gesetze zur Invaliditäts- und Altenversicherung im damaligen »Deutschen Reich« eingeführt, die im Volksmund »Bismarcks Sozialgesetze« genannt wurden. (Anm. d. A.)

45 Die sogenannte G und V-Rechnung ist bis heute zentraler Bestandteil der BWL.

»Allerdings wurde [...] das Kostendeckungsprinzip abgeschafft und mit dem Spielraum ist [...] der Zwang hinzugekommen, selbst Finanzen einwerben zu müssen. Es ist ein ungewohntes Maß an Freiheit entstanden, das den Untergang der Organisation mit beinhaltet. Es wurde [...] einkalkuliert, dass neue gesellschaftliche Kräfte eingeworben werden, die staatliche Finanzen kompensieren. Social Entrepreneurship [...] wird verlangt. Da im Unternehmertum (deutlicher als in der Verwaltung) der fachliche Bezug zur Leistungserbringung enthalten ist, geht die Verantwortung für den fachlichen Spielraum der Sozialen Arbeit auch auf das neu entstandene Management über. Und das Einbeziehen der Managementlehre, die sich in die Soziale Arbeit eindenkt, stellt dem Sozialmanagement Spielräume durch Instrumente (wie die Balanced Score Card, Zielvereinbarungen, Qualitäts-, Organisations- und Personalentwicklung, etc.) zur Verfügung, die es früher nicht hatte. Dennoch sind gegenwärtig keine ausgewiesenen Konzepte erkennbar, die Perspektiven in diese Richtung ausweisen« (Wöhrle 2017, S. 32).

Der letzte Satz des Zitats ist hinsichtlich des Erscheinungsdatums des Textes ernüchternd und zeigt, dass es dringend geboten ist, Konzepte und Perspektiven zu entwickeln. Denn bisher geht es in der Sozialwirtschaft weitgehend um Kostensicherung. Dies in dem Sinne, dass (noch immer) Kosten gedeckt und keine Gewinne erzielt werden (Ausnahmen hiervon stellen bspw. Rückstellungen für Investitionen und der Erhalt von Stiftungskapital dar). Viele Träger organisieren sich deshalb als Verein, Stiftung oder gGmbH (zunehmend auch als Holding mit Unterorganisationen). Dies hat zur Folge, dass sie steuerliche Vorteile erhalten, aber eben – anders als z.B. eine GmbH – keine Gewinne generieren dürfen. Der wesentliche Unterschied der wohlfahrtsstaatlichen Reform bestand/besteht jedoch darin, dass sich Organisationen des »Dritten Sektors« an einem Markt, eben dem sogenannten »Dritten Sektor«, behaupten mussten/müssen. Werden nun, wie im »Management des Sozialen« als Teil der Strategie vorgesehen, weitere Märkte durch die Werbung von Social Entrepreneurs erschlossen, gewinnen die betriebswirtschaftlichen Kompetenzen an Bedeutung. Das liegt darin begründet, dass Kapitalgeber*innen andere Erwartungen an Kapitalnehmer*innen haben als die Leistungsträger, die von staatlicher Seite den »Dritten Sektor« finanzieren. Erwartet werden in diesem Zusammenhang Innovationen, die zu einem bestmöglichen Erfolg, zu einer bestmöglichen (sozialen) Rendite führen sollen. Deshalb werden im nächsten Unterpunkt Managmentaspekte aufgezeigt, die Innovationen für das »Management des Sozialen« ermöglichen können.

Die Bedeutung der Innovation für das »Management des Sozialen«

Vergleichbar zur Schauspielerei, die eine »nachschöpfende Kunst« auf der Basis von Dramen, Komödien etc. ist, agieren Organisationen des »Dritten Sektors« »nachschöpfend« auf der Basis von Gesetzestexten. Das jedoch deutlich unkreativer, als es im Schauspiel der Fall ist. Innovation, die mit Kreativität einhergeht, ist auch keine Forderung, die von den Leistungsträgern gestellt wird. Vielmehr besteht der Auftrag, was im Sinn der Subsidiarität auch nachvollziehbar ist, die Gesetze sozusagen möglichst »buchstabengetreu« umzusetzen. Kritisch muss an dieser Stelle jedoch angemerkt werden, dass die Organisationen aber auch nicht davon abgehalten werden, innovativ zu sein.

Im »Management des Sozialen«, das über die am Leistungsdreieck ausgerichtete Sozialwirtschaft hinausweist (vgl. Kapitel 5) und in dem weitere Geldgeber*innen in den Blick genommen werden, ist die Innovation eine zentrale Grundlage, um diese überhaupt erreichen zu können. Daraus folgt, dass auch andere Marketingstrategien gefordert sind.

Oben wurde Peter Zängl (2012) dahingehend zitiert, dass er dem Sozialmanagement auch die »Leitbildentwicklung« zuschreibt. Leitbilder sind für soziale Organisationen, häufig zugespitzt in einzelne Slogans, die zentralen Aushängeschilder. Da jedoch Organisationen des »Dritten Sektors« aufgrund der Gesetzgebung sehr ähnliche Aufgaben übernehmen, gleichen sich auch die »Slogans« und Leitbilder. Hier ein paar Beispiele:

> »Die Arbeiterwohlfahrt gehört zu den sechs Spitzenverbänden der Freien Wohlfahrtspflege in Deutschland. Sie ist aufgrund ihrer Geschichte und ihres gesellschaftspolitischen Selbstverständnisses ein Wohlfahrtsverband mit besonderer Prägung. In ihr haben sich Frauen und Männer als Mitglieder und als ehren- und hauptamtlich Tätige zusammengefunden, um in unserer Gesellschaft bei der Bewältigung sozialer Probleme und Aufgaben mitzuwirken und um den demokratischen, sozialen Rechtsstaat zu verwirklichen. Leitsätze und Leitbild sind Grundlage für das Handeln in der Arbeiterwohlfahrt. Sie kennzeichnen Ziele, Aufgabenverständnis und Methoden der Arbeit. Mit dem Grundsatzprogramm legt die AWO ihre programmatische Ausrichtung fest.«[46]

46 https://www.awo.org/ueber-uns (Zugriff am 02.10.2020).

> »Das Leitbild des Diakonischen Werks der Evangelischen Kirche in Deutschland will Orientierung geben, Profil zeigen, Wege in die Zukunft weisen. Wir in der Diakonie sagen damit, wer wir sind, was wir tun und warum wir es tun. Mit dem Leitbild beschreiben wir, wie Diakonie ist, und mehr noch, wie sie sein kann. Ob diese Diakonie von morgen Wirklichkeit wird, hängt von unserer Bereitschaft ab, das Leitbild gemeinsam mit Leben zu erfüllen. Wir nehmen uns vor, das Leitbild in unserer täglichen Arbeit vorzuleben, es verbindlich und überprüfbar zu machen. Wir verstehen es als Selbstverpflichtung. Das Kronenkreuz ist unser Zeichen.«[47]

> »Caritas ist konkrete Hilfe für Menschen in Not. Richtschnur ihrer Arbeit sind Weisung und Beispiel Jesu Christi. Die Hinwendung zu den Hilfebedürftigen und die Solidarität mit ihnen ist praktizierte Nächstenliebe. Sie ist Aufgabe und Verpflichtung eines jeden Christen. Sie ist zugleich Grundauftrag der Kirche. Aus christlicher Verantwortung leistet Caritas vielfältige Hilfe mit und für Menschen.«[48]

Bei der Lektüre der hier aufgeführten Beispiele fällt auf, dass sie alle eine Darstellung des Selbstanspruchs der jeweiligen Organisation sind. Innovationen sind nicht erkennbar. Den Grund dafür beschreiben Sinek et al. (2018, S. 26) in ihrem Buch »Finde Dein Warum« wie folgt:

> »In jeder Organisation – und im Berufsleben der Menschen in ihr – bewegen wir uns auf drei Ebenen [...]: *Was* wir tun, *wie* wir es tun und *warum* wir es tun. Wir alle wissen, *was* wir tun: [...] [W]elche Dienstleistungen wir verrichten. Einige von uns wissen, *wie* sie es tun [...]. Aber nur sehr wenige können klar formulieren, *warum* sie das tun, was sie tun«.

Das Modell, das hier beschrieben wird und mit dem wir den Kreis zu den einleitenden Gedanken zu diesem Kapitel schließen wollen, ist der von Sinek so benannte »Golden Circle« (vgl. Abb. 2). An anderer Stelle stellt Sinek (2017) die Fragen nach dem What (Was), How (Wie) und Why (Warum) in einen Zusammenhang zum Aufbau des menschlichen Hirns und weist darauf hin, dass das Why dem Limbischen System, also den Gefühlen zuzuordnen sei, das What hingegen dem sprachfähigen Neocortex. (Vgl. Sinek 2017, S. 55 ff.)

---

47 https://www.diakonie.de/fileadmin/user_upload/Diakonie/PDFs/Ueber_Uns_PDF/Leitbild.pdf (Zugriff am 02.10.2020).

48 https://www.caritas.de/glossare/leitbild-des-deutschen-caritasverbandes (Zugriff am 02.10.2020).

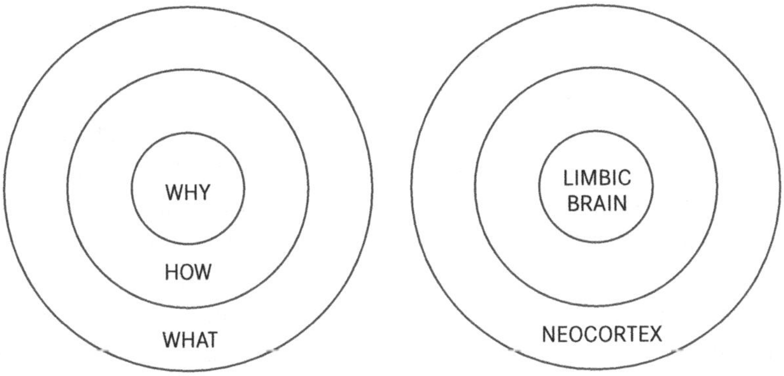

Abb. 2: Der »Golden Circle« nach Sinek[49]

Sinek veranschaulicht mit seinem Modell, dass Menschen sich von einem Produkt oder einer Dienstleistung angesprochen fühlen müssen. Dieses Fühlen wird durch Innovation, nicht durch (sprachliche) Manipulation erreicht. Sinek schreibt: »Es gibt auf dem Markt kein Produkt und kein Serviceangebot, das der Kunde nicht anderswo genauso billig, genauso gut, mit einem ebenso guten Kundendienst und entsprechenden Eigenschaften bekommen kann« (Sinek 2017, S. 21).

Für Organisationen des »Dritten Sektors« gilt diese Feststellung insbesondere, weil diese ihre Dienstleistungen von vornherein auf der Ebene der Vergleichbarkeit, in der Notwendigkeit der staatlichen Überprüfung, entwickeln und anbieten. Deshalb fällt im Vergleich der oben zitierten Leitbildausschnitte auf, dass in allen *vergleichbare* Whats aufgeführt sind. Nicht geklärt bleibt, warum die genannten Organisationen tun, was sie tun.

Sinek (2017, S. 53 ff.) geht in seinen Überlegungen der Frage nach, was letztlich bei Menschen zu Kaufentscheidungen für einen bestimmten Computer, Fernseher oder ein bestimmtes Smartphone führe. Denn qualitativ seien alle vergleichbar. Seine Antwort ist, dass z. B. Apple in der Lage sei, nicht lediglich ein Smartphone zu verkaufen, sondern ein Lebensgefühl. Das Why liege hier also in dem Gefühl, zur Community der iPhone-Besitzer*innen zu gehören.[50] Dass Apple dies gelinge, erkenne man daran, dass Menschen sogar bereit wären, vor Apple-Stores zu übernachten, um als erste das neue Gerät zu erstehen, das

49 Quelle: https://www.researchgate.net/figure/The-Golden-Circle-as-Developed-by-Simon-Sinek_fig1_282401031 (Zugriff am 02.10.2020)

50 1997 startete Apple die Kampagne »Think different«. Wer ein iPhone hat, gehört somit zu einem Personenkreis, der sich unterscheidet. Das mag hinsichtlich der Masse ein Widerspruch sein, doch da Menschen grundsätzlich (sozial) zu Personenkreisen gehören, wollen

sie im Verlauf des Tages auch ohne größeren Aufwand kaufen könnten. Vor Shops anderer Smartphone-Hersteller hingegen schliefe niemand.

So betrachtet sind Organisationen des »Dritten Sektors« geradezu langweilig. Der Leistungsträger als einziger Kunde erwartet lediglich, dass die Arbeit anforderungsgemäß geschieht. Die Adressat*innen (und/oder ggf. deren Angehörige und/oder rechtliche Vertreter*innen) können sich anhand von Leitbildern entscheiden, ob sie eine christliche oder anders »motivierte« (Why?) Organisation wählen. Mitarbeitende können ihre Entscheidung, für welchen Träger sie arbeiten wollen, vergleichbar treffen. In Summe arbeiten alle analog.

Was aber, wenn von einer Organisation der Impuls eines Whys ausgeht? Beispielsweise wenn in einem psychiatrischen Bereich mit folgendem Hinweis auf sich aufmerksam gemacht wird:

> »Uns treibt das Vertrauen an, dass Leben auch mit leidvoller Erfahrung zufrieden und selbstbestimmt gelingt. Für ein Leben in Vielfalt entwickeln wir deshalb in der Region mit den Menschen mit psychischen Beeinträchtigungen und mit den Menschen aus den Sozialräumen Möglichkeiten, zuhause zu sein.«[51]

Im Gegensatz zu den oben zitierten Leitbildern wird aus diesem Satz erkennbar, warum Menschen, die für diese Organisation tätig sind, tun, was sie tun. Das wiederum hat die Konsequenz, dass Ziele, die auch in den Leitbildern beschrieben sind, nicht aus dem What, sondern aus dem Why abgeleitet werden. Inhaltlich macht es einen Unterschied, ob das How, das dann zur Erlangung der Ziele führen soll, aus dem Why oder dem What resultiert. Denn das What ist Pflichterfüllung, das Why Inspiration. Eine Inspiration, die auch dazu führen kann – und im »Management des Sozialen« auch soll –, dass weitere Geldgeber gefunden werden können, die sich inspirieren lassen. Diese sind notwendig, weil die Methoden, die aus einem Why hervorgehen, mitunter deutlich von dem abweichen, was sozusagen im »vorauseilenden Gehorsam« beispielsweise hinsichtlich sozialarbeiterischer Methoden entwickelt wurde und wird, um Menschen »lediglich« im Rahmen gesetzgeberischer Vorgaben zu unterstützen.

---

sie doch zumindest jenen angehören, die sich von anderen unterscheiden. (Vgl. bspw. https://www.wuv.de/marketing/legendaer_think_different_zelebriert_apples_wendepunkt (Zugriff am 02.10.2020)

51 Einer der Autoren (Dieckbreder) des Textes leitete u. a. einen Think Tank für eine Diakonische Stiftung im Bereich Psychiatrie. In einem sogenannten »Why-Prozess« wurde dieses Motto gemeinsam in einem Team entwickelt und ist seitdem der erste Satz, der über Konzepten und in Flyern steht. Der Zulauf ist seit der Verwendung um ein Vielfaches gestiegen.

Das »Management des Sozialen« ist vom Why geleitet. Bei einem solchen Ansatz ist es notwendig, Organisationen des »Dritten Sektors« nicht lediglich inhaltlich, sondern auch organisational zu verändern, weil in den bisherigen Strukturen Innovation und Kreativität eher behindert, denn gefördert werden. Wie können nun Organisationen des »Dritten Sektors« verändert werden? Dieser Frage wird im folgenden Kapitel nachgegangen. Zuvor jedoch wird das Management des Sozialen aus der theologisch-diakonischen Perspektive in Augenschein genommen.

Struktur im Glauben stärkt Kraft der Innovation

Dieses Buch erscheint im Jahr 2021. Es ist genau 450 Jahre her, dass in der norddeutschen Hafenstadt Emden ein von der Teilnehmendenzahl zwar nur kleines, inhaltlich aber umso bedeutenderes kirchliches Ereignis stattgefunden hat: die Emder Synode von 1571. 50 Jahre nach Beginn des reformatorischen Wirkens Martin Luthers in Wittenberg war Emden zu einem Zufluchtsort für niederländische Protestanten geworden. In den Niederlanden, dem heutigen Belgien und auch Frankreich wurden Protestant*innen durch den katholischen Kaiser verfolgt. Sie flohen an ganz verschiedene Orte im Deutschen Reich, zum Beispiel an den Niederrhein, nach Köln oder auch in die Pfalz rund um Speyer. Und sie flohen nach Emden, was schon aufgrund der sprachlichen Verwandtschaft der Ost- und Westfriesen naheliegend war. Diese evangelischen Christen und ihre Gemeinden waren aber nicht durch die deutsche, lutherische Reformation geprägt. Sie orientierten sich nicht an den etablierten und landesherrlich dominierten Strukturen. Ihre Hauptprägung kam aus der Schweiz, der reformierten Reformation mit den Leitgedanken Ulrich Zwinglis und Johannes Calvins (vgl. Haase 2018).

1571 trafen sich in Emden Vertreter der verschiedenen Flüchtlingsgemeinden zu einer Synode. In der Notsituation der Flüchtlingsgemeinden – in ihren Heimatländern hatten die Menschen um ihr Leben gebangt – sollte die Synode Struktur und Ordnung der »Kirche unter dem Kreuz« festlegen. Im Duktus unseres Buches würden wir sagen: Die Synode hatte die Aufgabe, Struktur und Ordnung in das Gemeindeleben zu bringen – also Soziales zu managen.

Was dann in Emden entstand, war äußerst kreativ und nachhaltig. Die Grundgedanken der Emder Synode haben nachweislich dazu beigetragen, die heutigen synodal-presbyterialen Strukturen protestantischer Kirchen vorzudenken. Ebenso sind die Grundgedanken eines subsidiären Gesellschaftsaufbaus unter anderem hier entwickelt worden (vgl. Freudenberg, Siller 2020). Die Emder Synode ist also ein Beleg dafür, dass Not- oder Grenzsituationen eine enorme Kreativität fördern und innovative Kraft freisetzen können. Doch was sind die Kerngedanken der Emder Synode? Zunächst einmal wird die neutestamentlich unter anderem aus 1. Korinther 12 und Apostelgeschichte 6 abgeleitete und in der Reformationszeit besonders von Johannes Calvin entwickelte Ämterlehre aufgegriffen. Demnach ist zur Organisation einer Gemeinschaft und gemeinschaftlichen Lebens immer eine klare Aufgabenverteilung mit Zuordnung von Verantwortlichkeiten nötig. Für die Kirche werden dazu je nach lokalen Gegebenheiten drei oder vier zentrale Ämter genannt: Pastoren, Doktoren (= Lehrer), Älteste und Diakone. Die Pastoren haben die Aufgabe der Verkündigung, die Doktoren die der theologischen Lehre (diese beiden Ämter werden je nach Region auch als ein Amt definiert). Die Ältesten leiten die Gemeinde, die Diakone sind für die Organisation diakonischer Aufgaben da. Das ist im Grunde nichts Neues. Die Besonderheit der Emder Synode besteht nun darin, dass gleich im ersten Artikel die über Jahrhunderte gewachsenen Vorstellungen einer kirchlichen Hierarchie der Ämter über Bord geworfen wird:

> »Keine Gemeinde soll über andere Gemeinden, kein Pastor über andere Pastoren, kein Ältester über andere Älteste, kein Diakon über andere Diakone Vorrang haben oder Herrschaft beanspruchen. Sie sollen lieber dem geringsten Verdacht und jeder Gelegenheit dazu aus dem Weg gehen« (Artikel 1).

Im Kontext des 16. Jahrhunderts war das ein atemberaubender Satz. Die autoritär auf Bischof und Papst ausgerichtete mittelalterliche Kirche und das auf Landesherren und Kaiser ausgerichtete, hierarchisch strukturierte Staatswesen werden mit wenigen Worten infrage gestellt. Der erste Grundsatz einer Ordnung christlichen Gemeinwesens heißt nach Emden: Alle Glieder der Gemeinschaft, alle Menschen und auch alle Ämter mit ihren Amtsträgern sind gleichwertig. Die Übertragung von Aufgaben und Ämtern an einzelne Menschen hat weniger hierarchischen, sondern vielmehr einen ordnenden Charakter. Die Amtsträger dienen der Gemeinschaft – nicht umgekehrt! Das sind Gedanken, die erst in der Moderne bzw. in den demokratischen Gesellschaftsformen des 20. Jahrhunderts eine allgemeinere Verbreitung erfahren sollten. Aber eine Quelle unserer heutigen Gesellschaftsform liegt hier – in der kleinen Hafenstadt Emden, entwickelt von Flüchtlingen, die für ihr Leben nicht viel mehr hatten als den Halt ihres Glaubens!

Die Emder Synode ging dann noch einen Schritt weiter. Denn es wurde auch überlegt, welche strukturellen Konsequenzen aus dem eingangs Gesagten gezogen werden müssen. Der Grundgedanke für diese Struktur ist das, was wir heute als Subsidiarität bezeichnen: Alles, was auf persönlicher oder lokaler Gemeindeebene geregelt und organisiert werden kann, soll dort geschehen. Gesellschaft – und eben auch Kirche – baut sich von dem einzelnen Menschen über lokale Verbindungen hin zu übergeordneten Strukturen auf. Die Legitimität gesellschaftlicher Autorität geht also von »unten nach oben«, nicht von »oben nach unten«. Übergeordnete Strukturen bis hin zu einer Synode als kirchenleitendem Gremium haben in sich keine eigene Autorität. Ihre alleinige Aufgabe besteht darin, dezentrale Kompetenz zu unterstützen und zu fördern. Das ist der Kerngedanke einer presbyterial-synodal organisierten Kirche – und natürlich auch eines kommunal und föderal organisierten Staates. Das ist die Subsidiarität, die bis heute das Grundprinzip des Sozialwesens in der Bundesrepublik Deutschland darstellt. Das sollte auch Kerngedanke eines innovativen Sozialunternehmens sein: Ordnung, Hierarchie und Leitung sind wichtig und richtig, aber die Legitimation für Leitung in kirchlich-diakonischen Kontexten ist eine dienende. Leitung dient den Menschen und der Gemeinschaft. Die Gemeinschaft dient Gott.

Diese tiefe Überzeugung der vor 450 Jahren in Emden versammelten Flüchtlingsgemeinden entwickelt einen Rahmen, der dem Individuum viel Freiraum und Kreativität einräumt – der andererseits aber auch Aufgabenverteilungen regelt und Verantwortlichkeiten festlegt. Jeder Teil einer Gemeinschaft ist dazu aufgefordert, aus dem Glauben heraus seine Gaben und Begabungen für die Gemeinschaft einzubringen. Für den Kontext dieses Buches sind das in gebündelter Form die Grundgedanken für ein gelingendes »Management des Sozialen« bzw. Grundgedanken für das Management von Diakonie. Johannes Calvin drücke dies so aus: »Die Christen werde nach der Ordnung zur Gemeinschaft mit Christus versammelt, dass sie all die Wohltaten, die ihnen Gott gewährt, einander gegenseitig mitteilen.« Oder: »Mit den unterschiedlichen Gaben ihrer Glieder kommt ›die Einheit der Kirche zustande, so wie in der Musik vielfältige Töne eine wohlklingende Melodie zustande bringen‹« (Calvin zit. n. Freudenberg/Siller 2020, S. 27).

Das Organigramm ist eine zweidimensionale These im dreidimensionalen Raum.

4 Inspirationen zur Wahrnehmung des Istzustands

Das organisierte Gute

Es ist unbestritten, dass Sozialorganisationen ihren Gründungszweck in der Unterstützung von einzelnen Personen mit einem, wie auch immer gearteten, Hilfe- und/oder Unterstützungsbedarf hatten. Im Grunde erneut eine Selbstverständlichkeit, die erst in jüngerer Zeit und besonders im Gesundheitssektor, zu einer Annäherung zwischen Gewinnmaximierung und der Intention des »Helfen-wollens« herangereift ist. Ein Spannungsfeld, das sich gemeinhin auch in Berufsgruppen verdeutlicht, wenn Pflegende und Ärzt*innen mit den Kaufleuten um Budgets ringen. Oder provokant ausgedrückt: hier das Gute, dort das Böse.

Selbstverständlich ist es grober Unfug, im Kontext einer Sozialorganisation der einen Seite zu unterstellen, ausschließlich das Gute zu wollen und der anderen zu unterstellen, dies offenbar nicht zu tun. Sozialorganisationen sind Teil eines größeren Ganzen, innerhalb dessen sich an Regeln gehalten werden muss, um dabei zu sein und zu bleiben.

Mit den wenigen Sätzen, die bisher in diesem Unterpunkt zu Papier gebracht wurden, konnte bereits gezeigt werden, wie schnell es möglich ist, den Ausgangspunkt der Personenebene und somit die Adressat*-/Patient*innenzentrierung des ersten Satzes zu verlassen und sich im organisationalen Ränkespiel zu verlieren. Innerhalb eines Satzes wechselt die Perspektive von den Personen/Adressat*innen/Patient*innen zu den Mitarbeitenden. Umgehend fällt der Fokus auf die Differenz zwischen den Mitarbeitenden hinsichtlich ihrer Fachlichkeiten, die wiederum in einen ethischen Diskurs über Gut und Böse führen und von dort endgültig ins Systemische übergehen. Der einzelne Mensch als Patient*in oder Adressat *in spielt hier längst keine Rolle mehr. Der Zweck der Person, der darin besteht, unterstützt oder (nach Möglichkeit) geheilt werden zu müssen, ist wichtiger als die Person selbst. Und streng genommen spielen auch die professionell handelnden Menschen keine Rolle mehr, gemeinsam versinken sie im Moloch der systemischen Logik.

Auch im diakonischen bzw. diakoniewissenschaftlichen Kontext ist der systemische Überbau à la Luhmann verstetigt, wie beispielsweise der Buchtitel »Diakonische Unternehmen multirational führen« (2017) von Hofmann und Büscher anzeigt. Kurzum, es geht um Rationalität vor Relationalität, womit dem Gründungszweck von Sozialorganisationen zwangsläufig nicht Rechnung getragen werden kann. Deshalb ist es angezeigt, Wege zu beschreiten, die das Systemische nicht ignorieren, sondern darin nach dem Einzelnen suchen.

Diese Suche wird in der Folge durch die Analyse und Dekonstruktion gewohnter Strukturen zumindest begonnen.

Das Organigramm

Wer in einer Organisation arbeitet, ist gemäß der Übersetzung des aus dem Griechischen stammenden Wortes ὄργανον/órganon Teil eines *Werkzeugs*, dessen Funktionsweise über das Organigramm dargestellt werden soll. Klassisch sind Organigramme hierarchieanzeigende, zweidimensionale Dreiecksgebilde, die Stabilität und Klarheit suggerieren. Bei genauer Betrachtung fällt bei Organigrammen jedoch auf, dass sie ständig in Bewegung sind. In den oberen Teilen,

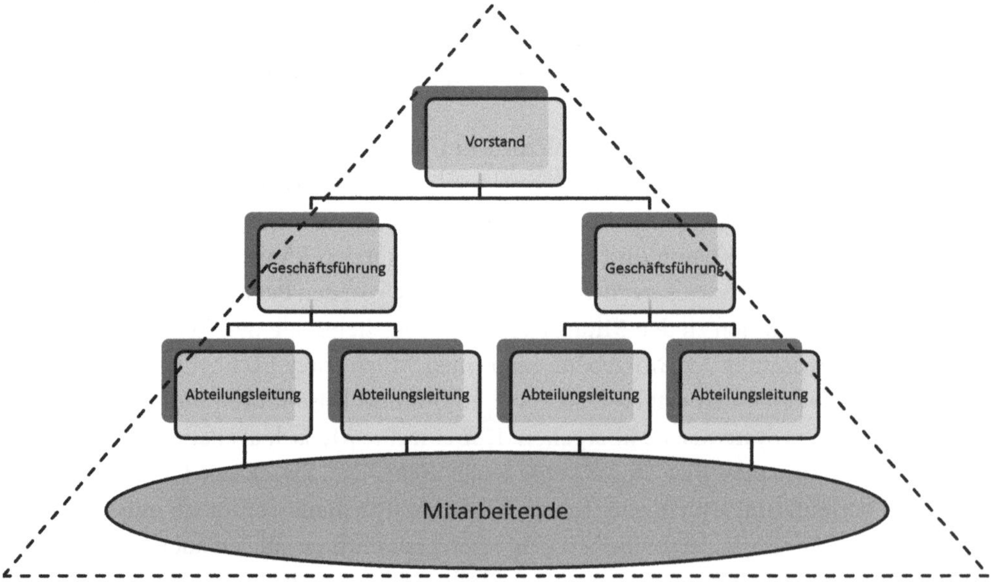

Abb. 3: Beispiel eines Organigramms (eigene Darstellung)

die gemeinhin neben der Funktion mit Namen versehen sind, wechseln die Personen. Abteilungen werden neu zugeordnet, Inhalte werden angepasst usw.

Beim zweiten Blick fällt zudem auf, dass die Namen aus dem oberen Teil der Organigramme sich nach unten in den Überbegriff »Mitarbeitende« auflösen. Aus der Perspektive des Organigramms der stabilste Teil, denn die auch hier stattfindenden Änderungen tangieren die Darstellung nicht.

Mit dieser kleinen Analyse ist der Sinn und Zweck von Organigrammen infrage gestellt. Denn warum sollte man immer wieder etwas entwerfen, dessen Halbwertzeit so fragil ist? Die Antwort auf diese Frage liegt in der Vergewisserung der Verortung von Personen in einer Organisation. Denn es geht nicht ausschließlich darum, wer und was ich bin, sondern auch darum, wo ich bin. Es fällt leicht, sich im hier dargestellten Organigramm zu lokalisieren.

Naturgemäß handelt es sich bei dieser Darstellung um ein sehr vereinfachtes Schema, das bezogen auf Sozialorganisationen ausdifferenzierter dargestellt werden muss. Mit vielen Verästelungen entstehen dann Bilder mit einzelnen (Unter-)Abteilungen, die grob in Verwaltung, direkte Dienstleistungen und – sofern nicht outgesourct – in Hauswirtschaft, Technik etc. eingeteilt werden können. Diesen untergeordnet sind dann kleine Einheiten in Form von Teams.

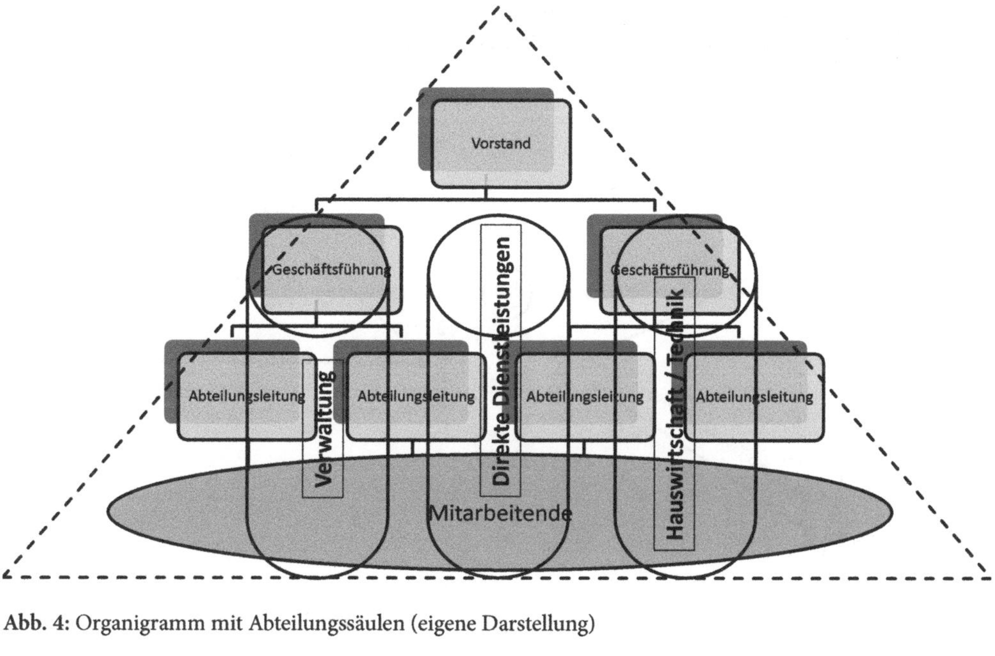

Abb. 4: Organigramm mit Abteilungssäulen (eigene Darstellung)

Zusammengefasst: Bereiche stellen im Gesamtsystem der Organisation jeweils eigene Systeme dar, die füreinander jeweils die Umwelt der anderen bilden.

Positiv gesehen greifen die Systeme ineinander, weil im Bereich der direkten Dienstleistung Geld verdient wird, mit dem auch die Gehälter der Mitarbeitenden in der Lohnabrechnung bezahlt werden, die wiederum dafür Sorge tragen, dass diejenigen, die die direkte Leistung erbringen, dafür Gehalt bekommen. Es handelt sich schlicht um Arbeitsteilung, die zeigt, dass ein Organigramm im Grunde aus Abteilungssäulen besteht, wie die nachstehend ergänzte Abbildung zeigt.

Grundsätzlich funktioniert dieses System – aber eben als System. Die Frage nach Innovation sollte hierbei besser nicht gestellt werden, denn wenn sich alles um die Erhaltung funktionierender Systeme dreht, stören Inspiration und Innovation zwangsläufig, da sie Veränderung an Stellen implizieren, die für Reproduktion und nicht Produktion vorgesehen sind. Wir werden darauf zurückkommen.

Ein Aspekt fällt in Organigrammen von Sozialeinrichtungen besonders auf: das Fehlen der Adressat*innen. Nun könnte argumentiert werden, dass in Organigrammen anderer Organisationen/Unternehmen die Kund*innen auch nicht abgebildet sind. Das stimmt zweifelsohne, nur dass Adressat*innen, auch wenn das euphemistisch immer mal behauptet wird, keine Kund*innen sind. Die nachstehende Grafik macht dies deutlich.

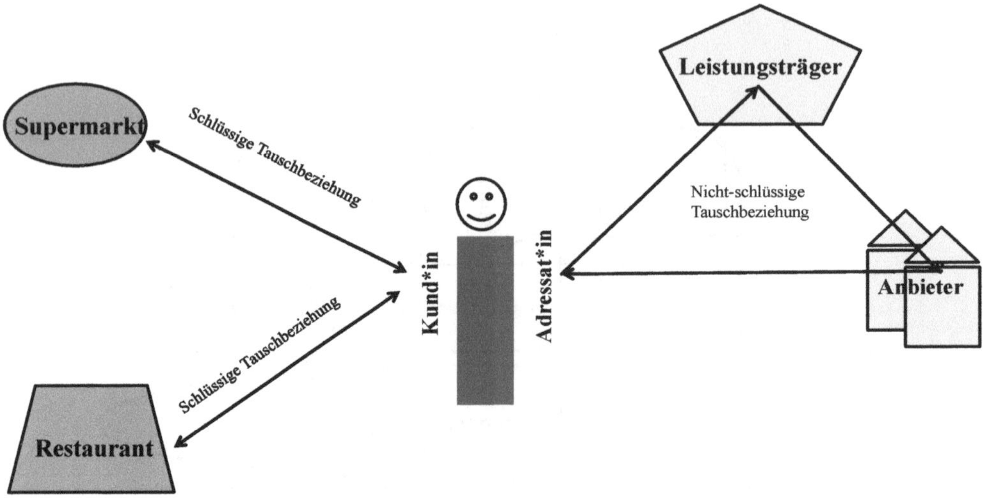

Abb. 5: Adressat*in/Kund*in im Organigramm (eigene Darstellung)

Dieselbe Person, die beim Einkauf im Supermarkt oder beim Essen im Restaurant Kundin ist, wird im Kontext von Sozialorganisationen zur Adressatin, weil sie in den seltensten Fällen die dortigen Dienstleistungen selbst bezahlt. Stattdessen bewilligt und bezahlt ein für den am Hilfebedarf identifizierter Leistungsträger einen Anbieter dafür, die Dienstleistung zu übernehmen. Derselbe Leistungsträger im Übrigen, der (wie in Kapitel 3 beschrieben) die Betriebserlaubnis des Anbieters erteilt. An dieser Logik, das sei hier dringend erwähnt, ändern auch die mit dem Bundesteilhabegesetz einhergehenden (und für das SGB VIII zu erwartenden) Gesetzesreformen nichts. Sie ändern auf der Verteilungsebene lediglich die Abläufe. Inhaltlich wandelt sich hingegen viel, was die in diesem Buch vertretenen Thesen und Ansätze in ihrer Dringlichkeit unterstreicht. An dieser Stelle wollen wir allerdings aufzeigen, dass die Adressat*innen von Sozialorganisationen in diesem Kontext eben keine Kund*innen sind, weil die für diesen Begriff notwendige »schlüssige Tauschbeziehung« von Geld gegen Ware oder Dienstleistung durch den Umweg der Transferfinanzierung zu einer »nichtschlüssigen Tauschbeziehung« wird. Anders als in einer schlüssigen Tauschbeziehung, bei der sich die Anbieter von Waren oder Dienstleistungen radikal dafür interessieren müssen, was Kunden wollen, geht es im Sektor der sozialen Dienstleistungen darum, Allianzen zu bilden. Dies sowohl bilateral (Verträge zwischen Adressat*in und Anbieter/Verträge zwischen Leistungsträger und Anbieter) als auch trilateral (Verträge über nicht-schlüssige Tauschbeziehungen). Diese Verträge zielen im gesamten Sozialwesen darauf ab, dass die darin vereinbarten Leistungen eine positive Veränderung der Istsituation herbeiführen sollen. Nichts anderes ist mit Ziel- und Maßnahmenplanungen gemeint.

Innerhalb des Organigramms fällt dabei nicht nur auf, dass die Adressat*innen nur sehr selten Teil des Organigramms von Leistungsanbietern sind, dazu sind sie auch nicht Teil der Organigramme von Leistungsträgern. Und sie selbst haben gar kein Organigramm anzubieten, höchstens vielleicht eine rechtliche Vertretung. *Wenn dieser Personenkreis nun also weder Kund*in noch Teil eines größeren Gebildes wie eine Organisation ist, was ist er dann? Welche Bedeutung hat er? Und was sind dann Inspiration und Innovation?* Um diesen Fragen auf die Spur zu kommen, ist es hilfreich, eine weitere Perspektive auf Organigramme von Sozialorganisationen einzunehmen.

Der Soziologe Pierre Bourdieu hat sich in seinem Werk kontinuierlich mit der Frage nach Unterschieden auseinandergesetzt. Er unterstellte Menschen zwei Kapitalformen, nämlich das (sozio-)ökonomische und das kulturelle Kapital, welche in Beziehung zueinander stehen. In Anlehnung an eine hier stark adaptierte Grafik von Bourdieu (1998, S. 19) wird die Verteilung der Kapitale in Bezug auf Sozialorganisationen, diesmal mit Adressat*innen, nachstehend dargestellt:

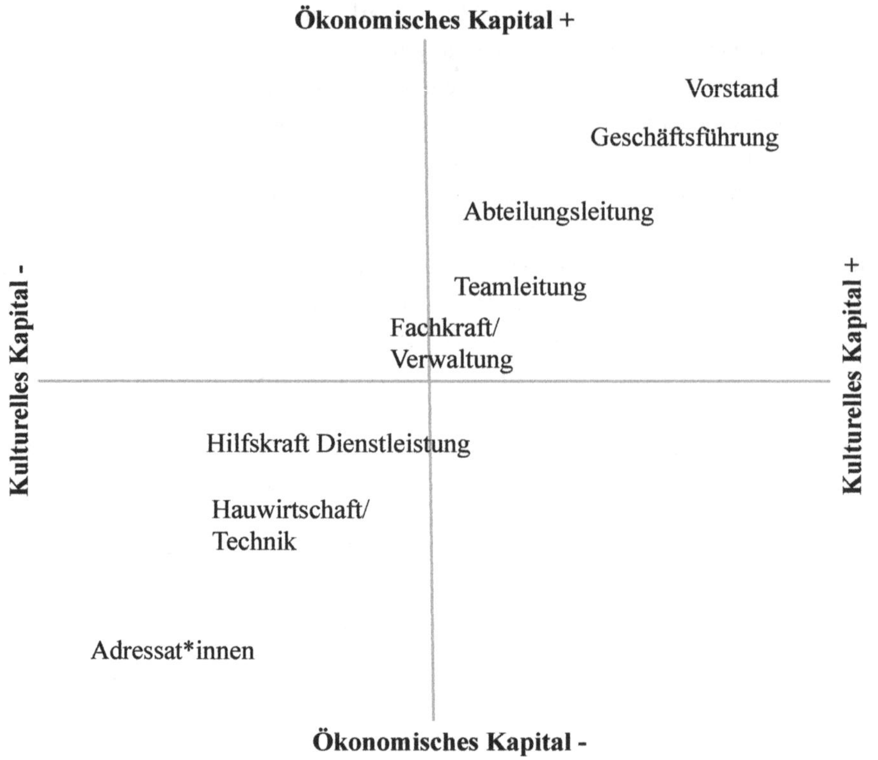

Abb. 6: Verteilung der Kapitale in Bezug auf Sozialorganisationen inkl. Adressat*innen (eigene Darstellung)

Um im wissenschaftlichen Sinn haltbar zu sein, müsste diese grobe Darstellung mit Zahlen, Daten und Fakten belegt werden. Das ist hier nicht der Anspruch und so kann es sicherlich sein, dass sich einzelne Personen hier anders zuordnen würden. Hinsichtlich des ökonomischen Kapitals gehen wir an dieser Stelle schlichtweg von den Einkommen der einzelnen Personenkreise aus. Aus dieser Perspektive ist es klar, dass in der hierarchischen Logik der Sozialorganisation auch diese entsprechend zu verorten sind. Im Bankenwesen z. B. ist dieser Zusammenhang nicht zwangsläufig gegeben. Hier kann es sein, dass einzelne Broker mehr verdienen als die Vorstände.[52]

Deutlich schwieriger ist die Bemessung des kulturellen Kapitals. Hier geht es mit Bourdieu sowohl darum, wofür sich Personen interessieren (in der Spanne

52 Eine Ausnahme bildet das Krankenhaus. Hier ist das Verhältnis von Chefarzt*ärztin zu Vorstand gleich zum Bankwesen zu setzen.

von Fußball bis Kammerkonzert), als auch um die »soziale Position« (Bourdieu) innerhalb einer Gesellschaft. Und da macht es dann schon einen Unterschied, ob jemand als Hilfskraft arbeitet, weil die Person keine Ausbildung hat, oder ob sich jemand als Hilfskraft das Studium finanziert. Max Weber, ein anderer, früherer Soziologe, würde dies als die Frage nach dem gesellschaftlichen *Status* bezeichnen. Trotz all dieser mit der Schematisierung einhergehenden Unschärfen gehen wir jedoch davon aus, dass die Grundannahmen stimmen.

Dies gesetzt, fällt auf, dass es einen Zusammenhang zwischen (sozio-)ökonomischem und kulturellem Kapital gibt. Streng genommen scheinen sie sich sogar zu bedingen. Wir gehen so weit zu sagen, dass das ökonomische Kapital die Grundlage für alles ist. Besonders deutlich wird dies am Begriff der Teilhabe, der ja für alle Sozialorganisationen zentral ist. In der Analyse der Grafik, die ja nichts anderes als ein abgewandeltes Organigramm darstellt, wird dies am Beispiel der Adressat*innen besonders deutlich. Kurzum: Keine Teilhabe ohne ökonomische Teilhabe. Da nun Sozialorganisationen nicht dafür Sorge tragen können, dass Adressat*innen mehr Geld zur Verfügung haben, können sie im Grunde ihren Auftrag nicht erfüllen.[53] Es sei denn, sie sorgen dafür, dass die Adressat*innen – wie alle anderen hier aufgeführten Personenkreise – Teil der Organisation selbst werden. »Ich mag ja eine Hilfskraft sein, aber ich gehöre zur Organisation XY.« Das verändert umgehend die soziale Position, den Status. Adressat*innen können das so nicht sagen. Sie sind halt Adressat*innen und somit nicht Akteur*innen des Werkzeugs, das sich um sie, aber offenbar nicht mit ihnen dreht.

Die Teilhabe

Teilzuhaben und Teil zu sein, gehört als Wunsch und Wille zur »Natur« des Menschen. Genauer müssen wir sagen, zur »Natur« jedes Menschen, also mit jeweils eigenem Willen und eigenen Wünschen und eigenen Vorstellungen davon, was Teilhabe und Teil-sein bedeuten. Mit anderen Worten: Eine Objektivierbarkeit von Teilhabe gibt es nicht. Wenn es nicht gelingt, dass ich in meiner Teilhabe auch Teil bin, also mein Sein in der Teilhabe finde, dann dient die Teilhabe womöglich dazu, andere mit dem guten Gewissen zu versorgen, dass *man* mich teilhaben lässt. Für mich ist sie bedeutungslos. Und so kommt es, dass die »gut

53 An dieser Stelle ist eine Abgrenzung zur Kinder- und Jugendhilfe vorzunehmen. In diesem Kontext verbessert sich die ökonomische Teilhabe (besonders stationär) in vielen Fällen durch die organisierte Unterstützung.

gemeinte« Teilhabe zur Worthülse in einem Konglomerat aus Macht, Eitelkeit und Besserwisserei verkommen kann.

Selbstverständlich würden diese »steilen« Thesen in Sozialorganisationen als *nicht zutreffend* abgetan werden. Doch schauen wir genauer hin: Über mehrere Jahre haben sich Thomas Zippert und Frank Dieckbreder damit beschäftigt herauszufinden, an welchen gesellschaftlichen Aspekten jeder Mensch unweigerlich teilhat. Herausgekommen ist die Grafik, die auf der nächsten Seite abgebildet ist.

Dieses Modell haben wir an verschiedenen Stellen publiziert (zuletzt Zippert 2020). Im Kontext des vorliegenden Buches gilt es hervorzuheben, dass sich die im Organigramm dargestellte Wahrnehmung der unterschiedlichen Kapitale sowie der Bedeutung bzw. Bedeutungslosigkeit der Adressat*innen in Bezug auf Teilhabe fortsetzt.

Wenn Sie die einzelnen Kästchen nehmen, dann können Sie daraus eine Sozialorganisation nachbauen und einzelnen Bereichen entsprechend zuordnen. Für sich selbst können Sie herausarbeiten, in welchen der Bereiche Sie in Ihrer Organisation und auch außerhalb davon eher passiv und in welchen Sie eher aktiv sind. Und Sie können dies auch für andere Personen aus der Organisation tun.

Bei den Adressat*innen fällt jedoch auf, dass ihr Einstieg in die Organisation die eingeschränkte Gesundheit, womit auch ein anders formulierter Unterstützungsbedarf gemeint sein kann, und die Ökonomie sind, beides Passivformen aus körperlichem, sozialem oder geistigem Defizit und nicht-schlüssiger Tauschbeziehung. Und indes alle anderen Personenkreise »gesund« genug sind, um die Arbeit zu tun und dafür in einer schlüssigen Tauschbeziehung bezahlt werden, bleiben die Adressat*innen in ihrer Passiv-Rolle von oben rechts (Abb. 7), die sie auf eine wiederkehrende Teilhabereise führt, die für sie gemacht ist. Teil im Sinne von Sein sind sie somit nicht. Die Sozialorganisation umschließt sie im gesamtgesellschaftlichen Auftrag und bestimmt ihr Leben.

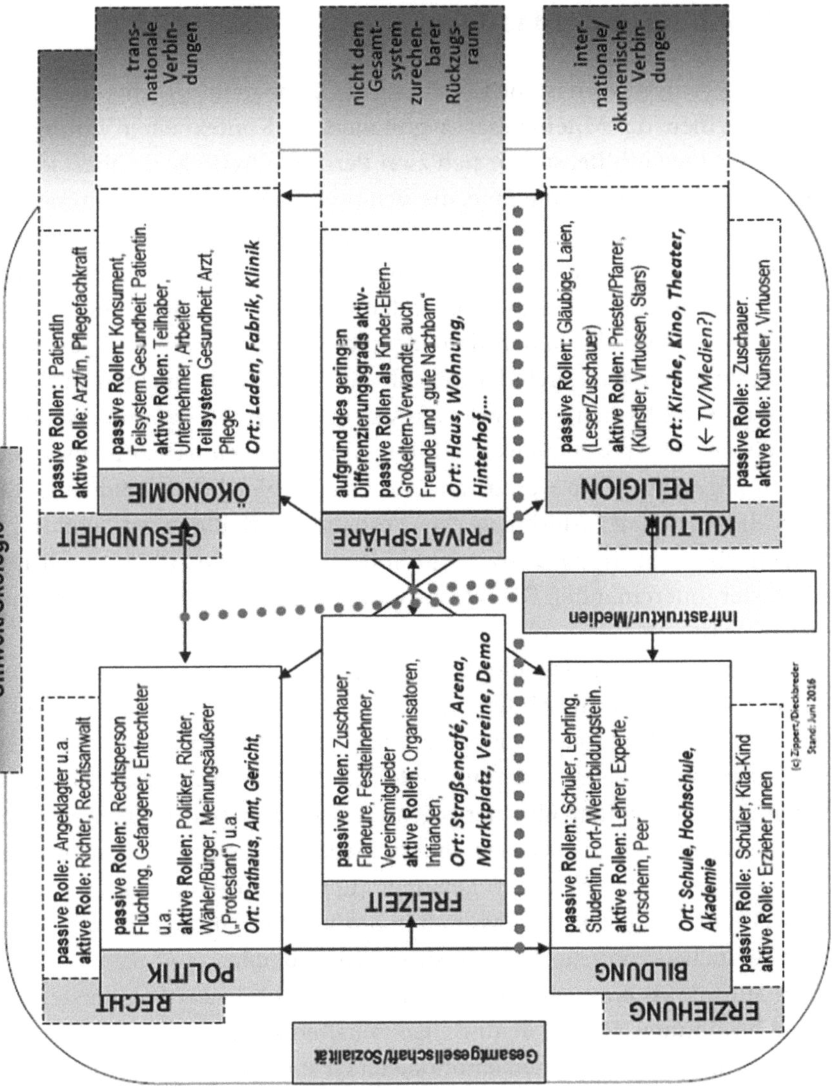

Abb. 7: Adressat*innen in Passiv-Rolle (oben rechts)

Die (Wohn-)Gruppe/das Team

In Sozialorganisationen ist die Einteilung in Gruppen und Teams eine der häufigsten Formen, das Miteinander zu gestalten. Im Kontext einer Wohngruppe, z. B. in der Jugendhilfe, stehen sich zwei Personenkreise gegenüber: jene, die dort wohnen (Gruppe) und jene, die sich professionell um die kümmern, die dort wohnen (Team). Die Begriffe »Gruppe« und »Team« kennzeichnen also die Zugehörigkeit zum jeweiligen Personenkreis und bieten so eine semantische Unterscheidung. Diesem Trennenden steht allerdings auch Vergleichbares gegenüber. Das wird besonders dann deutlich, wenn erkannt wird, dass sowohl der Begriff »Team« als auch der Begriff »Gruppe« Euphemismen sind. Denn eine Gruppe bildet sich gemeinhin aus sich selbst heraus, indem Personen, die sich mögen und z. B. gemeinsame Interessen verfolgen, zusammenschließen. Wohn*gruppen* hingegen werden auf der Basis vergleichbarer und zudem häufig eindimensionaler Merkmale wie Verhaltensauffälligkeiten gebildet. Die Frage nach einem freien Platz wiegt höher als die Sympathie der Gruppenmitglieder untereinander. Die selbstständige Entscheidung, Teil einer Gruppe zu sein, fehlt.

Teams sind in ihrer Grundlogik der Gruppe sehr ähnlich. Auch sie entstehen auf der Basis gemeinsamer Interessen bzw. Ziele. Vergleichbar zum Fußball werden Teams in Sozialorganisationen auf der Basis von Fähig- und Fertigkeiten gegründet, die einzelne Teammitglieder besitzen müssen. Diese Fähig- und Fertigkeiten stehen dann über der gegenseitigen Sympathie der Teammitglieder. Allerdings mit dem machtvollen Unterschied, dass die Entscheidung für oder gegen ein Team von einzelnen Personen durchaus bestimmbar ist. Doch als Analogie zur Gruppe bleibt, dass sich in Sozialorganisationen Teammitglieder nicht aussuchen können, mit wem sie ein Team bilden.

In Summe ist eine Wohngruppe also ein Gebilde aus Personen, die aufgrund bestimmter Merkmale und Eigenschaften zielgerichtet viel Zeit miteinander verbringen, ohne einen emotionalen Grund für ihr Zusammensein. Aus diesen Überlegungen wird deutlich, warum in Sozialorganisationen Gruppenpädagogik und Teambuilding so einen hohen Stellenwert haben.

Die Zukunft hat begonnen *oder* Umgehende Herausforderungen für die Gegenwart

Die Gegenwart ist unseres Erachtens eine der merkwürdigsten Erscheinungen menschlichen Seins. Wir können ihr nicht entkommen und doch ist sie deutlich flüchtiger als es die Vergangenheit und Zukunft sind. Wie misst man einen Moment, dessen Momenthaftigkeit sich ins Unendliche verkleinern lässt?

Die Antwort ist ein Kunstgriff, mit dem wir der Zeit die Gegenständlichkeit eines Raumes hinzufügen. In der Gegenwart sind wir immer in einem *Zeitraum.* Wenn wir ihn betreten – offenbar hat er eine Eingangstür –, können wir aus diesem Raum hinausschauen. Denn immer gibt es irgendwo mindestens ein Fenster, das wir dann *Zeitfenster* nennen. Durch dieses wagen wir einen Blick in den nächsten Zeitraum, den wir dann durch eine Ausgangstür, die gleichzeitig die Eingangstür des Folgeraumes ist, betreten (müssen).

Wenn wir in einem Zeitraum innehalten und uns umdrehen, können wir durch alle Fenster zurückschauen. Auch durch Fenster, deren Zeiträume wir nie betreten haben.

Gemäß des berühmten Ausspruchs von Bernhard von Chartres nehmen wir die Perspektive des Zwerges ein, der auf der Schulter des Riesen (mit Namen Geschichte) sitzt und von dort aus weiter blicken kann, als der Riese selbst.

Vielleicht ist es angemessen, an dieser Stelle den Konjunktiv zu nutzen und zu sagen, dass wir das zumindest könnten.

Doch natürlich ist die Angelegenheit nicht so einfach, denn die Zeitfenster sind listig. Ständig wechseln sie ihre Position. Dann lassen sie im entscheidenden Moment die Rollläden runter oder werden zu Milchglasscheiben. Und ebenso verhält es sich mit den Türen: Während die Eingangstür als Ausgang verschlossen bleibt, weil wir nicht in die Vergangenheit zurückkehren können, bleibt die Frage, wo sich die Tür zum nächsten Gegenwartszeitraum befindet, bis zum letzten Moment verborgen.

In jenem Zeitraum, den wir Gegenwart nennen, besteht hinsichtlich unserer beruflichen Aufgaben der Auftrag, eine gute Mischung aus dem Blick zurück, den Blick nach vorn und den Blick auf das, was der Zeitraum als Herausforderungen bereithält, hinzubekommen. Ohne diese Parallelität werden wir entweder zu Nostalgiker*innen, die behaupten, dass früher alles besser gewesen sei, zu Gegenwartsfatalist*innen, die glauben, dass alles so sein müsse, wie es ist, oder zu Tagträumer*innen, die vor lauter Hoffen auf eine sich (scheinbar) einflusslos verändernde Zukunft nicht dazu kommen, auch nur irgendetwas zu tun. Kurzum: Es geht um die Verknüpfung aus Geschichte als bewusst-SEIN-stiftenden Hinweis darauf, dass die Welt seit jeher im Fluss ist … Ganz gemäß der Idee des Heraklit von Ephesos, dass es nicht möglich sei, zweimal an derselben Stelle in den Fluss zu steigen, weil andere Wasser nachströmen.

Deshalb werden in Studium und Ausbildung Theorien, die in die Zukunft weisen, und Methoden, die in der Praxis zur Gestaltung der Gegenwart führen (können) vermittelt.

Nehmen wir nun also das, was uns die Geschichte gelehrt hat: Bleiben wir als Zwerge auf der Schulter des Riesen sitzen und drehen nun den Kopf um 180 Grad. Wagen wir aus unserem Gegenwartszeitraum heraus einen Blick durch das Zeitfenster in den nächsten möglichen Zeitraum.

Wenn wir hier »wir« sagen, dann meinen wir an dieser Stelle den israelischen Historiker Yuval Noah Harari. In seinem Buch »21 Lektionen für das 21. Jahrhundert« schreibt dieser folgende, bereits in der Einleitung zitierte Zeilen:

> »Biotechnologie gekoppelt mit dem Aufstieg künstlicher Intelligenz – könnten […] im Zusammenspiel dazu führen, dass sich die Menschen in eine Klasse von Übermenschen und eine riesige Unterschicht nutzloser *Homo sapiens* aufspaltet. Diese bereits ohnehin düstere Lage könnte sich noch weiter verschlimmern, denn wenn die Massen ihre ökonomische Bedeutung und ihre politische Macht verlieren, dann könnte der Staat zumindest teilweise den Anreiz verlieren, in ihre Gesundheit, Bildung und Wohlfahrt zu investieren. Es ist höchstgefährlich, überflüssig zu sein. Die Zukunft der Massen wird somit vom guten Willen einer kleinen Elite abhängen. Vielleicht besteht dieser gute Wille ein paar Jahrzehnte lang. Doch im Falle einer Krise – etwa einer Klimakatastrophe – wäre es ziemlich verführerisch und nicht besonders schwer, die überflüssigen Menschen einfach über Bord zu werfen« (Harari 2019, S. 115; Hervorhebung im Original).

An anderen Stellen des Buches spricht Harari von der »nutzlosen Klasse«. Den Begriff halten wir im Folgenden bei. *Was also gibt es hier zu erfahren?*

Es genügt ein Blick in die Tageszeitung, um zu bestätigen, dass künstliche Intelligenz und Biotechnologie, gepaart übrigens mit Klimakatastrophen, Neo-Nationalstaatlichkeit und Kriegen, die Themen der Welt darstellen. Und wie sehr die Bereitschaft besteht, Menschen »über Bord zu werfen«, können wir – so es die Sendezeit erlaubt – den Nachrichten entnehmen. Das ist keine Zukunftsvision, sondern traurige *Gegenwart.*

Es scheint so, dass die Menschen ihre zunehmende Machtlosigkeit und die darin enthaltene Bedeutungslosigkeit sehr genau spüren. Mit etwas Glück bäumen sie sich mit Ansätzen wie *Fridays for Future* gegen diese Entwicklung auf, mit Pech schließen sie sich Populist*innen an. Doch alles scheint im Kontext von Hararis Analyse nichts weiter zu sein als ein letztes Aufbegehren.

Mit Blick auf Sozialorganisationen ist aus historischer Perspektive zu berichten, dass der Gründungszweck, die *ausgenutzte Klasse* ist. Prekären Lebensbedingungen von Adressat*innen und Mitarbeitenden stand in einem Mindestmaß gegenüber, dass die Adressat*innen sowie Mitarbeitenden gebraucht wurden. Und sei es, um ausgenutzt zu werden.

Nun also Nutzlosigkeit?!

Schauen Sie mit der Radikalität der Idee der Nutzlosigkeit in den Gegenwartszeitraum Ihrer Arbeitsfelder. Blicken Sie zunächst durch die Zeitfenster, die Ausschnitte der Vergangenheit zeigen. Dann schauen Sie, z. B. mit Harari, durch das Zeitfenster der Zukunft. Und nun sehen Sie sich im eigentlichen Zeitraum um. Was sehen Sie?

Vielleicht das Bundesteilhabegesetz?

Vielleicht die Novellierung des SGB VIII?

Vielleicht das Pflegestärkungsgesetz XY?

In jedem Fall vermuten wir, dass die Mauern des Zeitraums Ihrer Gegenwart wesentlich von Rahmenbedingungen und Zeitfenstern geprägt sind, die eingehalten werden müssen.

Deshalb sehen Sie genauer hin. Wer ist noch mit Ihnen im Raum?

Und schauen Sie noch einmal durch sämtliche Fenster. Wer schaut in Ihren Raum, den Sie mit anderen teilen, womöglich hinein?

Zugegeben, das waren jetzt ziemlich viele Metaphern. Doch vielleicht helfen sie Ihnen zu erkennen, mit wem Sie Ihren Gegenwartsraum teilen.

*Sind die Adressat*innen Ihrer Arbeit im selben Raum wie Sie?*

Es ist Unfug zu glauben, dass alle Menschen, nur weil sie zur selben Zeit leben, auch dieselbe Zeit teilen.

Der Schweizer Schriftsteller Peter Bichsel berichtete einmal Folgendes: »Der Lebenslängliche, befragt, wie er das aushalte oder mache all diese Jahre im Gefängnis, antwortet: ›Weißt du, ich sage mir immer, diese Zeit, die ich hier verbringe, müßte ich draußen auch verbringen‹« (Bichsel 1995, S. 69).

Die Idee, Zeit fatalistisch dahingehend zu verstehen, dass sie einfach war, da ist und vergeht, ist eine der größten Grausamkeiten, die wir uns vorstellen können. Aber vielleicht ist das so, wenn man lebenslang gefangen ist. Vielleicht findet jemand Trost darin, dass die Zeit der anderen auch nur ohne ihr Zutun vergeht. Klar ist: Erfüllung verspricht das nicht. Vielmehr handelt es sich um das Eingeständnis, zur nutzlosen Klasse zu gehören.

In der Vergangenheit waren, wie oben schon angemerkt, Adressat*innen und Mitarbeitende dadurch verbunden, zur ausgenutzten Klasse zu gehören.

Wenn nun heute die Adressat*innen von Sozialorganisationen davon bedroht sind, zur nutzlosen Klasse zu gehören, endet dann die Verbundenheit mit Ihnen?

Deshalb ist es (auch) in Ihrem eigenen Interesse daran zu arbeiten, dass die Idee der Nutzlosigkeit nicht in der Welt bleibt. Wir müssen jetzt handeln, damit die Tür, die in den nächsten Gegenwartsraum führt, sich zu einer Zukunft öffnet, in der wir gemeinsam wichtig sind und geschätzt werden.

Als Auszubildende, Studierende und Fachkräfte haben Sie sich (bereits) ordentlich Rüstzeug angelegt und sind – wie die Tatsache, dass Sie dieses Buch lesen zeigt – bereit, dies weiterhin zu tun. Sie wissen, dass Sie, wenn Sie merken, dass die nächste Tür an der falschen Stelle steht oder ein Zeitfenster immer kleiner wird, einfach die Mauer an einer anderen Stelle einreißen können. Und wer weiß, vielleicht stehen auf der anderen Seite Menschen, die dasselbe in Ihre Richtung tun.

Das bekannte Watzlawick-Diktum besagt, dass, wer als Werkzeug nur einen Hammer habe, in jedem Problem einen Nagel sähe. Deshalb sehen Sie sich den Hammer an, den Sie erworben haben:

Wir wissen, da ist der Alltag. Da sind die Herausforderungen mit den neuen Gesetzen. Mag ja alles sein. Doch wir haben von Harari gelernt, worum es geht. Also gestalten Sie im Zweifel mit dem Hammer die Gegenwart, indem Sie so lange Löcher in ihre Wände schlagen, bis dahinter die Sonne aufgeht.

Doch vergessen Sie nicht, dass Sie über mehr verfügen als nur diesen Hammer. Schlagen Sie also nicht wild drauflos, sondern denken Sie daran, dass Ihnen einen ganzen Koffer voller Möglichkeiten zur Auswahl steht. Nichts muss sein, wie es ist. Und nichts muss so kommen, wie vermutet.

Wir sind davon überzeugt, dass wir einen Wandel durch Inspiration benötigen. Dabei geht es weniger darum, das x-te Modell mit schmuckem Namen zu erfinden. Vielmehr muss im Fokus stehen, Vorhandenes für Sozialorganisationen urbar zu machen. *Nutzen Sie schlicht vorhandene Methoden und übertragen Sie diese in Sozialorganisationen. Vermeiden Sie den Satz: Das geht in unserem Bereich nicht! Denn: Doch, das geht!* Wie, das zeigen wir in Kapitel 6 anhand eines Design-Thinking-Prozesses. Ein Beispiel – nicht mehr und keinesfalls weniger.

Doch bevor wir dorthin gelangen, bedarf es noch einiger reflexiver Schleifen durch die Zwischenräume.

Im Zwischenraum entsteht die inspirierende Kraft für Erkenntnis.

5 Inspirationen für die Praxis *oder* Design Thinking zur Umstrukturierung von Sozialorganisationen

Prolog *oder* Zwei Diamanten

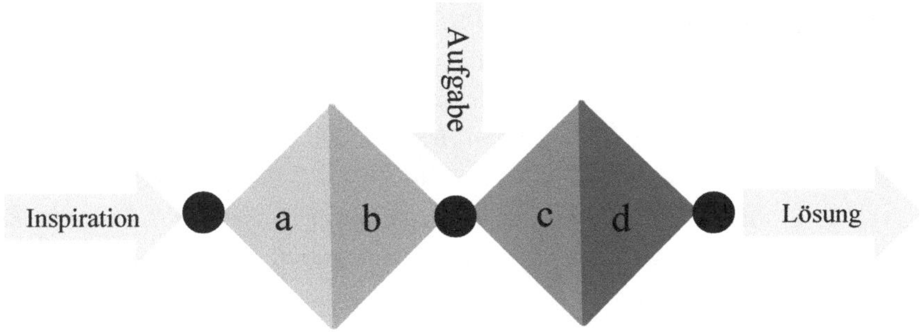

a = Entdecken und Verstehen
b = Erkenntnisse gewinnen
c = Ideen generieren
d = Lösungen entwickeln

*Wenn Sie einen ganz normalen Tag in Ihrem Berufsleben in den Blick nehmen, was für Bilder kommen Ihnen dann in den Kopf? Wir nehmen an, dass diese aus einer Aneinanderreihung verschiedener Rituale bestehen. Vielleicht beginnen Sie Ihren Arbeitstag damit, gemeinsam mit Kolleg*innen einen Kaffee zu trinken. Das aber erst, nachdem Sie Ihren Mantel dort aufgehängt haben, wo Sie ihn immer aufhängen. Und vielleicht haben Sie, sofern das bei Ihnen eine Rolle spielt, schon einmal den Computer eingeschaltet. Dann gehen Sie Ihrer Arbeit nach, wie Sie ihr immer nachgehen. Bekannte Handgriffe, bekannte Kopfarbeit. Unterbrochen werden Sie vermutlich von weiteren Ritualen. Vielleicht gehen Sie mittags in die Kantine. Vielleicht essen Sie Mitgebrachtes am Schreibtisch oder schieben sich, wie gesagt wird, zwischen zwei Pflegeeinsätzen ein Brot zwischen die Zähne. Sie werden wissen, wovon wir hier berichten.*

Und jetzt nehmen Sie diesen ganz normalen Tag und fokussieren sich auf die Aspekte, an denen das auftaucht, was Sie jeden Tag nervt. Jeden Tag! Unweiger-

lich werden Sie sich jetzt fragen, warum Sie das nicht ändern. Vielleicht warten Sie ja darauf, dass es sich von selbst ändert. Vielleicht haben Sie andere schon oft darauf hingewiesen, dass sich das ändern sollte, aber es ändert sich nicht. Auch Sie ändern es nicht. Und so bleiben diese Teile des Tages die nervenden Rituale.

Rituale sind wichtig. Sie bedeuten Sicherheit durch Verlässlichkeit. Und sie vermitteln, wenn sie mit anderen begangen werden, Zugehörigkeit. Doch Rituale können auch destruktiv sein. Dann nämlich, wenn sie notwendige Veränderungen verhindern, obwohl etwas besser sein könnte, als der Status quo. Dann nämlich, wenn das Ritual genutzt wird, um sich dahinter zu verstecken: »Das geht hier nicht. So haben wir das noch nie gemacht. Sie können hier nicht parken.«

Wenn Sie sich gegen solche Sätze zur Wehr setzen und das, was damit verbunden ist, überwinden wollen, dann lassen Sie sich auf dieses Kapitel ein. In diesem vollziehen wir mit einigen Haken und der Freiheit, grundsätzlich alles in Frage zu stellen, einen mal abstrakten dann wieder sehr konkreten Design-Thinking-Prozess. Dazu nutzen wir als übergeordnetes Modell den Double Diamond, wie er in der obigen Grafik dargestellt ist und den wir nun erst in unserem Verständnis erklären, um ihn im Anschluss anhand von Beispielen und Zwischengedanken lebendig werden zu lassen. Wir wünschen Ihnen eine inspirierende Reise.

Inspiration

Inspiration! Rein sprachlich betrachtet wird an dieser Stelle besonders deutlich, warum wir dieses Buch wesentlich mit einer diakonischen Perspektive verknüpfen. Denn das Wort Inspiration ist vom lateinischen *inspiratio* abgeleitet und bedeutet »Beseelung« sowie »einhauchen«. Davon gehen wir hier aus.

a = Entdecken und Verstehen

Seit Menschengedenken ist das Entdeckertum sagenumwoben. Eine Mischung aus Held*innengeschichten und Irrwegen. Im westlichen Kontext beginnt die Angelegenheit mit den Irrfahrten des Odysseus, um den herum sich eine schier unendliche Reihe weiterer Helden und Heroinen rankt, die alle von ihren eigenen Inspirationen getrieben sind und sich dadurch geradezu zwanghaft auf Entdeckungsreisen begeben. All das, um zu verstehen, wohin ihre Reise eigentlich gehen soll.

In zahlreichen Büchern und Filmen wird in unterschiedlichen Genres (vom Kinderbuch bis zum Dokumentarfilm) über diese handelnden Personen berichtet. Der Phänotyp ist dabei männlich (mit den entsprechenden Attributen hinsichtlich Körperbaues und Intellekts), furchtlos, draufgängerisch, egoistisch, gewaltbereit und in gewisser Weise suizidgefährdet. Zumindest jedoch ist er bereit, für das Entdecken das eigene Leben zu riskieren – ein Held.

Doch Entdecker*innen sind auch Erfinder*innen. In diesem Kontext lassen sich zahlreiche Anti-Held*innengeschichten erzählen; wenn man so will, eine »Nerd-Genealogie«. Anders als die Draufgängertypen, die keinem Konflikt mit der Außenwelt aus dem Weg gehen, ziehen sie sich eher in ihre »stillen Kämmerlein« zurück, um zu tüfteln und um aus ihren Innenwelten heraus zu entdecken und zu verstehen. Mit Blick auf die Geschichte dieses Personenkreises fällt jedoch auf, dass auch sie furchtlos, draufgängerisch, egoistisch, gewaltbereit und in gewisser Weise suizidgefährdet sind. Zumindest sind jedoch auch sie bereit, für das Entdecken auch das eigene Leben zu riskieren. Letzteres trifft beispielsweise auf Wissenschaftler*innen (in diesem Kontext ist die Angelegenheit nicht mehr weitgehend männlich dominiert) zu, die so sehr an ihre Entdeckungen glaubten und glauben, dass sie ihre Erkenntnisse z. B. durch Selbstversuche erlangten, indem sie sich bewusst mit Krankheiten infizierten, um diese zu heilen. Legendär ist die Geschichte von Marie Curie, die sich wider besseren Wissen aus ihrem Forschungsdrang heraus so »zwanglos« mit radioaktivem Material umgab, dass sie nicht »nur« daran erkrankte und starb, sondern dass ein Kochbuch aus ihrem Nachlass bis heute nur mit Schutzkleidung in Augenschein genommen werden kann und in einem Bleibehältnis aufbewahrt werden muss.

*Wenn Sie an Ihre Arbeitskontexte denken, fallen Ihnen womöglich auch Geschichten von Entdecker*innen ein. Ein paar dazu passende Geschichten haben wir Ihnen im zweiten Kapitel des Buches erzählt.* Wenn z. B. das Lebensmotto Friederich von Bodelschwinghs lautet: »Große Nöte bedürfen neuer, mutiger Gedanken«, dann ist das eine Entdeckung, aus der das Verstehen resultiert, dass es zunächst dieser (mutigen) Gedanken bedarf, um Taten entstehen zu lassen. Diese Handlungen sind in unseren Arbeitskontexten immer gemeinschaftlich, also sozial angelegt. Im Sinne des sich öffnenden Diamanten aus dem Double Diamond-Ansatz geht es also nicht um vereinzelte Held*innen- oder Antiheld*innengeschichten, sondern darum, einzelne Inspirationen mit ersten Nachfolger*innen (First Followern) in einen größeren personalen Zusammenhang zu bringen, damit von Anfang an gemeinsam entdeckt und verstanden werden kann. Wie der sich öffnende Diamant zeigt, sind hierbei auch Irrwege einkalkuliert. Die ersten Schritte der Reise bestehen darin, sich überhaupt auf den Weg zu machen. Das ist im Grunde alles.

b = Erkenntnisse gewinnen

Der erste Diamant schließt sich.

Es hat ungefähr zwanzig Jahre gedauert, bis Odysseus von seinen Irrfahrten zurückkehrte. Naturgemäß hat es danach auch gedauert, bis er in der Heimat wiedererkannt wurde. So ähnlich verhält es sich tatsächlich auch mit diesem Teil des Diamanten, allerdings dann doch etwas differenzierter. Wenn wir nämlich aus unserem Kontext heraus auf die griechische Mythologie (oder auch andere Geschichten) schauen, stellen wir fest, dass sich Odysseus nicht während seiner ganzen Reise im ersten Teil von Erkenntnis und Verstehen als Großem und Ganzem befand, sondern dass sich eine ganze Reihe kompletter Design-Thinking-Prozesse aneinanderreihten. Es ist die Summe dieser Prozesse, die sein Wiedererkennen so schwierig machte. Doch halten wir bereits hier fest, dass er letztlich wiedererkannt wurde.

Die Odyssee ist womöglich eine Metapher für Sozialorganisationen als Ganzes. Sollte es sich um eine ältere Einrichtung handeln, kann durch die Zeiträume auf Zeiten zurückgeblickt werden, in denen Handlungen im Umgang mit Adressat*innen für richtig gehalten wurden, die wir heute als (teils mehr als) fragwürdig empfinden. Und deshalb müssen wir bei dem, was wir heute tun, immer davon ausgehen, dass unsere Handlungen und damit einhergehenden Maximen eines Tages ebenfalls für fragwürdig gehalten werden könnten. Wir dürfen daher nicht in der Arroganz der Spätgeborenen agieren und unser Tun lediglich dadurch begründen, dass wir uns von dem, was früher war, unterscheiden. Stattdessen müssen wir darum ringen, unser Handeln bestmöglich inhaltlich zu begründen. Das ist die Ethik all unseres Tuns. Und deshalb müssen wir aus unseren verstandenen Entdeckungen Erkenntnisse ableiten, also über das »bloße« Verstehen hinauskommen. Das bedeutet zu wissen, was notwendig ist, beispielsweise dass wir mit bestimmten organisational begründeten Prozessen wie dem Kochen in Großküchen die individuelle Teilhabe von Personen in vielen Fällen verhindern. Auf diese Erkenntnis folgt die Feststellung, dass wir unsere Aufgabe definieren müssen, damit wir sie erfüllen können. Und dabei müssen wir auch in Kauf nehmen, dass es in der Folge dauern wird, bis wir uns selbst und andere wiedererkennen, aber dass es sich noch immer um die Sozialorganisation handeln wird, für die wir tätig waren und sind.

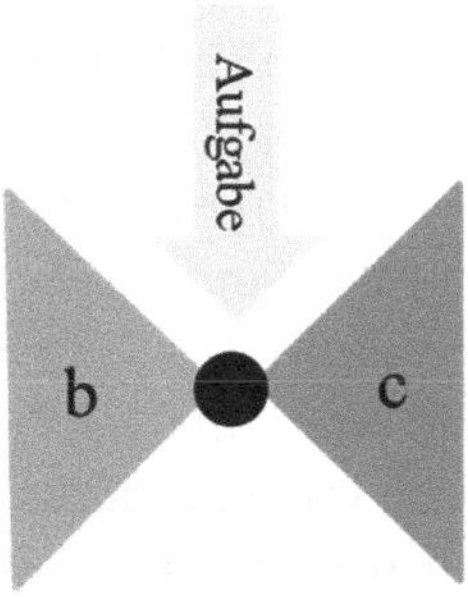

Erkenntnisse sind Antreiber. Anders als das bloße Entdecken und Verstehen, zwingen uns Erkenntnisse zum Handeln. Wenn wir nur verstehen, dass z. B. eine bestimmte Lebensweise für unsere Gesundheit schädlich ist, muss daraus noch lange nicht folgen, dass wir uns besser ernähren, mit dem Rauchen aufhören etc. Erst durch die Erkenntnis, dass wir uns z. B. besser fühlen, fitter sind und womöglich eine höhere Lebensfreude haben, gehen wir es an, eine Diät zu beginnen o. Ä. Und natürlich wissen wir sofort, dass wir in der Folge etwas durchhalten müssen. Die schlichte Formel zum Jahreswechsel, nun aber etwas zu ändern, ist am zweiten Januar gemeinhin (mehr oder weniger gut begründet) vergessen oder verdrängt.

Wie kommt es nun, dass es einigen Personen gelingt durchzuhalten und anderen nicht? Letztlich gibt es dafür viele Gründe, wie beispielsweise Leidensdruck, Charakterstärke etc. Aber solche Eigenschaften helfen wenig, wenn in einem sozialen Kontext wie einer Organisation etwas auf ganzer Linie verändert werden soll. Dafür werden Ideen benötigt, unabhängig von rein subjektiven Potenzialen. Darauf werden wir noch zu sprechen kommen. An dieser Stelle steht im Fokus, zu definieren, was wir unter »Aufgabe« verstehen.

Als Aufgabe definieren wir alles, was den Kern der ursprünglichen Inspiration in sich trägt. Anders als Aufträge, die einer Machtstruktur entspringen, schreiben wir der Auf*gabe* zu, dass sich diese an die Potenziale von Menschen richtet (jemand hat eine *Gabe*). Somit enthält eine Aufgabe, insofern sie aus Teams oder Gruppen heraus entsteht, immer die Summe der Potenziale der Mitglieder.

Wie gesagt, ist dabei die Ausgangsinspiration der Kern. Beim Beispiel des »First Followers« wird deutlich, dass Inspiration ansteckend ist. Sie bildet eine

Art unsichtbaren »roten Faden«. Um innerhalb des Beispiels zu bleiben: Zu einem Tänzer gesellt sich ein zweiter. Dann weitere. Alle tanzen auf der Basis ihrer Potenziale. Dabei geht es womöglich gar nicht mehr um das Tanzen selbst, sondern darum, dabei zu sein, aus einem schönen Sommertag etwas Besonderes zu machen. Und genau das ist die Erkenntnis, die in Sozialorganisationen sicherlich zu komplexeren Aufgabenstellungen führt als beim Tanz auf der Wiese. Der Antrieb dürfte mit diesem Bild jedoch geklärt sein.

Somit achten Sie genau auf das, was Sie inspiriert. Inspirieren Sie andere und lassen Sie sich inspirativ anstecken. Öffnen Sie sich gemeinsam mit anderen für Entdeckungen, die sich aus der Inspiration ergeben. Und wenn Sie das, was Sie entdeckt haben, verstehen, wandeln Sie es in Erkenntnisse, die Sie antreiben, Aufgaben zu erkennen, die Sie sich dann selbst gemäß ihrer Potenziale stellen. Das wiederum steht in keiner Weise im Widerspruch dazu, Aufträge zu erfüllen. Denn diese bleiben häufig auch im Wandel bestehen, wie das Beispiel mit der Großküche zeigt. Der dahinterstehende Auftrag ist die Sicherstellung der Lebensmittelversorgung. Die Aufgabe besteht darin, die Art und Weise dieser Versorgung zu gestalten. *Wenn es Sie also inspiriert, bei Personen, denen Sie das womöglich gar nicht zugetraut haben, zu entdecken, wie viel Selbständigkeit sie erlangen können, dann führt das kleinste Positiverlebnis zu der Erkenntnis, dass mehr möglich ist.*

Im zweiten Kapitel berichteten wir von der Mitarbeiterin Heike, die es nicht länger ertragen konnte, dass Ilka unter Anwendung von Gewalt Essen gereicht und Medizin verabreicht wurde. Sie hatte die Idee, Ilka das selbständige Essen durch eine besondere Form der Zubereitung des Brots zu ermöglichen. Und indem darin die Medizin versteckt war, war auch hier die Gewalt überwunden. Definitiv ein Erfolg! Doch es gilt festzuhalten, dass das zubereitete Brot noch keine Wahlentscheidung Ilkas und das Verstecken der Medizin ein Trick (implizite Gewalt?) sind. Also gilt es weiter zu überlegen. Es ist mehr möglich!

Damit ist die Aufgabe klar: Sie besteht darin, dafür Sorge zu tragen, dass Personen ihre potenziellen Möglichkeiten auch nutzen können. Und so gelangen wir zum zweiten Diamanten, der sich wieder öffnet, um Ideen zu generieren.

c = Ideen generieren

Ideen brauchen Freiheit. Das ist eine unserer zentralen Grundüberzeugungen. Und unsere Grundüberzeugung ist es auch, dass diese Freiheit nur durch Inspiration und den sich dadurch ergebenden »roten Faden« erzeugt werden kann. Niemand kann einem*einer anderen sagen: »Sei mal frei« und erwarten, dass diese*r dann frei ist.

In Sozialorganisationen ist es mit der Freiheit so eine Sache. Harte Hierarchien und eine Unzahl ungeschriebener Gesetze sorgen dafür, dass Ideen es häufig nicht einmal schaffen, ausgesprochen zu werden. Und das nicht nur, weil niemand zuhört oder zuhören würde, sondern auch, weil vielleicht auch Sie glauben, dass Ihre Idee es nicht wert ist, ausgesprochen zu werden. Noch bevor Sie weiterdenken, beziehen Sie womöglich alle Determinanten ein. »Dafür ist kein Geld da« oder »dafür fehlt ohnehin die Zeit«. Und wenn Vorgesetze sagen, Sie würden sich für Ihre Ideen interessieren, unterstellen vielleicht auch Sie Lippenbekenntnisse, weil Sie vermutlich auch schon (öfter?) erlebt haben, dass Ihre Ideen mit genau den Argumenten als unwirksam abgetan wurden, die jetzt dazu führen, dass Sie sie erst gar nicht aussprechen. Hierzu sagen wir, dass das ja alles so sein mag. Und weisen deshalb mit Nachdruck darauf hin:

Was genau wir damit meinen, werden wir noch erklären. An dieser Stelle bitten Wir Sie, sich schon einmal einzuprägen, dass Erfahrungen dazu da sind, Sie in Ihrem Vorankommen zu unterstützen, nicht, um Sie aufzuhalten.

Natürlich gibt es Ideen, die ins Leere laufen. Unter anderem auch, weil sie schlicht nicht gut waren. Aber in den seltensten Fällen ist eine Idee nur gut oder nur schlecht. Deshalb ist es wichtig sie auszusprechen. Es gilt zu ertragen, wenn jemand etwas ergänzt oder nicht so gut findet. Dann gilt es auch mit dieser Person die Idee weiterzuentwickeln, denn es könnte doch sein, dass sie recht hat.

Es geht ausschließlich darum, dem Kern der Inspiration nachzuspüren. *Und wenn Sie dann eine Idee bzw. Ideen haben, die diesen Kern treffen, dann verbieten Sie sich, sie wieder zu verwerfen und versuchen stattdessen, die Lösungen zu entwickeln, mit denen Ihre Ideen umgesetzt werden können.*

d = Lösungen entwickeln

Lösungen zu entwickeln ist insofern ein zentraler Schritt im Design-Thinking-Prozess, als dass in Bezug auf Lösungen ihre Entwicklungsnotwendigkeit in unseren Arbeitskontexten – so merkwürdig das ist – durchaus übersehen wird. Bekannt sind Sätze wie: »Dafür *haben* wir keine Lösung«. Oder noch schärfer: »Dafür *gibt* es keine Lösung«. Solche Sätze sind Ausdruck einer Entwicklungsunterschlagung, die ganz wesentlich mit dem fehlinterpretierten Begriff der »lernenden Organisation« einhergeht. Denn diese geflügelte Bezeichnung impliziert Assoziationen, wie dass *man aus Fehlern lerne* oder die Idee, etwas beigebracht zu bekommen. Beides stimmt auch, doch ebenso führt beides nicht zu einer gezielten Lösung, sondern zur Vermeidung von Wiederholungsfehlern und einem passiven Mehr an Wissen. Daher geht es uns hier um eine andere Idee des Lernens, nämlich die Idee des forschenden Lernens, die wiederum zu einer forschenden Organisation führt. Wie notwendig eine solche Herangehensweise in Sozialorganisationen ist, zeigt unsere Analyse zu folgendem Zitat aus Peter Senges (2011) berühmten Buch »Die fünfte Disziplin: Kunst und Praxis der lernenden Organisation«:

> »Die Gebrüder Wright hatten bewiesen, dass der Motorflug möglich war, aber erst die im Jahr 1935 eingeführte McDonnell Douglas DC-3 leitete die Ära der Verkehrsluftfahrt ein. […] In den dreißig Jahren, die dazwischenlagen (ein typischer Zeitraum für die Ausreifung von grundlegenden Innovationen), schlugen unzählige Experimente mit der zivilen Luftfahrt fehl. Wie bei den ersten Experimenten mit lernenden Organisationen konnte man auch die ersten Flugzeuge nicht zuverlässig und kosteneffizient reproduzieren« (S. 16).

Anders als bei technischen Fragestellungen, bei denen es im systemtheoretischen Sinne um Reproduktionen geht, die exakte Gleichheit erfordern[54], ist im Bereich der sozialen Professionen ein durchgehender Forschungsauftrag gegeben. Dieser ist jeweils auf ausschließlich eine*n Adressat*in auszurichten, indes es gleichzeitig, wie in der Technik auch, zu beachten gilt, dass sich Rahmenbedingungen verändern. Nehmen wir das Smartphone als Beispiels: Noch vor gerade einmal zwanzig Jahren werden nur wenige aus unserem Kontext darüber nachgedacht haben, dass solche Geräte einmal zentral für unsere Aufgabe, Teilhabe zu unterstützen, sein werden. Heute zwingen sie uns dazu, höchstindividuell zu erforschen, wie der Umgang mit Smartphones jeweils einzelnen Personen mit ihren Potenzialen möglich ist. Auf der individuellen Ebene sind somit alle in Sozialorganisationen Tätige zwangsläufig Forschende, die bereits einige Erfahrung mit Forschung und der Entwickelung von Lösungen haben. Diese Potenziale müssen also »lediglich« ausgebaut werden, um Lösungen für organisatorische Prozesse zu entwickeln.

Lösung

Gehen wir noch einmal zurück auf Anfang, auf die Inspiration. Von dieser führte der Weg durch einen sich öffnenden und schließenden Diamanten in einen weiteren, in dem zunächst Ideen generiert wurden. Ideen sind Ideen und keine Lösungen. Deshalb bedarf es nun der Übersetzungsleistung, Ideen in Lösungswege für die Realisation der definierten Aufgabe zu übertragen. Hierzu kann jeweils auf bewährte Methoden (z. B. aus der Sozialen Arbeit und dem Management) zurückgegriffen werden. Doch nur in Form von Reproduktion werden diese vermutlich nicht ausreichen, sodass sie in einem Mindestmaß modifiziert, ggf. sogar neu erfunden werden müssen. *Deshalb wundern Sie sich nicht, wenn Sie für das Entwickeln von Lösungen Zeit benötigen, bis Sie sich dem verjüngten Teil des Diamanten nähern, der tatsächlich die Lösung darstellt. Tragen Sie dazu bei, dass Ihre Sozialorganisation nicht »nur« lernt, sondern forscht!*

Für unser Buch rangen wir um die Lösung, wie wir Ihnen das, was uns wichtig ist und von dem wir glauben, dass es für Sie bedeutend sein kann, am besten zur Verfügung stellen. Herausgekommen ist dieses Buch, mit dem Sie sich nun wei-

54 Beispielsweise muss jedes Smartphone einer Serie identischer Funktionen aufweisen, bis eine neue »Generation« auf den Markt kommt. Auch deren Reproduktion muss dann wieder identisch sein, wodurch die Forschung immer zwischen zwei Modellen angelegt ist.

ter auf die Reise begeben können. Für uns gehören in diesem Zusammenhang inspirierende Impulse dazu. Deshalb haben wir hier beispielhaft, als »Zwischenräume«, solche Impulse miteingefügt. Also von vorn:

Geistliche Inspiration

»Komm, heilger Geist …«

Inspiration

Alle sind sie in einem Raum versammelt, so erzählt es die Apostelgeschichte. Alle, die zu Jesus gehört haben. Da, plötzlich, kommt vom Himmel her ein Rauschen, wie von einem starken Wind. Dazu kleine Flammen, die sich auf den Köpfen der Menschen niederlassen wie Vögel in einem Nest. Alle werden vom Heiligen Geist erfüllt. Es ist Pfingsten. Das Wunder geschieht: Alle, die versammelt sind, reden in je ihrer eigenen Sprache. Ein buntes, lautes Durcheinander aus fremden Lauten und Stimmen. »Sind das denn nicht alles Leute aus Galiläa?« (Apostelgeschichte 2,7, Basisbibel), fragen sich die, die dabei sind, verwundert. »Wie kommt es, dass jeder von uns sie in seiner Muttersprache reden hört?« (Apostelgeschichte 2,8, Basisbibel) »Wir alle hören diese Leute in unseren eigenen Sprachen erzählen, was Gott Großes getan hat.« (Apostelgeschichte 2,11, Basisbibel)

Petrus, der Forsche, findet als erster seine Sprache wieder und erinnert sich an den Propheten Joel, durch dessen Mund Gott genau dies vorausgesagt hat, was hier geschieht:

> »Gott spricht: das wird in den letzten Tagen geschehen: Ich werde meinen Geist über alle Menschen ausgießen. Eure Söhne und Töchter werden als Propheten reden. Eure jungen Männer werden Visionen schauen und Eure Alten von Gott gesandte Träume träumen.« (Apostelgeschichte 2,17, Basisbibel)

»Mit seinen Worten«, so erzählt die Bibel, »traf Petrus seine Zuhörer mitten ins Herz« (Apostelgeschichte 2,37, Basisbibel).

Was für ein besonderer Moment! Menschen reden in unterschiedlichen Sprachen das, was Gottes Geist ihnen eingibt, und verstehen sich dennoch. Jugendliche gehen für das Klima auf die Straße, Fridays for future, Alte träumen von einem gleichberechtigten und friedlichen Miteinander aller Generationen. Und – ja – wenn es wahr wird, was sie träumen, sich erhoffen und für die

Zukunft ersehnen, dann bekommt unsere Welt ein anderes Gesicht – freundlicher, gerechter, liebevoller.

»Komm, heilger Geist, mit deiner Kraft, die uns verbindet und Leben schafft«, heißt es in einem Pfingstlied (z. B. im EG Bayern/Thüringen Nr. 564). Menschen erkennen und verstehen sich in ihren Träumen und Visionen von einer Welt, in der Leben in Vielfalt möglich ist, in der Alte und Junge, Menschen aller Hautfarben und Religionen, Menschen mit mehr oder weniger Unterstützungsbedarf gleichberechtigt an der Fülle des Lebens teilhaben. Vor allem aber dies: Menschen erkennen und verstehen sich als vom selben Feuer entflammt – vom Feuer des Geistes Gottes. Inspiration verbindet! Und »jeder hörte sie in seiner eigenen Sprache reden« (Apostelgeschichte 2,6, Basisbibel): Den einen in der Sprache der Managementtheorien, die andere durch ihre achtsamen Handgriffe während der Pflege, einen Dritten in Leichter Sprache, eine Vierte durch Gebärdensprache, einen Fünften durch Musik und eine Sechste durch ihren Talker. In allen brennt ein Feuer derselben Flamme!

Nach dem Fest gehen sie zurück in ihr Leben, in ihren Alltag. Die Flamme? – Es ist schwer, ja fast unmöglich, sie immer am Brennen zu halten. Im Hin und Her zwischen Terminen, Projekten, Gedanken und Konflikten steigt bei manch einem*einer nur noch eine Rauchwolke hoch. Wo ist sie geblieben, die Begeisterung, die Inspiration? Und wo das Verstehen, das Erkennen? Der Weg, den der*die andere eingeschlagen hat, scheint mir so fremd …

»Möge die Straße uns zusammenführen« (so beginnt ein Lied von Markus Pytlik). Als Menschen, die vom Geist Gottes inspiriert sind, denen Gott seinen Lebensatem eingehaucht hat, dürfen wir getrost unserer Wege gehen, auch wenn sie unterschiedlich sind und uns zeitweilig voneinander entfernen. Kommt der eine gerne auf Hauptstraßen flott voran, braucht die andere das Abenteuer versteckter und verschlungener Pfade. Aber immer wieder wird der Geist Gottes uns mit seiner verbindenden Kraft zusammenführen. Immer wieder wird er das Feuer in uns entfachen und uns kostbare Momente des Verstehens und Erkennens schenken. Bis wahr geworden ist, was wir uns für diese Welt erträumen.

Willkommen im Bücherwald der Inspiration

Vielleicht kennen Sie das? Sie stehen in der Wirtschaftsabteilung einer Buchhandlung und stellen fest, dass neben den üblichen Lehrbüchern zur BWL und VWL die Regale mit Büchern in merkwürdigen Formaten immer voller werden. Die Aufmachungen sind teilweise comichaft. Bunte Bilder und Schlagwörter wie Design Thinking, agil, Mindset, Tools, Nudging, Scrum, Kanban, UZMO, New

Work und Methoden, die in Analogie zur Tierwelt stehen (z. B. Pinguin- oder Erdmännchen-Prinzip) sind zu entdecken. Ein Bücherwald! Ein eigener Markt!

Diese Bücher lassen sich in verschiedene Kategorien einteilen. Da gibt es jene, die mit dem Anspruch einer ganz eigenen Methode einhergehen. Dann die, in denen eine These aufgeworfen und dann auf alles Mögliche (zum Beweis) bezogen wird. Und es gibt Bücher, in denen Schritt für Schritt Umsetzungstipps für bestimmte Methoden gegeben werden. Für den überwiegenden Teil dieser Bücher gilt, dass sie zum einen gut gemacht und zum anderen für die Praxis hilfreicher sind als klassische Lehrbücher. Zumeist macht es Spaß, sie zu lesen und mit ihnen zu arbeiten.

Gemein ist diesen Büchern aber auch, dass sie ungeschriebenen Gesetzen folgen. In gewisser Weise kann aus ihnen ein neuer *Dresscode* abgeleitet werden, mit dem ein Wandel vom klassischen Zweireiher oder Kostüm zu T-Shirt und Turnschuhen vollzogen wird. Alles ist irgendwie hipp und bunt. Und so manchem Buch geht es scheinbar schlicht darum, noch hipper und bunter zu sein. Arbeit wird zu Spiel, Spaß und Sport. Schlicht: Ein neues Dogma der Unternehmens- und Organisationskultur ist in der Welt, an das sich, systemisch gedacht, gehalten werden muss.

Um sich im Bücherwald zu orientieren, ist es hilfreich, zwischen dem Marketing des Buchmarkts und den Inhalten zu unterscheiden. Wohlgemerkt unterscheiden – nicht das eine ablehnen und das andere annehmen. Denn wenn wir unser Buch im Bücherwald verorten, stehen wir sicherlich mehr auf der inhaltlichen Seite. Das tun wir aber nicht, weil wir bunte Bilder, T-Shirts und Turnschuhe ablehnen, sondern weil uns derzeit(!) noch schlicht die Kompetenz und der Apparat fehlen, mit bunten Bildern zu arbeiten. Wir haben unsere Berufsleben in einer Branche verbracht, die sich qua Tradition mit Veränderungen eher schwertut. Und da wir Teil davon sind, tun wir uns auch schwer. Allerdings sind wir in Positionen, in denen es unsere Aufgabe ist, Veränderungsnotwendigkeiten zu erkennen und in der Folge notwendige Veränderungen voranzutreiben. Bezogen auf die Veränderung von Sozialorganisationen tun wir das mit Leidenschaft, die auch den Inspirationen zu verdanken ist, die aus dem, was der Bücherwald hergibt, hervorgeht.

Irgendwann haben wir uns aufgemacht, den Bücherwald zu betreten. Wir haben beinah unzählige der Bücher gelesen und immer wieder mit eher wissenschaftlich orientierten Zeitschriftenartikeln und besonders den Organisationen, für die wir tätig waren und sind, verglichen. Auf dieser Reise ist uns naturgemäß aufgefallen, dass es Spreu und Weizen gibt. Manche Ansätze sind *alter Wein in neuen Schläuchen.* Bei anderen ist die Frage berechtigt, ob die Angelegenheit nicht mit wenigen Seiten erklärt gewesen wäre, statt seitenlang Redundanzen zu erzeugen. Doch ein Großteil hat uns inspiriert und wir haben begonnen, Methoden in unseren Bereichen auszuprobieren. Und siehe da, die Resonanz ist erstaunlich. Ein Spiel zwischen erwartbarer Ablehnung und der Neuentdeckung und auch Neuerfindung von Kolleg*innen und Adressat*innen. Die Geburtsstunde der Vermischung aus organisationalen und personalen Erkenntnissen. Ein neuer Weg, von dem wir noch nicht wissen, ob er besser ist. Aber ein Weg, davon sind wir überzeugt, der gegangen werden muss und kann!

In unserem Buch kann und soll es nicht darum gehen, den Bücherwald stellvertretend für Sie zu sortieren. Und auch nicht, aus unseren theoretischen Überlegungen abgeleitet, eine weitere Methode in den Wald zu stellen. Stattdessen wollen wir Sie ermutigen, sich selbst in den Wald zu begeben und für sich herauszufinden, was davon Sie inspiriert und was davon Sie umsetzen wollen. Dafür geben wir Ihnen unser Beispiel. Einen Ausschnitt vom Weg, auf dem wir uns befinden. Nach der Veröffentlichung des Buches werden wir schon weitergegangen sein. Vielleicht haben wir einen Feldweg genommen, vielleicht befinden wir uns aber auch gerade auf einem Holzweg. Egal, wir gehen!

DER NICHT GENOMMENE WEG

Zwei Wege trennten sich im gelben Wald,
und weil ich leider nicht auf beiden gehn
und Einer bleiben konnte, stand ich lang
und sah, so weit es ging, dem einen nach
bis dort, wo in der Dickung er verschwand.

Ich nahm den andern dann, auch der war schön
Und hatte wohl noch eher Anspruch drauf:
Er war voll Gras und wollt begangen sein.
Was das betraf, so schien's, dass beide schon
Vom Wandern ähnlich ausgetreten waren,

und lagen an dem Morgen gleich
in Laub, das noch nicht schwarz von Tritten war.
Ich ließ den ersten für ein andermal!
Wiewohl: Ein Weg führt in den nächsten Weg;
Ich hatte Zweifel, je zurückzukehren.

Mit Seufzen sprech ich sicher einst davon
Nach langer, langer Zeit und irgendwo:

Zwei Wege trennten sich im Wald, und ich –
Ich nahm den Weg, der kaum begangen war,
das hat den ganzen Unterschied gemacht.
(Frost 2016, S. 67)

Geistliche Inspiration

Jenseits von Eden
»Sie hat sich jetzt auf eine Schlange verlegt. Die anderen Tiere sind froh [...] Und ich bin froh, weil die Schlange redet und ich endlich mal Pause habe.« So lässt Mark Twain in seinem »Tagebuch von Adam und Eva« (S. 23) den Adam über seine Frau Eva sagen. Und ein paar Tage später der nächste Eintrag: »Sie sagt, die Schlange rate ihr, die Frucht von diesem Baum zu probieren [...]. Ich habe ihr geraten, sich fernzuhalten von diesem Baum. Sie sagte, das würde sie nicht tun. Ich befürchte das Schlimmste. Werde auswandern.« (S. 24)

Adam, der erste Mensch, von Gott geschaffen und mit seinem Atem ins Leben gerufen, befürchtet das Schlimmste – und macht es doch mit. Unter allen Bäumen im Paradies gibt es nur einen, von dem Gott dem Menschen verboten hat, zu essen: Den Baum mitten im Garten, den mit den verlockend aussehenden Früchten. Die Legende erzählt, es seien Äpfel gewesen. Was für Früchte es waren, wissen wir nicht genau. Aber wir wissen um ihre Wirkung: Isst der Mensch von diesen Früchten, werden seine Augen aufgetan und er wird »sein wie Gott und wissen, was gut und böse ist.« (Genesis 2,5)

Adam befürchtet das Schlimmste und macht es doch mit. Später werden sie sich gegenseitig die Verantwortung zuschieben: »Da sprach Adam: Die Frau, die du mir zugestellt hast, gab mir von dem Baum und ich aß. Da sprach Gott der HERR zur Frau: Warum hast du das getan? Die Frau sprach: Die Schlange betrog mich, so dass ich aß.« (Genesis 3,12 f.)

Doch die Frucht ist gegessen und ihre Wirkung lässt nicht auf sich warten: Adam und Eva erkennen, dass sie nackt sind. Nackt voreinander und nackt vor Gott. Mit Feigenblättern versuchen sie, ihre Nacktheit voreinander zu verbergen. Die Nacktheit vor Gott bedeckt er selbst. »Und Gott der HERR machte Adam und seiner Frau Röcke von Fellen und zog sie ihnen an.« (Genesis 3,21)

Nein, Adam und Eva gehen nicht schutzlos aus dem Garten Eden – denn dort können sie nicht mehr bleiben. Gott entlässt sie aus der »heilen Welt« des Paradieses in eine Welt, in der Adam jagen und das Feld bebauen und Eva Kinder gebären wird. Es ist eine Welt, in der die Menschen von nun an Entscheidungen treffen müssen. Täglich, stündlich, fast jeden Augenblick: Was gibt es heute zu essen? Wie nennen wir unser erstes Kind? Wo sind die besten Jagdplätze? Was ist uns in der Erziehung unserer Kinder wichtig? Welchen Menschen will ich nah sein, welchen eher nicht? Und auf uns übertragen: An welchen Werten will ich mich orientieren? Welche Bücher lese ich, in welche Lieder stimme ich ein? Für oder gegen was demonstriere ich und für was setze ich mich ein? Woran hänge ich mein Herz – was ist mein Gott?

Immer mehr und immer komplexere Dinge gilt es in unserer postmodernen pluralen Welt zu entscheiden. Nicht nur im Bücherwald sehen wir manchmal den Wald vor lauter Bäumen nicht. – Und manch hoffnungsvoll eingeschlagener Weg stellt sich im Nachhinein als Irrtum heraus. Doch wie immer wir entscheiden, welchen Weg wir auch einschlagen, wir tun dies nicht schutzlos. Denn ganz am Anfang hat Gott entschieden, sein Gesicht nicht von den zwei Menschen abzuwenden, die nicht von dem Baum in der Mitte des Paradieses lassen konnten.

»Vertraut den neuen Wegen und wandert durch die Zeit. Gott will, dass ihr ein Segen für seine Erde seid. Der uns in frühen Zeiten das Leben eingehaucht, der wird uns dahin leiten, wo er uns will und braucht.« (EG 395, Strophe 2)

Lassen wir unsere Entscheidungen von der Zuversicht dieses Liedverses bestimmt sein! Dann müssen wir nicht alles auf Anhieb verstehen. Dann dürfen wir Fremdes und Unvertrautes als Bereicherung anschauen und nicht als Bedrohung. Dann werden sich plötzlich Einzelteile, die scheinbar nicht zusammenpassen, zu einem Großen und Ganzen fügen. Und vielleicht können wir dann eines Tages in Evas Worte einstimmen, wie sie Mark Twain ihr in seinem »Tagebuch« in den Mund gelegt hat:

> »Am Anfang verstand ich einfach nicht, wozu es mich gibt. Aber jetzt glaube ich, dass ich dazu da bin, den Geheimnissen dieser wunderbaren Welt auf die Spur zu kommen, glücklich zu sein und ihrem Schöpfer zu danken, dass er sie erfunden hat. Ich denke, es gibt noch eine Menge zu lernen – ich hoffe es.« (S. 88)

Adaptionen

Gunther Olesch, der Personalchef von Phoenix Contact, einem der erfolgreichsten und weltweit agierenden Unternehmen der Elektrotechnik, hat in einem Interview mit Julia Wehmeier vom Harvard Busines Manager (November 2019) auf die Frage, ob New Work auch in seiner Branche eine Rolle spiele, geantwortet:

> »Ganz ehrlich, diese Diskussion halte ich für nicht umfassend genug. Deutschland ist ein Industriestandort, kein reiner Büroarbeitsplatzstand-

ort. Und Industrie heißt Dreischichtsystem. Diese Mitarbeitenden werden beim Konzept gar nicht berücksichtigt. Eine Maschine, die bei uns zehn Tonnen wiegt, kann niemand mit ins Homeoffice nehmen« (S. 9).

Deutschland ist nicht nur ein Industriestandort, sondern vor allem auch ein Standort sozialer und gesundheitsbezogener Dienstleistungen. So beginnt Georg-Hinrich Hammer sein Buch »Geschichte der Diakonie in Deutschland« (2013) anstatt einer Einleitung mit der Kapitelüberschrift »Fast eine Million« und bezieht sich damit auf die Zahl der Mitarbeitenden, die ausschließlich für die Diakonie und Caritas in diesem Sektor tätig sind – eben fast eine Million. Ergänzt um die säkularen Anbieter wird deutlich, dass diese Branche beispielsweise die Automobilindustrie hinsichtlich der Mitarbeiter*innenzahl deutlich übersteigt. Durch die Anzahl ehrenamtlich Tätiger ergänzt, ergibt das einen gigantischen Personenkreis, auf den dasselbe zutrifft wie das, was Olesch in Bezug auf seine Branche aufzeigt. Bei aller Agilität usw. muss immer berücksichtigt werden, dass jemand zum Frühdienst erscheinen muss.

Umgekehrt darf jedoch nicht geschlussfolgert werden, dass der notwendige Frühdienst Agilität etc. ausschließt. Hier lauert die größte Gefahr, nämlich, dass sich darauf zurückgezogen wird, dass etwas in »unserem Bereich«, in Sozialorganisationen, nicht ginge. Oder dass entsprechende Veränderungen ausschließlich etwas für die Optimierung des Verwaltungsbereichs sei, in dem tatsächlich Bürozeiten gelten. Solche Argumentationen stärken den Ansatz einer *versäulten* Organisation à la Taylor, wie sie im dritten Kapitel des vorliegenden Buches beschrieben wurde. Und sie ist bequem, denn was bei uns nicht geht, müssen wir auch nicht tun.

Wenn wir uns in den Bücherwald begeben, stellen wir umgehend fest, dass die dort vorzufindenden Ansätze weitgehend aus dem IT-Bereich hervorgegangen sind. Also genau jenem Sektor, mit dem Sozialorganisationen bis heute fremdeln. Sich auf Inspirationen aus diesem Bereich einzulassen, stellt somit eine doppelte Möglichkeit dar; zum einen neue Wege und Handlungsoptionen zu entdecken und umzusetzen, zum anderen spielerisch im digitalen Zeitalter anzukommen. Bei dem, was wir hier vorschlagen, geht es darum, beide Aspekte im Blick zu haben. Und es geht uns darum, den Hinweis auf die Unmöglichkeit der Adaptionen zu ignorieren und es stattdessen einfach zu tun. Dabei orientieren wir uns grundgelegt am Design Thinking, das wir mit weiteren Methoden kombinieren. Daneben konzentrieren wir uns nicht ausschließlich auf das, was hipp und bunt ist, sondern binden auch das mit ein, was wir in unserem Handlungsfeld vorfinden, also Ansätze der Sozialen Arbeit, der Seelsorge usw. Wir gehen gemäß des Design Thinking Schritt für Schritt vor, schlagen Haken und legen Sprints (Scrum) ein. Teilweise stellen wir erklärende Bezüge her, teilweise lassen wir diese weg. Wir machen einfach. *Was Sie darüber hinaus benötigen, finden Sie im Wald der Bücher, den Sie mit diesem Buch bereits betreten haben. Dieses Buch jedoch kann lediglich ein Baum unter vielen sein. Somit zum ersten Schritt.*

a = Entdecken und Verstehen

Geistliche Inspiration

»Du bist da«
»Du bist da, du bist da, bist am Anfang der Zeit, am Grund aller Fragen bist du. Bist am lichten Tag. Im Dunkel der Nacht hast du für mich schon gewacht.« (frei-Töne, Nr. 91) Dieser Liedvers geht zurück auf den wunderschönen 139. Psalm. Dort heißt es:

> »HERR, du erforschest mich und kennest mich.
> Ich sitze oder stehe auf, so weißt du es. Du verstehst meine Gedanken von Ferne.
> Ich gehe oder liege, so bist du um mich und siehst alle meine Wege.
> Denn siehe es ist kein Wort auf meiner Zunge, das du, HERR, nicht alles wüsstest.
> Von allen Seiten umgibst du mich und hältst deine Hand über mir.
> Diese Erkenntnis ist mir zu wunderbar und zu hoch, ich kann sie nicht begreifen.
> Wohin soll ich gehen vor deinem Geist, und wohin soll ich fliehen vor deinem Angesicht?
> Führe ich gen Himmel, so bist du da,
> bettete ich mich bei den Toten, siehe, so bist du auch da.
> Nähme ich Flügel der Morgenröte und bliebe am äußersten Meer,
> so würde auch dort deine Hand mich führen und deine Rechte mich halten.« (Psalm 39,1–10)

Auf den ersten Blick mag es bedrängend klingen: Gott ist immer schon da. Wohin ich auch gehe, er ist schon da, lange vor mir. Ich kann nicht vor ihm fliehen, weder in den Himmel, noch ins Totenreich – Gott ist da. Jona, der Prophet, hat es am eigenen Leib erfahren. Als er vor seinem Auftrag, der Stadt Ninive eine ordentliche Strafpredigt zu halten, flieht, findet Gott ihn mitten auf dem Meer und holt ihn zurück an Land und zu dem, was er tun soll.

Der Beter des 139. Psalms jedoch scheint das Dasein Gottes nicht als bedrängend zu empfinden: »Diese Erkenntnis ist mir zu wunderbar und zu hoch« (Vers 6). Er fühlt sich unter der schützenden Hand Gottes geborgen, er fühlt sich von Gott liebevoll an die Hand genommen: »Nähme ich Flügel der Morgenröte und bliebe am äußersten Meer, so würde auch dort deine Hand mich führen und deine Rechte mich halten.« (Vers 9–10)

Gott ist da. Am lichten Tag und im Dunkel der Nacht. Er kennt uns noch bevor ein Mensch uns kennt, ja, noch bevor wir selbst uns kennen:

»Denn du hast meine Nieren bereitet und hast mich gebildet im Mutterleibe.« (Psalm 139,13) Gott kennt uns. »HERR, du erforschest mich du kennest mich.« (Vers 1) So intensiv, wie ein Forscher sich mit seinem Gegenstand beschäftigt, so beschäftigt sich Gott mit uns. Er kennt uns in- und auswendig. Er weiß um unsere Stärken und Schwächen, unsere Vorlieben und Empfindlichkeiten. Er kennt unsere Möglichkeiten und die Grenzen unserer Kraft. Er weiß, worauf wir lieber verzichten würden und wonach wir uns sehnen. Dieses liebende Erkennen Gottes öffnet dem Psalmbeter den Blick für sich selbst: »Ich danke dir dafür, dass ich wunderbar gemacht bin; wunderbar sind deine Werke, das erkennt meine Seele.« (Vers 14)

Erinnern Sie sich an Kerem? Er zeigt im Gottesdienst bei diesem Vers auf sich und sagt ohne Worte: »Ja, das stimmt. Ich bin wunderbar gemacht. Ich bin ein wunderbares Werk Gottes!« Das genügt.

»Am Grund aller Fragen bist du«, heißt es in einem Liedvers von »Du bist da« (freiTöne, Nr. 91). Oft fragen wir uns nach dem Warum – oder werden danach gefragt: Warum habe ich mich für diesen Beruf entschieden? Warum habe ich diese Entscheidung getroffen und jenen Weg eingeschlagen? Warum bin ich dort, wo ich gerade bin? Vor allen Antworten hat Gott die Antwort gegeben. Wo immer uns das Leben hinführt – er ist schon da. Vor allen Fragen und Antworten wartet er auf uns, wo wir auch hinkommen und bereitet uns den Raum, in dem wir einfach da sein dürfen.

Frag immer erst »Warum?«

Die meisten Ansätze im Bücherwald sind nicht auf bestimmte Protagonist*innen bezogen, sondern evolutionäre Gebilde, für die dann durchaus bestimmte

Personen mit wesentlichen Beiträgen oder auch als Gründer*innen assoziiert werden. Anders ist das bei dem bereits im dritten Kapitel erwähnten Simon Sinek und seiner Frage nach dem *Warum*. Im benannten Kapitel haben wir beschrieben, was es damit auf sich hat. In Bezug auf Sozialorganisationen wollen wir Sineks *Golden Circle* zum Anlass nehmen, das Aushängeschild einer Organisation – das gemeinhin *Leitbild* genannt wird – unter die Lupe zu nehmen. *Wir schlagen also vor, dass auch Sie mit diesem Schritt beginnen.*

Vorhandene Leitbilder können für eine Standortbestimmung genutzt werden. In ihrem Buch »Mach, was Du willst – Design Thinking fürs Leben« (2017) geben die Autoren Burnett und Evans einen interessanten Hinweis auf den Aspekt der Standortbestimmung. Sie schreiben:

> »An der Tür des Designstudios der Universität Stanford hängt ein Schild mit der Aufschrift *Sie sind hier.* […] Man könnte sagen, dass es etwas klarstellt. Es spielt keine Rolle, woher Sie kommen, wohin sie zu gehen glauben […]. Sie sind nicht zu spät und Sie sind nicht zu früh« (S. 39; Hervorhebung im Original)

*Sie sind hier! Dabei spielt es, ergänzend zu Burnett und Evans sowie bezogen auf das, was wir oben zu diesem Ausrufezeichen geschrieben haben, auch keine Rolle, welche Verantwortung Sie in einer Sozialorganisation tragen, ob Sie Mitarbeiter*in, Leitungskraft oder Adressat*in sind. Sie sind hier! Und jetzt geht es um die entscheidende Frage: Warum?*

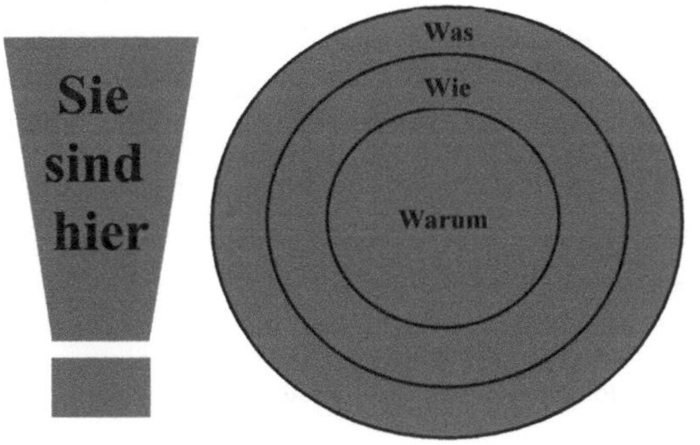

Hinsichtlich des Berufs[55], für den Sie sich (irgendwann mal [warum?]) entschieden haben, können Sie das Warum (Sie hier sind) auf der Basis einer intrinsischen Motivation beantworten. Oder hatte sich das einfach irgendwie ergeben, weil Ihre Eltern auch im Sozialbereich tätig waren/sind oder die beste Freundin sich auch für die Ausbildung oder das Studium entschieden hatte und Sie noch gar nicht so genau wussten, wohin Ihre berufliche Reise gehen soll? … Nun denn, jetzt sind Sie hier. In einer Sozialorganisation. Warum in dieser Sozialorganisation? Liegt sie nah am Wohnort? Sind Ihnen womöglich der christliche Impetus oder das säkulare Weltbild wichtig? … Nun denn, jetzt sind Sie hier.

Leitbilder dienen dazu, Außenstehenden zu erklären, was innen geschieht und die »Insider« sollen etwas haben, woran sie sich orientieren können. Im Grunde ist es eine Mischung aus externem und internem Marketing. *Und wenn Sie neue Bekanntschaften machen, werden Sie vermutlich auch mitteilen, WAS Sie tun.*

Sollten Sie in Bezug auf die Nennung Ihres Berufs tatsächlich das Wörtchen »bin« benutzen, dann sei an dieser Stelle etwas oberlehrerhaft der Hinweis erlaubt, dass es sich hierbei im sprachlichen Kontext um eine Flexion bzw. Konjugation des Wortes »sein« handelt. Wenn Sie also sagen »Ich bin Erzieherin«, dann bringen Sie damit zum Ausdruck, dass Ihr Beruf Ihr Leben zumindest wesentlich mitbestimmt.

Auf einer rein quantitativen Ebene ist dieser Umstand schnell zu validieren, wenn Sie zusammenzählen, wie viel Zeit Sie in ihren Beruf investieren und was für Sie alles davon, auch über das Einkommen hinaus, abhängt. Und deshalb ist es nicht nur richtig, sondern im Grunde notwendig zu fragen: Warum sind Sie hier?

Das Zusammenspiel, das Sie und die Sozialorganisation, für die Sie tätig sind, zueinander bringt, ist sehr wahrscheinlich das Ergebnis von »Was-Ereignissen«. Nehmen Sie also das Leitbild »Ihrer« Sozialorganisation. Dort wird beispielsweise stehen: »Wir kümmern uns um den Personenkreis xy.« Und wie wird das getan? Indem Personen beschäftigt werden, die die notwendige Qualifikation besitzen (Matching). Doch Vorsicht, im Leitbild steht vermutlich auch hier ein Was: Es wer-

55 Aus Platzgründen fokussieren wir uns hier auf Personen, die in Sozialorganisationen tätig sind.

den Personen beschäftigt, die die notwendige Qualifikation besitzen. Und warum? Weil wir Christen sind (z. B.). Und auch hier ein Was: Als Christen erkennen wir diesen und jenen Auftrag.

Mit dieser kleinen Analyse fällt besonders ins Auge, wie sehr in Sozialorganisationen die Passivität der Adressat*innen verstetigt wird. Denn wenn die Tätigkeit in einer solchen Organisation quantitativ schon lebensdominierend ist (»ich *bin* Erzieherin«), wie ist das dann in Bezug auf die Adressat*innen? Wenn diese neue Bekanntschaften knüpfen, was antworten sie dann auf die Frage: »Was machst du?« Sagen sie beispielsweise tatsächlich: »Ich arbeite in einer Werkstatt für Menschen mit Behinderungen.«? Weil auch für sie gilt: »Ich bin hier«? Und in der Folge, wenn es insgesamt um Hilfe- mit Ziel- und Maßnahmenplanungen geht, steht dann dort nicht auch, *was wann* und *wie* erreicht werden soll? Es muss erlaubt sein zu fragen: Warum fehlt das Warum? Noch schärfer: Es ist notwendig, nach dem Warum zu fragen. Denn die Klärung des Warums ändert das Matching. Es ändert die Begründung der Organisation, die Begründung, warum jemand in dieser Sozialorganisation tätig ist und es verändert die Passivität der Adressat*innen. Denn wenn letztere für sich klären, was ihr *Warum* ist, führt dies zwangsläufig zu einem anderen *Wie* und einem anderen *Was.*

Wir können jetzt förmlich hören, wie die Einwände kommen. Wie soll denn mit Personen, die sich womöglich nicht äußern können, ihr *Warum* geklärt werden? Das geht nicht! – Und zack, ist die Idee verworfen, bevor auch nur der kleinste Versuch unternommen wurde, sie zu realisieren.

Was aber wäre, wenn wir die Sache mit der Gleichberechtigung im Sinne von Inklusion (gleichberechtigte Teilhabe) ernst nähmen, und durchaus auch im christlichen Sinne aus der Idee der Gleichheit vor Gott bei Verschiedenheit der Menschen verstünden? In der Form, dass Sozialorganisationen dazu da sind, dafür Sorge zu tragen, dass alles, was für die Organisation und ihre Mitarbeitenden gilt, auch für die Adressat*innen gilt? Sozialorganisationen also einzig dazu dienen, Personen zu befähigen, ihre Teilhabe (selbst) bestimmen zu können? So z. B. hinsichtlich der Wahrnehmung, dass die Organisation, die Mitarbeitenden und die Adressat*innen *hier sind.* Und dass alle (mindestens) ein *Warum* haben und sich halt mehr oder weniger schwertun, dies für sich zu klären. *Wenn Sie z. B. Ihr Warum, wenn Sie womöglich in einer Sozialorganisation mit stark beeinträchtigten Personen arbeiten, für sich geklärt haben, dann treibt es Sie an, Ihre Kompetenzen und Ideen zu nutzen, um dafür Sorge zu tragen, dass andere ihre Kompetenzen und Ideen nutzen können. Sie würden nicht lediglich auf die Idee kommen, mit den Adressat*innen nach ihrem Warum zu suchen, Sie würden auch alles daransetzen, herauszufinden, wie das gelingen kann, was aus dem Warum entsteht. Auf die Idee jedoch, dass das nicht geht, würden Sie nicht* *kommen. Und Sie würden auch nicht denken, dass Sie (womöglich) »nur« ein kleines Licht im Kontext der Organisation sind. Dass Sie nichts zu sagen hätten, dass Sie ohnehin nichts verändern könnten. Denn wenn Sie so denken, verweigern Sie Verantwortung, die Sie zweifelsohne haben (dazu unten mehr) und entscheiden sich selbst für eine Passivrolle, die Sie ggf. beklagen.*

*Und wenn Sie in einer sogenannten leitenden Position sind, die ja letztlich im organisatorischen Sinne lediglich eine Funktion ist, dann ist es notwendig, dass auch Sie Ihr Warum klären. Und dann müssen Sie (im Sinne von Führung) Ihr Warum kommunizieren und dafür Sorge tragen, dass »Ihre« Mitarbeitenden ihre Warums klären und kommunizieren. Und gemeinsam müssen Sie dafür sorgen, dass die Adressat*innen ihre Warums klären und auch (wie auch immer) kommunizieren. So entstehen sukzessive gemeinsame Warums, die sich von Fragen in Aussagen wandeln, die handlungsleitend werden.*

Es gibt keinen Grund zu warten. Denn, wie Heinz Bude (2019) in Bezug auf den Begriff der Solidarität erklärt: »Eines Tages steht die Frage nach dem Warum im Raum und lässt sich nicht verscheuchen« (S. 10). *Also entdecken Sie ihre Kreativität (ggf. neu), erinnern Sie sich, warum Sie einmal für das angetreten sind, was Sie tun. Klären Sie, warum Sie es tun und nehmen daran teil, was sich verändert. Stecken Sie mit Ihrem Warum andere an. Seien Sie Inspiration für sich und andere und achten genau darauf, womit andere Sie inspirieren. Sie sind nicht zu früh, Sie sind nicht zu spät:*

Geistliche Inspiration

Auf dem Weg nach Emmaus

Im 24. Kapitel seines Evangeliums erzählt Lukas von zwei Männern. Sie sind auf dem Weg von Jerusalem in ihr Heimatdorf Emmaus. Die Sonne scheint, die Vögel zwitschern, die Bäume am Wegesrand blühen, aber die beiden Männer nehmen nichts von alldem wahr. Zu traurig sind sie über das, was an den Tagen zuvor in Jerusalem geschehen ist: Jesus wurde gefangen, ans Kreuz genagelt und ins Grab gelegt. Dabei hatten sie so gehofft, »er sei es, der Israel erlösen werde« (Lukas 24,21). Doch damit nicht genug: Einige Frauen, die den Leichnam salben wollten, haben gesehen, dass das Grab leer ist! Während sie still und mit gesenktem Kopf nebeneinander herlaufen, gesellt sich unbemerkt ein Fremder zu ihnen. Er fragt sie: »Was sind das für Dinge, die ihr miteinander verhandelt unterwegs?« (Lukas 24,17) Sie wundern sich, dass er offenbar als Einziger nichts von den Geschehnissen in Jerusalem weiß. Da beginnt der Fremde, ihnen seine Geschichte zu erzählen, von Anfang an: »Und er fing an bei Mose und den Propheten und legte ihnen aus, was in allen Schriften von ihm gesagt war.« (Lukas 24,27) Als sie in das Dorf kommen, bitten sie ihn, bei ihnen zu bleiben. Am Tisch bricht er das Brot, dankt und gibt es ihnen. Da erkennen sie: Der Fremde ist Jesus! Er, der tot war, ist wahrhaftig auferstanden! Schnell laufen sie zurück nach Jerusalem und erzählen voller Freude den anderen, was sie gesehen und erlebt haben.

Emmaus – wenn man die hebräische Wurzel dieses Ortsnamens ins Deutsche übersetzt, bedeutet er so viel wie »warm werden«. Tatsächlich wurde es den beiden Jüngern, anfangs noch erstarrt in ihrer Trauer und Verzweiflung, immer wärmer auf dem Weg. Als Jesus nach dem gemeinsamen Essen plötzlich verschwunden ist, sagen sie im Rückblick: »Brannte nicht unser Herz in uns, als er mit uns redete auf dem Wege und uns die Schrift auslegte?« (Lukas 24,32) Was klingt wie ein nüchternes theologisches Gespräch ist viel mehr: Jesus erzählt seine Geschichte – von Anfang an. Es ist die Geschichte Gottes mit uns Menschen. Eine Geschichte voller Liebe, Leidenschaft und Hingabe bis zum Tod am Kreuz. Diese Geschichte lässt die beiden Jünger nicht enttäuscht und hoffnungslos zurück. Sie verwandelt ihre Trauer in Freude, ihre Angst in Hoffnung, ihre Erstarrung in Wärme. Nach der Begegnung mit dem Auferstandenen schauen die beiden Jünger mit anderen Augen in die Welt. Sie haben eine andere, eine neue Perspektive.

Die Kirche wird manchmal als Erzählgemeinschaft beschrieben. Menschen erzählen sich ihre Geschichten, die fröhlichen und traurigen, und wissen sich dabei miteinander verbunden als Teil der großen Geschichte Gottes mit uns

Menschen. Bevor die biblischen Geschichten aufgeschrieben wurden, wurden sie erzählt, von Generation zu Generation. Dabei haben Großmütter und Mütter, Großväter und Väter ihr Leben in die Geschichte Gottes eingeflochten und ihren Kindern weitergegeben. Im Erzählen der eigenen Geschichte erscheint unser Leben in einem anderen Licht, einer neuen Perspektive. Wenn wir die Geschichte eines anderen Menschen hören, sehen wir ihn aus einem neuen Blickwinkel. Wenn wir uns selbst und andere im Licht der Liebe Gottes sehen, dann sind das besondere Momente, von denen wir im Rückblick sagen: »Brannte nicht unser Herz?«

Was uns wichtig ist *oder* Unsere Geschichten

Die Welt ist eine Welt aus Geschichten. Leben passiert nicht einfach, Leben ist immer auch Geschichte, die beschrieben werden kann (Bio = Leben, Grafie = Beschreibung). Im christlichen Duktus sprechen wir beispielsweise von der Schöpfungsgeschichte, der Ostergeschichte oder der Weihnachtsgeschichte. Wir blicken auf die Welt als Weltgeschichte und im Kontext der historischen Wissenschaft kennen wir sogar die Sozialgeschichte. Und so haben auch Sozialorganisationen ihre Geschichten, aufgebaut aus lauter Einzelerzählungen. Eine Frage steht dabei jedoch immer im Fokus: Welche Geschichten werden erzählt und welche somit auch nicht? Im zweiten Kapitel dieses Buches haben wir Geschichten erzählt. Linien der Inspiration, die mal personenbezogen, mal eher allgemein gefasst waren.

Hier geht es nun darum, Ihre Geschichten zu erzählen.

Das können wir natürlich nicht, das können ausschließlich Sie. Wenn Sie Ihr Warum geklärt haben, ist der nächste Schritt, Ihre Geschichten zu erzählen. Und das nicht als Selbstgespräch, bei dem die Wahrscheinlichkeit gering ist, etwas Neues zu erfahren. Erst, wenn Sie Ihre Geschichten anderen erzählen, hören Sie, was Sie zu berichten haben. Und wenn Ihnen jemand eine Frage zu dem stellt, was Sie berichten, ändert sich die Perspektive. Die Geschichte wandelt sich, steht nicht länger für sich allein, sondern wird zu einer geteilten Geschichte, zu etwas Neuem.

Genau genommen ist jede Teamsitzung und jede Übergabe ein Geschichtsereignis. Doch gemeinhin eines über Dritte, nämlich die Adressat*innen. *Darin enthalten ist natürlich auch Ihre Geschichte, Ihr Erleben einer bestimmten Situation, die Sie priorisieren und somit mit dem kolorieren, was Ihnen aus Ihrer Geschichtsperspektive wichtig ist.* Vermutlich auch deshalb sind Teamsitzungen oft so ineffizient, langweilig und empfundene (Lebens-)Zeitverschwendung. *Oder können Sie sagen, wann Sie das letzte Mal eine richtig tolle, gar inspirierende Teamsitzung erlebt haben?* Und was mag für Adressat*innen wohl der Begriff

»Übergabe« bedeuten? Im Mindestmaß vermutlich, dass Übergaben als Situation aussagen, nicht stören zu dürfen, weil jenes Zimmer in meinem Lebens- und Wohnbereich, das für mich ohnehin Tabu ist, geschlossen ist und das ich jetzt erst recht nicht betreten darf, obwohl ich selbst hinter der verschlossenen Tür »Thema« bin. Welche Geschichten dort wohl über mich erzählt werden? Wir werden auf diese Frage zurückkommen und bleiben zunächst bei den Geschichten.

*Schauen Sie doch einmal, wie viele Personen in »Ihrer« Sozialorganisation tätig sind. Und schauen Sie auch, wie viele Adressat*innen es gibt. Und dann stellen Sie sich vor, dass all diese Personen viele Geschichten in sich tragen, die Sie (noch) nicht kennen, weil sie (noch) nicht erzählt wurden.* Nur einmal angenommen, es handelt sich um 1.000 Mitarbeitende und 2.000 Adressat*innen. Und jede Person würde, was völlig untertrieben ist, drei Geschichten zu berichten haben, die in Bezug auf die Sozialorganisation bedeutend wären, dann wären das schon 9.000 Geschichten. Geschichten über Lebensentwürfe, Geschichten über Hobbys, Geschichten über Lieblingsfarben usw. Ohne diese Geschichten würde es die Sozialorganisation nicht geben, aber sie werden eben nicht oder zumindest selten erzählt. Somit: *Welche Geschichten haben Sie noch nicht berichtet?*

Schauen Sie, welche Geschichten Sie erzählen und welche Ihnen erzählt werden. Die Lücke, die jetzt zwischen den erzählten und nichterzählten Geschichten klafft, ist die eigentliche Erzählung der Sozialorganisation, für die Sie tätig sind.

Beispielsweise folgende Geschichten:

Wenn ich an meine Geschichte denke, so fällt mir als jemandem, der schon seine Kindheit und in der Folge sein gesamtes berufliches Leben in der Diakonie verbracht hat, ein Berufsbild ein, das irgendwann verschwunden ist. Gemeint ist die Gemeindeschwester.

Die Älteren unter Ihnen kennen bestimmt noch eine solche Schwester. In meiner Erinnerung sind ihre Namen verschwommen. Aber ich habe ein sehr genaues Bild einer – aus der Perspektive des Kindes – schier uralten Frau vor Augen, die in Diakonissentracht auf einem Hollandrad sitzend zum Stadtbild meines Vorortes gehörte. Ich weiß noch, dass sie offenbar alle kannte, weil sie ständig irgendjemandem winkte oder einen kleinen Schwatz hielt. Und ich erinnere mich auch an ihre Beerdigung oder, besser gesagt, an die damit verbundene Völkerwanderung. Danach gab es niemanden Neues im Stadtbild.

Später, als ich im Studium dann von den Theorien der Pädagogik, der Pflege, der Sozialen Arbeit hörte, kam mir das Bild der Gemeindeschwester wieder in den Sinn. Gerade wenn es darum ging, dass jemand gebraucht wird, der oder die die Leute kennt, vernetzen kann, zuhört und Probleme erkennt. Ich begriff, dass ein Berufsbild vermutlich aufgrund irgendwelcher fachlichen Deutungen aufgegeben wurde, um ihm dann und seitdem hinterherzulaufen.

Ich habe nicht nur zehn Jahre alles Mögliche studiert, sondern diese Studienjahre auch immer als sogenannter Pflegehelfer mit einer halben Stelle finanziert. Begonnen habe ich mit einem Jahrespraktikum, das heute FSJ oder BUFD genannt wird.

Als ich damit Ende der 80er-Jahre des letzten Jahrhunderts begann, wurde das Wohnheim für Menschen mit Behinderungen, in dem ich tätig war, noch von einer Diakonisse geleitet. Sie führte ein hartes Regiment. Zugleich war sie jedoch die Sanftmut selbst. Besonders auch zu mir, weil sie mich schon als Baby kannte.

Es war eine Zeit, die in der Tradition der Fürsorge stand. Es gab Obsttage für die Bewohnerinnen (es lebten dort ausschließlich Frauen) und die Verdauung wurde auf einem im Dienstzimmer gut sichtbaren Plan verfolgt. Wenn diesbezügliche »Termine« nicht eingehalten wurden, wurde nachgeholfen – der Abführtag. Es gab schließlich einen Termin.

Ich erinnere mich an meinen ersten Tag. Mir wurde gezeigt, wo in der Küche alles steht. Zudem wurde mir u.a. Martha – nicht Frau H. – vorgestellt. Und mir wurde gesagt, dass Martha, die damals ca. 50 Jahre alt war, morgens Erdbeermarmelade aufs Brot nimmt.

Kurz darauf beging ich gleich zwei Regelverstöße:

1. Ich nannte Martha »Frau H.« und siezte sie.
2. Ich hatte vergessen, was Frau H. aufs Brot bekommt und fragte sie, was sie denn aufs Brot haben wolle.

Ich spürte die wütenden Blicke einer Kollegin im Nacken, indes Frau H. mich fragend anschaute. Sie war nicht in der Lage, mit meiner Frage umzugehen.

Intuitiv verstand ich, dass hier etwas nicht stimmte. Also ging ich zum Kühlschrank, legte Wurst und Käse auf einen Teller, füllte verschiedene Marmeladen in kleine Schüsseln und stelle das alles vor Frau H. auf den Tisch.

Jetzt hatte ich die Kollegin richtig wütend gemacht. Sie schoss quer durch den Raum (Speisesaal) und brummelte etwas davon, dass ich ja wohl nicht alle Latten am Zaun hätte und auch, dass sowas nicht ginge. Wo kämen wir denn da hin? Zudem solle ich Martha nicht verwirren.

Dann standen die Kollegin und ich gemeinsam vor dem Tisch von Frau H. Diese hatte inzwischen eine der Käsescheiben gegessen und nahm sich nun eine Scheibe Wurst. Die Kollegin sammelte den Teller und die Schüsselchen ein, ging damit in die angrenzende Küche und kam wenig später mit einem geviertelten Erdbeermarmeladenbrot zurück.

»Das wird ein Nachspiel haben«, bekam ich zu hören. Dann ging sie weg. Ich stand mit Tränen in den Augen da. Ich empfand eine Mischung aus Scham, etwas falsch gemacht zu haben, Sorge vor Konsequenzen und Verwirrung hinsichtlich der Frage, was eigentlich mein Fehler gewesen sein sollte.

Das Nachspiel kam in Form eines Vorsprechens bei der Hausleitung. Ich zitterte ein wenig, weinte aber nicht. Aus heutiger Sicht kam die kleine Frau in Ihrer Tracht durchaus übergriffig hinter ihrem Schreibtisch hervor und streichelte mir über die Wange. Dann fragte sie: »Wie siehst Du das, was geschehen ist?«

Jetzt war ich endgültig überfordert und antwortete: »Es hat ihr geschmeckt.«

»Das ist schön, Frank, das ist schön«, sagte sie. Dann setzte sie sich wieder an ihren Schreibtisch, lächelte mich an und deute mir, jetzt wieder zu gehen.

Diese Geschichte hat sich vor nun mehr als dreißig Jahren zugetragen. Viel später, als ich dann doch mal mit meinem Studium fertig war und meinen Doktor gemacht hatte, feierte ich dieses Ereignis in einem sehr engen Kreis. Schwester Ruth – den Namen darf ich wohl an dieser Stelle sagen – die damalige Hausleitung, gehörte zu diesem Kreis.

Es ist unschwer zu erraten, dass es sich bei diesen Geschichten um Erlebnisse eines der Autoren des vorliegenden Buches handelt. Und somit in der Ich-Form bleibend, kann ich berichten, dass hinsichtlich meiner Forschungsaktivitäten die erste Geschichte (Gemeindeschwester) eine Prägung darstellt und die zweite Geschichte (Frau H., die Kollegin und Schwester Ruth) bis heute mein (über die Forschung hinaus) berufliches und auch außerberufliches Handeln bestimmt. Was ich als 17-jähriger Praktikant fühlte, aber nicht verstand, war, dass Frau H. durch das Essen der Käse- und Wurstscheiben ihren Willen zum Ausdruck gebracht hatte. Zu behaupten, dass man wisse, dass sie stets Erdbeermarmeladenbrote wolle, stellte sich als falsch heraus. Zudem, wie sich in meiner, sich dank der Rückenstärkung von Schwester Ruth fortsetzenden Revolte herausstellte, war es Frau H. möglich, durch ein paar technische Tricks (ich schlug ein paar Nägel in ein Frühstücksbrett und klebte Saugnäpfe darunter) mit ihrer einen einigermaßen funktionsfähigen Hand ihr Brot selbst zu schmieren und mit dem zu belegen, worauf sie jeweils Appetit hatte. Warum also hätte ich oder sonst wer weiterhin ein Brot für sie schmieren sollen?

Wir sind sicher, dass auch Sie solche Geschichten in sich tragen. Bewusst oder unbewusst sind diese es, die Sie antreiben. Und sie sind zugleich das unsichtbare Band, das Sie mit der Sozialorganisation verbindet, für die Sie tätig sind. Ihre Geschichten lassen Sie unterscheiden, was Ihnen an Ihrer Arbeit wichtig und was Ihnen weniger wichtig ist und warum Sie mit Veränderungen mal gut und mal weniger gut umgehen können.

*Wie wäre es also, wenn Sie beginnen, Ihre Geschichten zu erzählen und andere ermutigen, ihrerseits ihre Geschichten zu berichten? Haben Sie Mut, etwas von sich preiszugeben. Vertrauen Sie darauf, dass Ihnen irgendwann jemand folgen wird und diesem oder dieser dann weitere. Und beschränken Sie sich nicht auf den kleinen Kreis, den Sie womöglich Team nennen. Arbeiten Sie beispielsweise. mit dem Methodenkoffer der Biografiearbeit zusammen mit den Adressat*innen an ihren Geschichten. Und wenn Sie in einem Wohnbereich arbeiten, sorgen Sie dafür, auch die Geschichten der Kolleg*innen aus der Verwaltung zu erfahren. Und natürlich auch die Geschichten von Angehörigen und rechtlichen Betreuer*innen. Sie alle haben mehr zu erzählen, als auf den ersten Blick zu vermuten ist. Erzählen Sie ihnen Ihre Geschichten und laden Sie sie explizit dazu ein, Ihnen wiederum ihre Geschichten ausführlich zu berichten. Dann wandeln sich Forderungen oft in gegenseitiges Verständnis und womöglich entsteht ein Wir, wo vorher lediglich zwei Parteien waren.*

b = Erkenntnisse gewinnen

Geistliche Inspiration

Viele Gaben – ein Geist
»Es sind verschiedene Gaben, aber es ist ein Geist«, schreibt der Apostel Paulus an seine Gemeinde in Korinth. »Und es sind verschiedene Ämter, aber es ist ein Herr. Und es sind verschiedene Kräfte, aber es ist ein Gott, der da wirkt alles in allem.« (1. Korinther 12,4–6) Warum schreibt Paulus diese Zeilen? Schon kurz nach der Gründung der Gemeinde, kaum ist Paulus weitergezogen, gibt es Streit: Welche Form, den eigenen Glauben zu leben, ist die beste und die richtige? Und wer hat in der Gemeinde etwas zu sagen? Wer hat das Recht, Autorität zu beanspruchen und wer hat das Zeug zu einem Leitungsamt? Die einen reden in unverständlichen Lauten das, was der Geist Gottes ihnen eingibt, andere sind nüchterner und kritisieren: Was haben wir von euren Worten, wenn wir sie nicht verstehen? Die einen suchen in den Schriften der alten Weisen und Philosophen nach Erkenntnis, die anderen tun, was getan werden muss. Sie pflegen Kranke, versorgen Arme und geben den Obdachlosen einen Platz zum Schlafen.

Was ist nun wichtiger? – Nichts ist wichtiger als anderes und niemand ist wichtiger als die anderen, sagt Paulus. Denn all die verschiedenen Gaben, Ämter und Kräfte haben einen gemeinsamen Ursprung: Den Geist Gottes, der uns inspiriert. Wie ein Stamm, aus dem viele Zweige wachsen, so sind wir in aller Unterschiedlichkeit verbunden durch den Geist.

Das macht uns frei von dem vermessenen Ehrgeiz, etwas allein schaffen zu wollen und von der zermürbenden Frage nach dem, was besser, wichtiger oder wertvoller ist. Vielmehr dürfen wir staunend und dankbar die Gaben anderer Menschen als Zeichen und Ausdruck der Inspiration wahr- und annehmen.

Eine kleine Geschichte erzählt davon (nach einer französischen Legende):

> Es war einmal ein Gaukler. Tanzend und springend zog er von Ort zu Ort, bis er seines Lebens müde war. »Meine alten Tage«, sagte er sich, »will ich im Kloster verbringen. Immer schon habe ich die schönen Gesänge geliebt und die Mönche mit ihren langen Gebeten bewundert.« Aber nachdem er einige Wochen dort war, wurde er unglücklicher und unglücklicher. Das Leben der Mönche war ihm fremd. Er wusste weder ein Gebet zu sprechen noch einen Psalm zu singen. So ging er stumm umher und wenn er sah, wie jedermann des Gebetes kundig schien, stand er beschämt dabei: Ach, er allein, er konnte nichts. [...] Eines Tages hielt er es nicht mehr aus. Als die Glocke zum Chorgebet rief, ging er in eine abgelegene Kapelle, streifte sein Mönchsgewand ab und begann mit Leib und Seele zu tanzen, er ging auf Händen und überschlug sich in der Luft, er tanzte und tanzte, bis er nicht mehr konnte. Plötzlich sah er den Abt in der Tür stehen. »Verzeiht«, rief er erschrocken, »ich weiß, ich bin nicht wert, bei euch zu sein, ich werde gleich mein Bündel schnüren und gehen.« Da verneigte sich der Abt vor ihm und sagte: »Durch deinen Tanz hast du Gott viel mehr gelobt, als es unsere wohltönenden Worte je könnten. Bitte bleib bei uns!«[56]

Team

Wie in allen anderen Unternehmen auch, sind Teams in Sozialorganisationen die kleinste soziale Einheit. Mal sind Teams multiprofessionell besetzt, mal, beispielsweise in der Pflege, beruflich homogen. Und gemeinhin gibt es in Teams Personen, die nerven. Da gibt es die Besserwisser*innen; die, die immer mit dem Kopf durch die Wand und alles direkt umsetzen wollen; die, die alles blockieren und die, die scheinbar gar keine Meinung haben und stumpf ihre

56 Aus: Typisch! Kleine Geschichten für andere Zeiten, 7. Aufl., Hamburg 2008, S. 32-33.

Arbeit machen. *Wir nehmen an, dass Sie diese Zuordnungen direkt mit Namen hinterlegt haben, gepaart mit den jeweiligen Gefühlen, die damit bei Ihnen einhergehen. Deshalb bitten wir Sie jetzt, die (selbst)reflexive Perspektive einzunehmen. Welcher oder auch welchen der genannten Charaktereigenschaften würden Sie sich zuordnen?*

Wenn es Ihnen (spontan) gelungen ist, die einzelnen Charaktere zuzuordnen und sich selbst zu verorten, dann werden Sie uns zustimmen, dass ein Team offenbar aus diesen unterschiedlichen personalen Eigenschaften besteht. Wenn Sie diese Zuordnungen (bis auf die eigene) nicht machen konnten, dann schauen Sie doch bitte, welche der Eigenschaften in Ihrem Team dominant sind. Sollte Ihr Team tatsächlich charakterlich homogen sein, dann wagen wir die These, dass die Arbeit in Ihrem Kontext nicht sonderlich gut funktioniert.

Dies wagen wir, weil wir mit Belbin davon ausgehen, dass ein Team alle genannten personalen Charaktereigenschaften braucht. *Stellen Sie sich ein Team vor, dessen Mitglieder allesamt permanent mit dem »Kopf durch die Wand« wollen.* Nun denn, dieses Team wird als Ganzes eben ständig Kopfschmerzen haben. Oder ein Team aus Leuten, die jeweils alles besser wissen. Wann kommt es da mal zu Handlungen? Die Blockierer*innen werden sich selbst permanent im Weg stehen und die, die stumpf ihre Arbeit machen, sind davon abhängig, dass ihnen andere sagen, was zu tun ist.

Ein Team braucht nach Möglichkeit alle Charaktereigenschaften, um quasi produktiv zu disharmonieren. Wer mit dem »Kopf durch die Wand« will, wird im besten Fall von Blockierer*innen so ausgebremst, dass zwar etwas nach vorne geht, aber der Kopf heile bleibt. Gleichzeitig ziehen die »Wilden« die Blockierer*innen im selben Vorgang ein Stück aus ihrer Ecke. Die Besserwisser*innen wissen womöglich wirklich etwas besser und die »stumpf« Arbeitenden sorgen dafür, dass überhaupt gearbeitet wird.

Der oben kurz erwähnte (Wirtschafts-)Psychologe Meredith Belbin gilt als Begründer der sogenannten *Teamrollentheorie*, die Anfang der 80er-Jahre des letzten Jahrhunderts zunehmend an Bedeutung gewann und bis heute einflussreich ist. Diese wird hier sehr verkürzt dargestellt. Belbin geht von insgesamt neun Teamrollen aus, die er wie folgt beschreibt und begründet:

Tab. 2: Neun Teamrollen nach Meredith Belbin[57]

Rollenart	Rollenbezeichnung	Aufgaben im Team
	Macher*in	treibt an und formt viele Teamaktivitäten, Diskussionen und Ergebnisse
handlungsorientiert	**Umsetzer*in**	setzt Konzepte und Pläne effektiv und diszipliniert um und führt sie systematisch aus
	Perfektionist*in	verhindert Fehler und Versäumnisse, stellt optimale Ergebnisse sicher
	Koordinator*in	kontrolliert und organisiert Teamaktivitäten, fördert die Nutzung vorhandener Ressourcen
kommunikationsorientiert	**Teamarbeiter*in**	hilft bei der effektiven Arbeit, verbessert die Kommunikation und fördert so den Teamgeist
	Wegbereiter*in	untersucht Quellen außerhalb des Teams und entwickelt nützliche Kontakte
	Erfinder*in	bringt neue Ideen und Strategien ein, sucht nach guten unkonventionellen Lösungen
wissensorientiert	**Beobachter*in**	untersucht Ideen und Vorschläge auf Machbarkeit und praktische Nutzen für die Teamziele
	Spezialist*in	konzentriert sich auf technisch-fachliche Bereiche und verfügt in dieser Hinsicht über umfangreiches Wissen und die dazugehörigen Fähigkeiten

Es gibt einen im Internet abrufbaren Belbin-Test, den Sie im Kollegium durchführen können. Er funktioniert in etwa wie ein Test, der schon früher in der Bravo wesentlicher Bestandteil des Magazins war. Es lohnt sich, die Klärung der Rollen herbeizuführen. *Sie werden feststellen, dass das Erkennen der Vielfältigkeit im Team umgehend die Zusammenarbeit verbessert und den gegenseitigen Respekt steigert.* Dabei ist es nicht immer zwingend notwendig, dass wirklich alle neun Rollen vorhanden sind. *Aber es kann durchaus sein, dass Sie feststellen, dass Sie zu homogen aufgestellt sind. Dann ist es wichtig, die fehlende Rolle in Ihr gemeinsames Handeln einzubinden.* Dafür wird nicht immer eine weitere Person, die diese Rolle mitbringt, benötigt. Es ist auch möglich, nur die

57 Nach: https://www.onpulson.de/15433/teambuilding-als-antwort-auf-die-anforderungen-des-arbeitsmarkts/ (Zugriff am 08.10.2020).

Verantwortung für die jeweilige Rolle zu übernehmen. Diese Verantwortungsübernahme ist im übrigen Führungshandeln, das nicht unbedingt an Leitung gebunden ist. Davon werden wir in der Folge berichten.

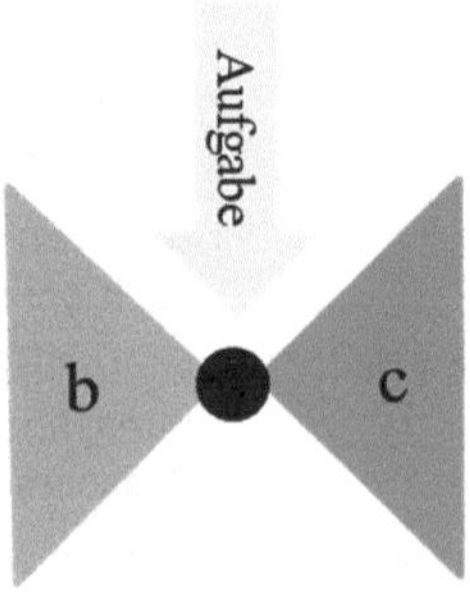

Geistliche Inspiration

»Führe mich, o Herr, und leite …«
Nein, es ist kein Spaziergang, der Weg durch die Wüste. Schnell weicht die Euphorie des Aufbruchs der Ungewissheit: Wie lange wird die Reise noch dauern? Und an welches Ziel wird sie führen? Ja – wo ist eigentlich Gott? Mitten im Nirgendwo scheint auch er nirgendwo zu sein, unauffindbar. Mitten in der Wüste erscheint die Zukunft immer ungewisser, während die Vergangenheit sich verklärt. Die Lobgesänge Israels verstummen, die Klagelieder werden laut: »Wollte Gott, wir wären in Ägypten gestorben durch des HERRN Hand, als wir bei den Fleischtöpfen saßen und hatten Brot die Fülle zu essen. Denn ihr habt uns dazu herausgeführt in die Wüste, dass ihr die ganze Gemeinde an Hunger sterben lasst.« (Exodus 16,3)

Keine leichte Aufgabe für Mose und seinen Bruder Aaron, das murrende Volk durch die Wüste ins Gelobte Land zu führen. Noch ist es nicht in Sicht, noch sind sie auf dem Weg.

»Mose und Aaron sprachen zu ganz Israel: Am Abend sollt ihr innewerden, dass euch der HERR aus Ägyptenland geführt hat, und am Morgen werdet ihr seine Herrlichkeit sehen, denn er hat euer Murren wider den HERRN gehört. Was sind wir, dass ihr wider uns murrt?« (Exodus 16,6 f.)

Als es Abend wird, fallen Wachteln vom Himmel und bedecken das ganze Lager. Als es Morgen wird, »da lag's in der Wüste rund und klein wie Reif auf der Erde. Und als es die Israeliten sahen, sprachen sie untereinander: Man hu? Denn sie wussten nicht, was es war. Mose aber sprach zu ihnen: Es ist das Brot, das euch der HERR zu essen gegeben hat« (Exodus 16,14 f.). Schnell sammeln die Kinder Israels das Himmelsbrot, das Manna, ein, jeder so viel er kann.

Doch am nächsten Tag ist es schlecht, ungenießbar. Mose hatte es vorhergesagt: Sammelt nur für einen Tag. Versucht nicht, Vorräte anzulegen. Morgen wird es neues Brot geben und übermorgen und an jedem neuen Tag. Nur vor dem Sabbat, da dürft ihr für zwei Tage sammeln. »Das ist's, was der HERR gesagt hat: Morgen ist Ruhetag, heiliger Sabbat für den HERRN.« (Exodus 16,21) Sabbat: Ein Tag für Gott und ein Tag für die Menschen. Zum Ausruhen von der Arbeit. Zum Innehalten. Zum Loslassen. Ein Tag, um einen Schritt zurückzutreten, Abstand von seinen Aufgaben zu bekommen, den großen und kleinen. Wer weiß, ob Mose und Aaron es geschafft hätten, die murrenden Kinder Israels ohne diesen Tag durch die Wüste zu führen? Wie gut, einen Schritt zurückzutreten, eine Pause machen zu dürfen, Verantwortung an den, der Wachteln und Manna vom Himmel fallen lässt, abgeben zu dürfen. Wie gut, zu spüren, dass die Welt sich weiterdreht, auch wenn man selbst für einen Moment, einen Tag stillsteht. Wie gut, neue Kraft sammeln zu dürfen, neue Zuversicht, neues Vertrauen – dass auch morgen Brot vom Himmel fällt, dass das Ziel da ist, wenn auch nicht sichtbar, dass Gott da ist, auch wenn es manchmal nicht so scheint. Sabbat, Sonntag, die kleinen Pausen im Alltag: Zeit, in die Lieder derer einzustimmen, die lange vor uns einen Schritt von ihren Aufträgen, ihren Aufgaben und ihrer Verantwortung zurückgetreten sind und ihren Weg in Gottes Hand gelegt haben. »Führe mich, o Herr, und leite meinen Gang nach deinem Wort, sei und bleibe du auch heute mein Beschützer und mein Hort. Nirgends als bei dir allein kann ich recht bewahret sein.« (EG 445, Strophe 5)

Leiten und Führen

Es gibt ein Gedankenspiel, um zu überprüfen, ob man zur Führungskraft geeignet ist. Dieses lautet: Wenn es einem gelingt, auf Macht zu verzichten, ohne dass jemand weiß, dass man sie hat und wenn es einem ebenso gelingt, Macht anzuwenden, ohne dass man selbst weiß, dass man sie hat, dann ist ein wesentlicher Schritt zur Führungskraft getan.

Vielleicht beschäftigen Sie sich mit dem Gedankenspiel, bevor Sie weiterlesen.

Es ist beispielsweise im Vergleich zur englischen Sprache eine Merkwürdigkeit, dass im Deutschen oft zwei Wörter gebraucht werden, indes andere Sprachen mit einem auskommen. So wird das englische Wort »Education« im Deutschen u. a. »Bildung und Erziehung« genannt. Und »Leadership« »Leiten und Führen«.

Diese »Zweiwortigkeit« geht in der deutschen Sprache so weit, dass Deutschland als das Land der »Dichter und Denker« bezeichnet wird. So, als würden Dichter nicht denken und Denker nicht dichten können.[58] Bei genauerer Betrachtung fällt jedoch auf, dass durch das Bindewort »und« eben eine Verbundenheit der Wörter angezeigt wird, also kein Dualismus im Sinn einer Gegensätzlichkeit oder Polarität, sondern eher ein dialektisches Prinzip, in dem aus den beiden durch das »Und« verbundenen Wörtern eine Einheit entsteht. Somit bietet die deutsche Sprache Möglichkeiten von Exaktheit, weil die Bedeutungen zweier Wörter etwas Drittes ergeben, indes Wörter wie »Leadership« zunächst einmal schlicht zweierlei bedeuten, nämlich »Leiten und Führen«. So gesehen wäre es eine vertane Chance, die Möglichkeit von zwei Begriffen in synonymer Nutzung aufgehen zu lassen, indem Leiten und Führen gleichgeschaltet werden.

Organisatorisch ist diese Synonymisierung daran zu erkennen, dass mal von Führungs- und mal von Leitungskraft gesprochen wird. Genau damit wird die Chance vertan, Potenziale von Mitarbeitenden zu entdecken. Warum? Etwas zu leiten ist streng genommen eine übertragene Aufgabe, die mit der Abwicklung bestimmter und vordefinierter Aufträge einhergeht. Beispiele sind Dienstpläne, Kostenstellenverantwortung usw. Führen hingegen ist, wie in diesem Buch durchgehend geschildert, die Kunst, andere zu inspirieren. Und natürlich ist es nicht nur toll, sondern auch wichtig, dass eine Leitungskraft Führungsqualitäten besitzt. Es wäre jedoch organisatorisch fatal, diese ausschließlich bei Personen zu verorten, die im Sinne eines Organigramms als Leitungskraft auftauchen. Jede Person besitzt inspirative Kraft, die eine Organisation lebendig und agil machen kann. Daher ist es aus unserer Sicht eine Leitungsaufgabe, diese Kräfte zu fördern. Und es ist die Aufgabe von Personen, diese Förderung anzunehmen, also die eigenen Führungspotenziale zu erkennen, zu pflegen und zu fördern und Inspirationen einzubringen. Kurzum: Führung ist die Übernahme von Verantwortung.

Was damit gemeint ist, wird in einem der Bücher aus dem Bücherwald, »Das kollegial geführte Unternehmen« von Oestereich und Schröder (2017) mit vielen Ideen beschrieben. »Eingedampft« können vier Handlungsschritte für die Klärung von Aufgaben im Kontext von Leiten und Führen festgehalten werden:

1. Auftrag erkennen
   Wenn es beispielsweise darum geht, eine Lösung dahingehend zu finden, wie die im Buch mehrfach benannte Ilka selbständig und vor allem ohne Gewalt essen und ihre Medizin einnehmen kann, ist festzuhalten, dass Heike aus unserem Beispiel diese Aufgabe erkannt hat. Daraus folgt der zweite Schritt:

58 Vgl. hierzu: Heide-von Scheven/Dieckbreder 2016.

2. Verantwortung übernehmen
   Heike hat die Aufgabe gesehen und die Verantwortung dafür, unabhängig von Ihrer Funktion in der Gesamtorganisation, übernommen, indem Sie ihre Idee innerhalb des Team eingebracht hat. Im Grunde eine Wiederholung im Kleinen von dem, was wir in Bezug auf die Barnetts, Alice Salomon usw. beschrieben haben: Die Aufgabe sehen und handeln. Im Sinne der hier gemeinten Führungsverantwortung genügt dieser Schritt jedoch nicht, weil im Ergebnis Ilka zwar selbst isst, aber noch keine eigene Wahl bezüglich des Essens trifft und die Medizin ihr sozusagen untergemogelt wird. Da Heike nun die Verantwortung übernommen hat, muss sie einen weiteren Schritt gehen:
3. Team bilden
   Heike muss nun ein Team bilden, von dem sie glaubt, dass es Ilka in ihrer Entwicklung weiterbringen kann. Sie muss also schauen, wer in dieses Team sollte. Das könnte neben Ilka selbst und Kolleg*innen aus dem »Regelteam« z. B. auch ein*e weitere Adressat*in sein. Und ggf. ein*e Mitarbeiter*in aus der Verwaltung, der*die ihr Geschichten erzählt hat, die ihn als geeignet erscheinen lassen. Dieses Team leitet (aus Führen wird hier Leiten) Heike dann so lange, bis Lösungen gefunden sind. Diese führen dann zum letzten Schritt:
4. Vorstellung der Ergebnisse
   Die Ergebnisse des Teams werden nun dem »Regelteam« vorgestellt. Gemeinsam wird geschaut, wie die Lösungen umgesetzt werden können. Auch dafür muss jemand die Verantwortung übernehmen usw.

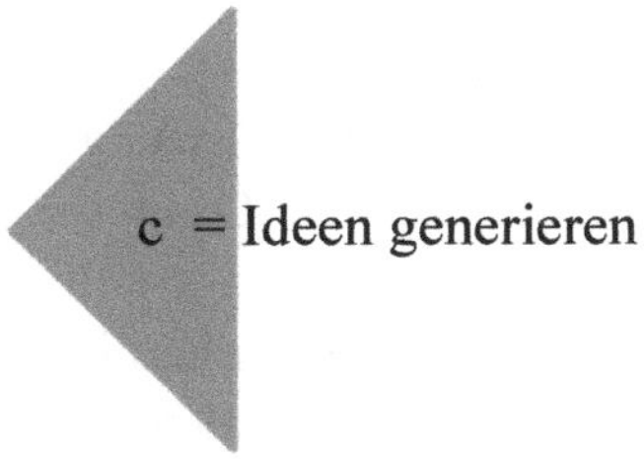

Geistliche Inspiration

Eine gute Idee

Als Kinder bekamen wir abends vor dem Einschlafen von unseren Eltern eine Geschichte vorgelesen. Mal ein Märchen, mal eine Erzählung aus der Bibel, natürlich in kindgerechter Sprache und mit Bilden versehen. Fest in meine Erinnerung eingegraben hat sich ein Bild: Ein kleiner Mann mit einem orangeroten Gewand hängt in einem Baum. Ja, tatsächlich, er hängt wie ein Äffchen im Baum und klammert sich mit Armen und Beinen an einen Ast. Die Tasche, die um seinen Hals hängt, baumelt herunter. Immer wieder wollten wir die Geschichte von dem kleinen Mann hören, der im Baum hängt. Es handelte sich um Zachäus. Lukas erzählt von ihm im 19. Kapitel seines Evangeliums. Zachäus ist Zöllner. Tag für Tag sitzt er am Stadttor und nimmt von den Menschen Geld, die hinein- oder hinausgehen – Wegezoll. Zöllner waren zu biblischen Zeiten nicht sehr beliebt, und Zachäus hat sich die wenigen Sympathien damit verscherzt, dass er den Durchreisenden zu viel Geld abgenommen hat. So war er zwar reich, hatte aber keine Freunde. Als Kind hat mich das sehr beschäftigt: Wie kann es sein, dass jemand keine Freunde hat? Und wie fühlt sich das wohl an?

Eines Tages hört Zachäus, dass Jesus in die Stadt kommt. Jesus ist kein unbeschriebenes Blatt. Ihm eilt der Ruf voraus, dass er Kranke heilen und Menschen mit seinen Worten begeistern kann. Zachäus möchte ihn unbedingt sehen. Als er sich dem Platz nähert, auf dem Jesus mit seinen Jüngern steht, wimmelt es dort schon von Menschen. Zachäus ist klein und hat keine Chance, Jesus durch all die Menschen hindurch zu sehen. Er steht ganz hinten. Da hat er eine Idee: Er klettert auf einen Baum. Von dort aus kann er Jesus sehen! Das Wunder geschieht: Als Jesus zu den Menschen geredet hat, kommt er zu dem Baum und schaut hinauf. Er spricht Zachäus an: »Zachäus, komm herunter von dem Baum. Ich möchte in dein Haus kommen und mit dir essen.« Zachäus kann es kaum glauben. Eine Ewigkeit hat er keinen Besuch mehr gehabt … Schnell steigt er vom Baum herunter. Beim Essen redet er mit Jesus über alles, über sein ganzes Leben. Er will sich ändern, will denen, die er betrogen hat, ihr Geld zurückgeben und ganz neu anfangen.

Mich beeindruckt die Geschichte von Zachäus auch heute noch. Er hat gespürt, dass die Begegnung mit Jesus sein Leben verändern kann, ja, dass es vielleicht die einzige Chance ist, neu anzufangen. Er hat nicht aufgegeben. Er hätte enttäuscht und resigniert wieder weggehen können, als er gesehen hat, dass der Platz schon voll ist. Aber er ist geblieben und kreativ geworden. Er hat schon in diesem Moment sein Leben in die Hand genommen und aktiv gestaltet, als er auf den Baum geklettert ist. Eine Idee ist immer ein schöpferischer Akt. Wer Ideen hat, erfindet sich und sein Leben neu – im Kleinen und Großen. Mit jeder guten und lebensdienlichen Idee verbinden wir uns mit Gott, unserem Schöpfer, und seiner Idee für unser Leben. In Momenten, in denen ich die Wahl habe, aufzugeben oder auf eine gute Idee zu hoffen, denke ich an Zachäus. Weil Jesus ihn auf dem Baum gefunden hat, wird er auch mich finden, wenn ich einen neuen Anfang machen möchte.

Ideen

Ideen zu generieren ist nicht das Warten auf Inspiration, sondern die Suche danach. Deshalb wollen wir an dieser Stelle als Beispiel hierfür eine Verknüpfung zur Walt-Disney-Methode herstellen.

Doch zuvor wollen wir mit Ihnen (sowohl zur Einleitung als auch als didaktisch geplanten Spannungsbogen) noch eine Gedankenreise machen.

Der gemeinhin Henry David Thoreau oder Ralph Waldo Emerson zugeschriebene, letztlich aber von Henry Stanley Haskins (1940) stammende Aphorismus: »What lies behind us and what lies ahead of us are tiny matters compared to what lives within us« ist für unsere Arbeitszusammenhänge, besonders in diesem Schritt des Design-Thinking-Prozesses, zentral. *Denn all das, was Sie auf den zurückliegenden Seiten gelesen und in ihren Arbeitszusammenhängen forschend erlernt haben und erlernen werden, zielt(e) letztlich immer wieder auf das, was innerhalb des Menschen liegt. Worauf wir hier mit Ihnen hinauswollen, ist die Perspektive.* Wenn wir beispielsweise im Kontext der Sozialen Arbeit von Empowerment (u. a. Solomon) oder Erziehungswirklichkeit (Nohl) oder Lebenswelten (Thiersch) sprechen, so gilt unsere Perspektive den Menschen, denen wir uns in und mit der (Sozialen) Arbeit zuwenden. Aber hierbei müssen wir bedenken, dass wir uns den Menschen mit dem zuwenden, was wir sind. Und genau das ist die Perspektive, die wir hier einnehmen. *Es geht um die Perspektive Ihres Charismas. Diesbezüglich denken wir nicht an Angelina Jolie oder George Clooney, sondern eben an das, was in Ihnen innewohnt.* Und genau an dieser Stelle kommt jetzt Walt Disney (1901 bis 1966) mit seiner Arbeitsmethode (respektive Strategie) ins Spiel.

Hierzu eine kleine Geschichte:

Von Walt Disney wird berichtet, dass er in seinem Büro drei Sessel hatte. Einen zum *Träumen*, einen zum *Realisieren* und einen zum *Kritisieren*. Um die Bedeutung dieser Sessel nachvollziehen zu können, müssen wir uns verdeutlichen, was Walt Disney alles in sich vereinigte. Er war zugleich Künstler, Erfinder, Techniker und Unternehmer. Und sicherlich ließe sich diese Liste erweitern, wenn wir über die reine Beruflichkeit hinausgehen würden.

Bringen wir das, was hier in einer Person vereinigt dargestellt ist, auf ein lebenspraktisches Niveau, so stellen wir fest, dass es in Erweiterung zu Faust nicht nur zwei (widerstreitende) Seelen waren, die da in der Brust von Walt Disney wohnten. Es waren mindestens die genannten vier. Und so können wir erkennen, dass die Entscheidung für die eine oder andere »Seele« letztlich ein Unglück bedeutet hätte. Denn schließlich waren alle in ihm.

Ebenso sind diese unzähligen Seelen in uns allen. Manche sind nur zeitweise erkennbar, andere öfter. Nicht selten treten mehrere gleichzeitig auf und wollen existieren dürfen. (Wilhelm von Humboldt hätte hier von Kräften gesprochen, die auf Erfüllung drängen.) Walt Disney hatte erkannt, dass er in sich mehrere parallele Universen trägt. So begann er sich irgendwann zu weigern, auf einige von ihnen zugunsten eines einzigen zu verzichten. Da Disney ebenso wenig wie wir in der Lage war, parallele Universen, die wir heute gerne Potenziale nennen, auch parallel zu leben, hat er mit seinen drei Sesseln sozusagen jedem Potenzial eine eigene Wohnung eingerichtet.

Exkurs: Lerntheoretisch ist es erwiesen, dass Orte eindeutig assoziiert sein müssen, um die geplante Tätigkeit auch ausführen zu können. Beispiel: *Sie machen eine Weiterbildung und haben sich als Lernort den Küchentisch ausgesucht, weil er praktisch ist. Doch irgendwie will es mit dem Lernen nicht so richtig klappen. Warum? Ein Küchentisch muss immer wieder freigeräumt werden, um an ihm zu essen. Denn dafür ist er gedacht. Außerdem sitzen Sie in der Küche, sodass Sie womöglich mit Ihren Gedanken beim Kochen und nicht beim Lernen sind.*

Und genauso ist es mit den Potenzialen. Nicht jedes Potenzial kann am selben Ort auf Erfüllung drängen. Wenn Sie beispielsweise. Über ein Tauch-Potenzial verfügen, werden Sie damit auf der Zugspitze wenig anfangen können.

Aber halt, schauen wir uns dieses Beispiel einmal genauer an. *Vielleicht können Sie Ihr Potenzial ja doch auf der Zugspitze gebrauchen, wenn Sie an die dünne Luft dort oben denken. Aber was geschieht, wenn das niemand abfragt und Sie es nicht mitteilen?* Antwort: Gar nichts.

Damit haben wir eine ziemlich gelungene Überleitung.

Stellen Sie sich eine Gruppe vor. Beispielsweise eine abteilungsübergreifende Projektgruppe in Ihrem Arbeitskontext. Was haben wir dann für eine Situation?

Wir haben zunächst einmal ein Aufeinandertreffen verschiedener Kompetenzen. Zudem haben wir die Redewendung, dass vier Augen mehr sehen als zwei und sechs mehr als vier usw.

Aber können wir diese Redewendung ohne Weiteres bestätigen?

Spielen wir das mal weiter durch: Wir können sagen, das Potenzial der Gruppe ist die Summe aller Potenziale, die die einzelnen Gruppenmitglieder mitbringen.

Klingt gut, oder? Aber wahrlich, so ist es nicht.

Denn was geschieht in Gruppen? Die einzelnen Mitglieder haben unterschiedliche Primärpotenziale hinsichtlich des Auftretens und Verhaltens in Gruppen, die in Teilen über Belbin hinausweisen. Da gibt es die Träumer*innen, die sich gemeinhin ihre Gedanken machen und schweigen. Da gibt es die Realist*innen, die sachlich von Zeit zu Zeit etwas einbringen. Und es gibt die schon bekannten Bedenkenträger*innen, die womöglich die Welt an sich – bezogen auf ihre Gestaltbarkeit – für eine einzige Unmöglichkeit halten. Welche Richtung die Gruppe einschlägt, ist letztlich dadurch bestimmt, wer den Ton angibt. (Diesbezüglich gibt es übrigens mehrere Varianten. Es müssen nicht immer die Lautesten sein, welche die Führung übernehmen. Das ist auch subtil möglich, beispielsweise dann, wenn durch stetige Ergänzungen dafür gesorgt wird, nie zu einem Konsens zu gelangen.) Wichtig ist festzuhalten, dass diese Situationen gemeinhin von niemandem mit Arglist herbeigeführt werden. Vielmehr ist es so, dass wir ziemlich daran gewöhnt sind, in uns liegende Potenziale auf eines zu beschränken. Wir unterdrücken uns also selbst, weil wir meinen, so besser durchs Leben zu kommen.

Vielleicht bedarf es einer dominanten Künstlerseele wie der von Walt Disney, um zu bemerken, dass daran etwas nicht stimmt. Offenbar wollte Walt Disney nicht zulassen, nur eine Seele leben zu dürfen. Und so fand er die Lösung für sein Problem in den drei Sesseln.

Wir würden Ihnen das alles nicht berichten, wenn dadurch nicht einen starker Bezug zu unserem Thema herzustellen wäre. Dieser besteht darin, dass aus dem Sesselprinzip von Walt Disney eine Methode, eben die Walt-Disney-Methode, entwickelt wurde. Das großartige daran ist das doppelte Prinzip, das dieser Methode innewohnt. *Sie können dieses Vorgehen nämlich sowohl für sich als einzelne Person, als auch in der Gruppe oder im Team nutzen.* Wir stellen Ihnen hier beide Herangehensweisen vor.

Für sich selbst (Material: Stifte, Notizzettel)

Der Traum:
Sie sind Mitglied eines Teams zu einem bestimmten Thema. Suchen Sie sich einen Ort, den Sie zum Träumen nutzen können. Versenken Sie sich geistig in das Thema. Blenden Sie möglichst aus, was Sie womöglich im Team bereits erarbeitet haben. Was ist Ihre Inspiration? Was waren Ihre Ideen zu Beginn des Design-Thinking-Prozesses? Was sind jetzt Ihre Ideen dazu? Träumen Sie, was Sie sich alles vorstellen können, was das Konzept durch Ihre Träume bereichern könnte. Schreiben Sie Ihre Träume auf.

Der Pragmatismus (realistische Betrachtung):
Verlassen Sie den Traum-Ort. Suchen Sie jetzt einen Platz, an dem Sie konzentriert arbeiten können. Überlegen Sie und schreiben Sie auf, wie Ihre Träume Realität werden können. Was muss geschehen? Was brauchen Sie?

▶

Die Kritik:
Wieder verlassen Sie den Ort. Jetzt geht es um Sachlichkeit. Also gehen Sie dorthin, wo Sie meinen, dass diese Sachlichkeit möglich ist. Jetzt gehen Sie mit aller Kritik an das, was Sie als realistisch eingestuft haben. Prüfen Sie ganz genau, was Sie von dem, was Sie sich erträumt und pragmatisch betrachtet haben, tatsächlich realisieren können.

Der zweite Traum:
Kehren Sie jetzt wieder an den Ort Ihres Traumes zurück. Träumen Sie erneut. Denken Sie daran, was Sie sich auf Ihrer ersten Traumreise alles ausgedacht haben. Vielleicht träumen Sie noch mehr, dann schreiben Sie das auf. Im Anschluss verlassen Sie den Ort des Träumens wieder und treffen sich mit Ihren Teammitgliedern. Während des Gehens denken Sie darüber nach, was von Ihren Träumen nach der Kritik übriggeblieben ist.

Zurück im Projektteam stellen Sie sich gegenseitig Ihre Ergebnisse vor.

Mit dem Team (Material: Stifte, Metakarten, Flipchartblätter)

Bevor Sie beginnen, schreiben Sie bitte auf die Hälfte eines Flipchartblattes Ihre Einzelergebnisse auf. Danach gehen Sie in derselben Reihenfolge vor, wie im persönlichen Teil beschrieben. Finden Sie Orte, an denen Sie gemeinsam träumen, realisieren und kritisieren können. Bedenken Sie dabei, dass die Träume nicht angreifbar sind. Es geht lediglich um das Ziel, diese real werden zu lassen. Zum Schluss schreiben Sie auf der zweiten Hälfte des Flipchartblattes Ihre gemeinsame Ideenwelt nieder.

d = Lösungen entwickeln

Geistliche Inspiration

König Salomo löst ein Problem
Einst, so erzählt es die Bibel im ersten Buch der Könige, kamen zwei Frauen zu König Salomo. Sie wohnten zusammen in einem Haus und hatten beide im Abstand von drei Tagen einen Sohn geboren. Als sie in der Nacht im selben Zimmer schliefen, starb eines der beiden Kinder. Die Mutter legte ihren toten Sohn der anderen Frau im Schlaf in die Arme und nahm den lebendigen zu sich. Als die andere Frau am nächsten Morgen ihren Sohn stillen wollte, sah sie, dass sie ein totes Kind im Arm hielt. Sofort erkannte sie, dass es nicht ihr Kind, sondern das der anderen Frau war. Diese bestritt das aber und sagte: »Nein, mein Sohn lebt und deiner ist tot!«

Mit diesem Problem stehen sie nun vor König Salomo, der als weise gilt. Er holt ein Schwert und schlägt vor: »Teilt das lebendige Kind in zwei Hälften und nehmt jede eine davon.« Da beginnt die Mutter des lebendigen Sohnes zu weinen und fleht: »Oh, bitte, tut das nicht! Gebt ihr das lebendige Kind, sie soll es haben, aber – bitte – tötet es nicht!« Die Mutter des toten Kindes findet Salomos Vorschlag gut. »Ja, lasst uns das Kind teilen.« Da erkennt der weise König, wer die Mutter des lebendigen Sohnes ist und lässt ihr das Kind zurückgeben, das sie geboren hat. »Und ganz Israel hörte von dem Urteil, das der König gefällt hatte, und sie fürchteten den König, denn sie sahen, dass die Weisheit Gottes mit ihm war, Gericht zu halten.« (1. Könige 3,28)

Unter denen, die über diesen Text predigen müssen, ist Salomos Urteil höchst umstritten: Missbraucht der arrogante Herrscher die zwei Frauen als psychologische »Versuchskaninchen«? Was, wenn seine Rechnung nicht aufgegangen wäre und er das Kind hätte teilen müssen? Hätte er das wirklich getan?

In seinem Buch »Die Kunst, einfache Lösungen zu finden«, schreibt Christian Ankowitsch: »Es führt kein Weg daran vorbei, uns zu fragen, was wir aufzugeben bereit sind, wenn wir unser aktuelles Problem lösen wollen. Denn irgendwas werden wir aufgeben müssen – und sei es nur das vertraute Gefühl, vom Leben überfordert zu sein.« (S. 71) Genau das wusste König Salomo: Dass die Mutter des lebendigen Sohnes diesen, um sein Leben zu retten, im Zweifelsfall aufgeben und der anderen Frau überlassen würde. Zugegeben, das ist keine einfache, sondern eine radikale Lösung.

Aber gerade an ihrer Radikalität wird deutlich, worauf eine gute Lösung nach biblischem Verständnis zielt: auf das Leben. Nicht nur auf das biologische Leben an sich, sondern auf ein Leben, das sich entfalten kann und zu seinem Recht kommt.

Heike, von der wir anfangs erzählt haben, hat eine Lösung für Ilkas Problem mit den Tabletten und dem Essen gefunden. Ob es die beste aller denkbaren

Lösungen ist, wissen wir nicht. Aber die »Doppeldeckerbrote« haben Ilka aus dem aggressiven Setting der Mahlzeiten befreit und ihr einen Raum eröffnet, in dem sie selbstbestimmt(er) und geschützt ihre Mahlzeiten einnehmen kann. Leben kann sich entfalten. Eine Lösung!

Lösungen

Auf einer Tasse steht geschrieben:

Ich bin
Professor
Ich löse Probleme, von denen
du nicht weißt,
dass du sie hast
auf eine Weise
die du nicht
verstehst

Die Tasse war ein Geschenk von Kolleg*innen eines der Autoren. Sie ist eine schöne Mahnung dahingehend, wie man es *nicht* machen sollte. Und zugleich zeigt sie, wie man es machen könnte. Dieser Widerspruch ist wie folgt zu begründen:

Eine Lösung setzt immer ein Problem voraus. Dem Motto auf der Tasse folgend, gibt es Probleme, die keiner (vielleicht bis auf eine*n) sieht. Und die Polemik des Satzes mag berechtigt sein, wenn eine Historikerin über einen Nachbarschaftsstreit im Mittelalter forscht und dann behauptet, dass dies die Ursache für heutige Konflikte zwischen einem Oberdorf und einem Unterdorf sei. Wie sie darauf gekommen ist, versteht vermutlich niemand außer ihr selbst. Was aber geschieht, wenn sie sich verständlich machen kann? Wenn die Streitenden über ihre Forschung verstehen, dass sie einen absurden anachronistischen Kampf führen? Nun denn, dann wäre es eine Lösung. Und zwar eine Lösung für ein Problem, von dem die Beteiligten nicht wussten, dass sie es hatten, weil sie davon ausgingen, ein anderes Problem zu haben, das dann jedoch tatsächlich nicht existierte.

● Lösung

Lösungen können also nur dann Lösungen sein, wenn das Problem richtig erkannt wurde. Deshalb wird im Design Thinking auch mit zwei Diamanten gearbeitet. Der erste dient dazu, das Problem zu erkennen. Erst dadurch wird die Aufgabe klar. Die Aufgabe ist dann, die Lösung für das Problem zu finden. Doch auch diese kann falsch sein. Deshalb ist es notwendig, Lösungen nicht als endgültig zu akzeptieren, sondern auszuprobieren.

Geistliche Inspiration

Fünf Brote und zwei Fische

Jesus, so erzählt es der Evangelist Markus, redet zu vielen Menschen, die sich auf einer Wiese gelagert haben. 5000 sollen es gewesen sein. Als es Abend wird, werden sie hungrig. Die Jünger wollen sie nach Hause schicken, aber Jesus sagt:

> »Gebt ihr ihnen zu essen! Und sie sprachen zu ihm: Sollen wir denn hingehen und für zweihundert Silbergroschen Brot kaufen und ihnen zu essen geben? Er aber sprach zu ihnen: Wie viele Brote habt ihr? Geht hin und seht nach! Und als sie es erkundet hatten, sprachen sie: Fünf, und zwei Fische. Und er gebot ihnen, dass sich alle lagerten, tischweise, auf das grüne Gras. Und sie setzten sich, in Gruppen zu hundert und zu fünfzig. Und er nahm die fünf Brote und zwei Fische und sah auf zum Himmel, dankte und brach die Brote und gab sie den Jüngern, dass sie sie ihnen austeilten, und die zwei Fische teilte er unter sie alle. Und sie aßen alle und wurden satt. Und sie sammelten die Brocken auf, zwölf Körbe voll, und von den Fischen.« (Markus 6,37–43)

Jesus löst ein Problem. 5000 hungrige Menschen werden satt. Mit fünf Broten und zwei Fischen. Ein Wunder! Deshalb wird diese Geschichte auch als die »wunderbare Brotvermehrung« bezeichnet. Die einen möchten glauben, dass sich tatsächlich das Brot auf wunderbare, unerklärliche Art vermehrt hat. Die anderen vermuten eher nüchtern, dass einfach alle auf der Wiese Versammelten ihre Vorräte ausgepackt und geteilt haben. Was auch immer passiert ist an diesem Abend – am Ende sind 5000 hungrige Menschen satt geworden. Und mehr noch: Sie haben nach einem inspirierenden Tag Brot und Fisch miteinander geteilt, Eindrücke und Erlebnisse, Fragen und Zweifel, Träume und Hoffnungen. Sie haben ihr Leben miteinander geteilt und sind satt geworden. Sie haben ein Fest des Lebens zusammen gefeiert und sind erfüllt, glücklich und dankbar nach Hause gegangen.

»Wenn wir das Leben teilen wie das täglich Brot, wenn alle, die uns sehen, wissen: Hier lebt Gott. Jesus Christ, Feuer, das die Nacht erhellt, Jesus Christ, du erneuerst unsre Welt.« (Lieder zwischen Himmel und Erde, 243, Strophe 1).

Jesus hat seinen Traum von einer neuen Welt gelebt. Den Traum von einer Welt, in der Leben geteilt wird wie Brot, in der Menschen satt werden; den Traum von einer Welt, in der man erkennt und spürt: Hier lebt Gott! In seinen Worten und Taten hat er diesen Traum schon in unserer Welt Wirklichkeit werden und sein Reich schon hier und jetzt anbrechen lassen. Als Vorgeschmack auf den Tag, an dem wir gemeinsam im Reich Gottes an einem Tisch sitzen – ohne Unterschied und Gott mitten unter uns.

Für seinen Traum hat Jesus Grenzen überwunden, Konventionen und Regeln gesprengt, Unerhörtes gewagt und unmöglich Erscheinendes möglich gemacht. Durch seinen Traum ist er zur Inspiration für alle Menschen geworden, die seine Vision von einer besseren Welt teilen und ihm folgen. Lassen wir uns ermutigen, miteinander zu teilen was jeder und jede mitbringt – Leben, Träume und kühne Visionen, Sehnsucht und Hoffnung. Lassen wir uns ermutigen, einfach zu »machen« und uns nicht von unseren Zweifeln bestimmen und bremsen zu lassen. Am Ende werden alle satt.

Von der Lösung zur Lösung

Lösungen sind zunächst Prototypen. Im Design Thinking gibt es in Bezug auf Lösungen die Idee des schnellen Scheiterns. Einfacher ist, sich das anhand des Herstellens von Gegenständen vorzustellen. Jemand, nennen wir ihn Walt, hat den Traum, eine Achterbahn zu bauen. Er realisiert diesen gedanklich, indem er sich über Fliehkräfte, Materialien usw. Gedanken macht. Dann kritisiert er das Ganze und überlegt beispielsweise, was das kosten würde. Aber die Geldbeschaffung ist mittlerweile nur noch eine Notwendigkeit, um die er sich kümmern muss, denn sein Traum steht und lässt sich nicht mehr umstoßen. Nun geht es also um das Bauen der Achterbahn. Viele Probleme sind zu überwinden, damit das Ding funktioniert. Irgendwann scheinen die Lösungen gefunden zu sein. Würde er jetzt umgehend in Produktion gehen, weil er meint, die richtigen Materialien gefunden zu haben, ohne sie auszuprobieren, könnte es passieren, dass das Material den Kräften doch nicht standhält. Also baut er einen Prototyp, erkennt eventuelle Fehler, verwirft die Lösung und baut einen neuen, veränderten Prototyp. Ohne diese Herangehensweise hätten wir im weniger schlimmen Fall wohl weniger Freizeitparks. Noch schlimmer wären jedoch Freizeitparks mit instabilen Achterbahnen.

Was für Walt Disney die Freizeitparks waren, sind für die Autoren dieses Buches die Organisationen, für die sie tätig sind. *Genau wie für Sie, denn sonst würden Sie dieses Buch nicht lesen.* Und darum geht es, dass wir gemeinsam träumen, realisieren, kritisieren, Lösungen und Prototypen entwickeln, schnell scheitern und letztlich etwas gestalten, das hält und Freude macht. So gesehen sind die Träume von Walt Disney und uns nicht weit auseinander. Wie wir uns eine Realisation unserer Träume vorstellen, wollen wir im letzten Kapitel beschreiben.

Das Ringen um Lösungen ist der Mut,
aus Trampelpfaden Straßen zu bauen.

6 Abschließende Gedanken zu einem Neuanfang – ein Cliffhanger

In unserem Ringen um Lösungen, wie wir gestalterisch auf die Organisationen, für die wir verantwortlich sind, im Kontext gegenwärtiger Herausforderungen und umringt von Managementansätzen, entwickelnd einwirken können, haben wir uns in den »Wald der Bücher« begeben. Und darin haben wir uns – offen gestanden – mit schöner Regelmäßigkeit verlaufen. Wie wir in diesem Buch mehrfach erwähnt haben, macht es Spaß, sich mit diesen Büchern zu beschäftigen. Sie sind gemeinhin inspirierend, vor allem jedoch eindrücklich und zugleich von geradezu ästhetischer Klarheit geprägt. Sie sind dahingehend verführerisch, dass sie den Eindruck vermitteln, man müsse im Grunde nur diese oder jene Stellschraube drehen, um einen gigantischen Effekt zu erzielen. Oft klingt das einfach. Und in gewisser Weise ist es rauschhaft, die Bücher zu lesen, mit bekannten Praxisstrukturen abzugleichen und in der eigenen Gedankenwelt ein Sozialorganisations-Utopia zu entwerfen.

Ein Gedanke, der uns sozusagen die ganze Zeit über verfolgt hat, ist der Umgang mit Hierarchien. Wir sind beide Vorstände und somit im pyramidalen Gebilde eines Organigramms schlicht sehr weit oben, denn darüber kommen »nur« noch die Aufsichtsgremien. Wir bekleiden diese Positionen mit großer Freude und Leidenschaft; in aller Demut ist uns dabei aber bewusst, dass wir privilegiert sind, weil wir Handlungs- und Gestaltungsmöglichkeiten haben, über die andere nicht verfügen. Besonders in Bezug zu New Work haben wir uns mit dem Extrem beschäftigt, was wäre, wenn wir unsere Positionen für überflüssig erklärten und jegliche organisatorische Bewegung in basisdemokratische Prozesse überführten? In all unseren Überlegungen war diese Reflexion die schwierigste, weil sie uns nicht nur in unserer Funktion, sondern auch als Personen berührt. Natürlich sind auch wir nicht frei von Eitelkeit und Ungeduld, wenn es darum geht, dass Dinge, die für uns klar zu sein scheinen, in schier unendlichen Abstimmungsprozessen in gefühlt viel zu kleinen und obendrein langsamen Schritten vorwärtsgehen. Letztlich haben wir in dieser Reflexion unseren Weg gefunden. Uns ist unsere Aufgabe noch deutlicher geworden. Nämlich dass es darum geht, dass wir inspirieren und uns zugleich inspirieren lassen. Wir haben sozusagen eine Vorbildfunktion als Führungsaufgabe, die als Leitungsauftrag dazu führt, geduldig Abstimmungsprozesse zu begleiten. Abstimmungsprozesse, die ein Ringen um die beste Idee mit den besten Lösungen darstellen.

Damit das gelingen kann, besteht unser Auftrag darin, für eine Atmosphäre zu sorgen, in der Menschen ihre eigene Inspirationsfähigkeit entdecken und darüber hinaus den Mut haben, diese zur Anwendung zu bringen. Zudem müssen wir das Große und Ganze auch dann im Blick zu behalten, wenn an verschiedenen Stellen Einzelaspekte bearbeitet werden. Das Große und Ganze besteht dabei immer darin, dass es in Sozialorganisationen darum gehen muss, sich nie mit einem Status-quo zufrieden zu geben, sondern immer nach den besten individuellen Lösungen zu suchen, um Personen in ihren gewollten Entwicklungen Unterstützung anbieten zu können. Das gilt sowohl für die Adressat*innen der Arbeit, als auch für jene, die in welcher Form auch immer an diesem Prozess beteiligt sind. Es gilt im Blick zu haben, dass optimierte Verwaltungsabläufe pädagogisches Handeln stärken können usw.

Damit das alles gelingen kann, sind wir zu der Überzeugung gelangt, dass Hierarchien in Sozialorganisationen notwendig sind. Denn bei aller berechtigten Kritik an solchen Strukturen ist Hierarchien inhärent, dass sie Sicherheit, Stabilität und Orientierung bieten. Aber der Charakter der Hierarchien muss immer wieder neu durchdacht und in unseren Kontexten eben besonders vor dem Anspruch eines diakonischen Profils begründet werden. Nicht zuletzt, weil Zuständigkeiten personell und eben nicht nur systemisch zugeordnet werden können. Es macht einen Unterschied, ob ich sage, dass die IT (als System) versagt hat, oder ob ich weiß, dass Frau Mayer intensiv daran arbeitet, das Problem zu lösen.

Dass ich statt eines Versagens positiv davon ausgehe, dass eine bestimmte Person an einer Problemlösung arbeitet, ist für uns ein Ergebnis der teilhierarchischen Netzwerkorganisation, in der ich eben nicht »nur« weiß, dass Frau Mayer in der IT-Abteilung arbeitet, sondern in der ich Frau Mayer bestenfalls kenne oder zumindest jemand kenne, der*die sie kennt, weil er*sie mal mit Frau Mayer gemeinsam an einem Projekt gearbeitet hat und deshalb weiß, dass sie immer alles gibt, und überdies eine beeindruckende Persönlichkeit ist, die in ihrer Freizeit an Autos schraubt und daraus ein Angebot für Adressat*innen gemacht hat. Wie oben geschrieben, wäre dies womöglich ein Sozialorganisations-Utopia. Doch wenn wir genau hinschauen, ist es noch mehr als das – Es ist schlicht möglich.

Wir müssen erklären, was wir mit teilhierarchisch meinen. Zur Verdeutlichung hier noch einmal das Bild eines Organigramms (mit Säulen):

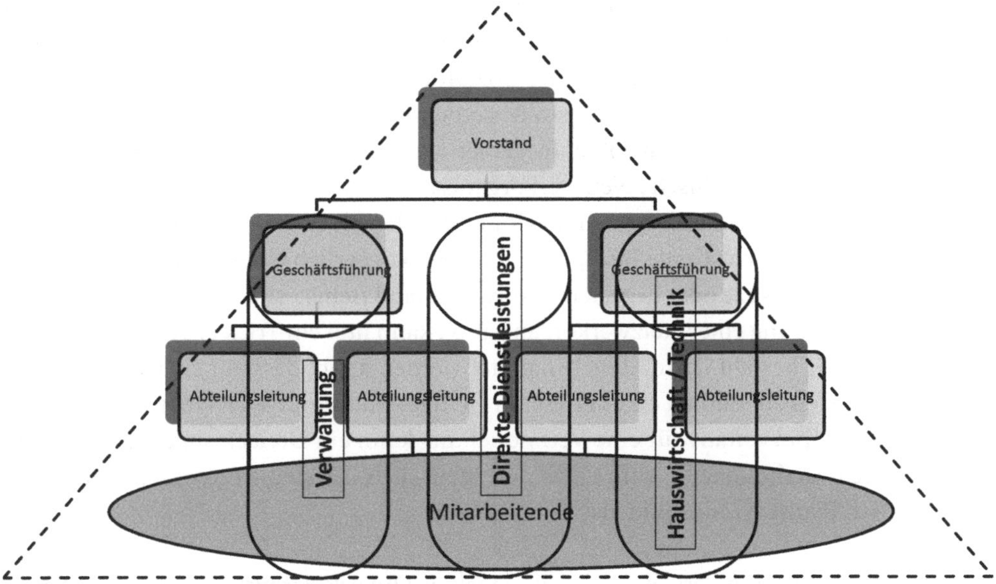

Abb. 13: Organigramm mit Abteilungssäulen (eigene Darstellung)

Wir haben aus den vielen Jahren, in denen wir in unterschiedlichen Funktionen in Sozialorganisationen tätig waren, verstanden, dass die Hierarchie an sich und auch die Aufteilung in Abteilungen bzw. Wohnbereiche, Stationen etc. nicht das Problem darstellen. Im Gegenteil zeigen auch die »pädagogischen Experimente« hinsichtlich personenunabhängiger Erziehung usw., dass dieses Modell auch und gerade für Adressat*innen Sicherheit, Stabilität und Orientierung bedeutet. Es mag dabei sein, dass im Einzelnen Dinge nicht gut laufen oder einzelne Personen unfreundlich und ungeduldig sind, letztlich ist dies ein Abbild von Normalität und somit auch ein Aspekt von Teilhabe. (Womit wir im Übrigen nicht sagen wollen, dass Personen, die sich bei diesem Hinweis angesprochen fühlen, ihr Verhalten nicht schleunigst ändern sollten!) Unter teilhierarchisch verstehen wir deshalb die Ergänzung dieser Hierarchie um ein Netzwerk, mit dem eine Organisation zu einer teilhierarchischen Netzwerkorganisation wird. Somit müssen wir jetzt beschreiben, was wir über das in diesem Buch Dargelegte hinaus unter einem Netzwerk verstehen.

Wie mehrfach beschrieben, geben wir uns nicht damit zufrieden, eine rein systemische Perspektive auf Organisationen einzunehmen, sondern arbeiten in dem Bewusstsein, dass eine Organisation die Summe aller ist, die zu ihr gehören.

Damit berühren wir einen Aspekt, der von einem der Autoren (Dieckbreder) seit vielen Jahren beforscht und in Lehrveranstaltungen zum Thema gemacht wird. Gemeint ist die Idee des Sozialraums. Hier ist nicht der Ort, an dem diese Theorie (erneut) aufgerollt werden soll. Lediglich ein Gedanke aus diesem Zusammenhang soll aufgegriffen werden, um eine Darstellungsform für eine teilhierarchische Netzwerkorganisation ableiten zu können.

Dieser Gedanke besteht darin, dass jeder Mensch ein Sozialraum ist, weil jeder Mensch soziale Bezüge hat und rein körperlich einen Raum darstellt. Wo ich stehe, sitze oder liege, kann sonst niemand stehen, sitzen oder liegen. Für die Darstellung einer Netzwerkorganisation kann nun ein Trick angewandt werden. Dieser besteht darin, dass behauptet werden kann, dass ein einzelner Mensch die kleinste Einheit eines größeren Gefüges und somit auch einer Organisation ist. Repräsentativ für eine Verbildlichung kann ein Dreieck angenommen werden, weil es analog zum einzelnen Menschen die kleinste geometrische Figur ist. Bauen wir das Bild also langsam auf.

Eine einzelne Person ist als ein einzelnes Dreieck darzustellen. Somit entsprechen zwei Personen zwei Dreiecken:

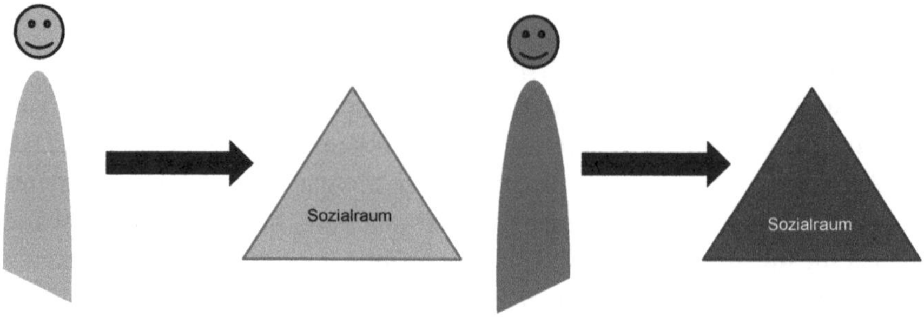

Wir haben die Dreiecke unterschiedlich schattiert, um ihre Individualität herauszustellen. Im weiteren Verlauf belassen wir es zur Vereinfachung bei einer Tonart.

In dieser symbolischen Darstellung lassen sich nun die Beziehungen von Menschen zueinander grafisch z. B. wie folgt darstellen:

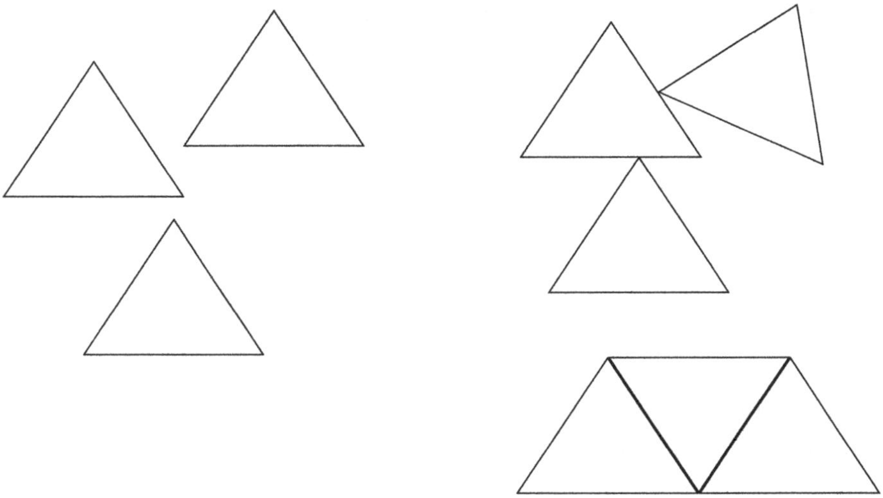

Auf der Ebene der Zweidimensionalität wird mit einem Blick deutlich, dass in Bezug auf Organisationen lose Verbindung von Menschen bestehen, wenn sie beispielsweise lediglich für dieselbe Organisation tätig sind aber nicht zusammenarbeiten. Vereinzelte Berührungspunkte gibt es zwischen zwei Wohnbereichen oder, gemeinhin unsichtbarer, zwischen Lohnabrechnung und Mitarbeitenden. Die dritte hier dargestellte Verbindung stellt z. B. einen Wohnbereich oder eine Abteilung dar, wobei die Berührungspunkte zu Berührungsflächen anwachsen.

Nun ist es zudem möglich – den Gedanken aus dem fünften Kapitel folgend – diese Verbindung zu einem dreidimensionalen Gebilde aufzubauen. Dann entsteht das hier:

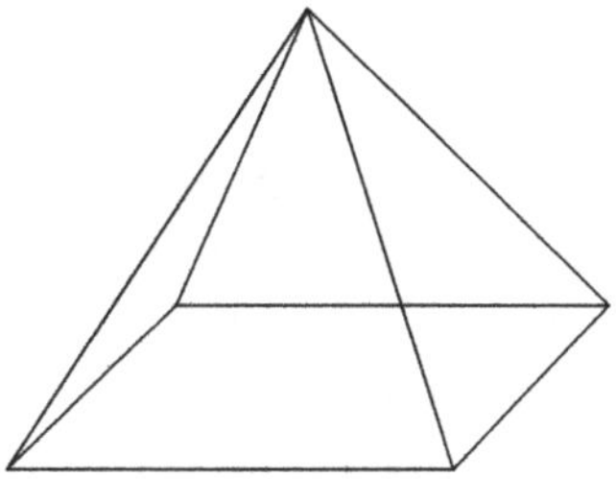

Eine Pyramide. Das mag bis hierher eine wenig spektakuläre Spielerei sein, die jedoch umgehend an Bedeutung gewinnt, sobald wir die Pyramide umdrehen:[59]

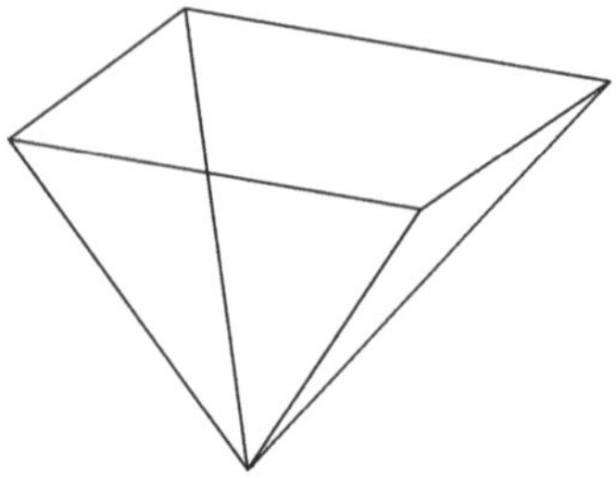

In diesem Moment wird ein Raum sichtbar, der vorher nicht da war. Mit anderen Worten: in dem Moment, in dem sich einzelne Menschen *(= Sozialräume; Sie erinnern sich an die Übersetzung des Wortes sozial = verbunden/verbündet)* verbinden oder gar verbünden, entsteht ein neuer Raum. Und das Besondere an diesem Raum ist, dass er zwangsläufig leer ist. Im Grunde wartet er darauf, mit Inspirationen, Ideen, Aufgaben und Lösungen gefüllt zu werden.

*Stellen Sie sich nun vor, dass die einzelnen Dreiecke nicht ausschließlich aus den Kolleg*innen Ihres Wohnbereichs oder Ihrer Abteilung bestehen, sondern ein Thema, für das Sie eine Inspiration sind und eine Idee haben, aus ganz unterschiedlichen Personen (Dreiecken) besteht. Wenn Sie z. B. in einem Wohnbereich tätig sind und für ein Freizeitprogramm sowohl Adressat*innen als auch Frau Mayer aus der IT hinzuziehen, was für Räume entstehen dann? Und was passiert, wenn weitere Räume hinzukommen, sozusagen in direkter Nachbarschaft?* Im besten Fall entsteht sukzessive eine Kugel, die – in der Analogie der Geometrie bleibend – die perfekte geometrische Figur repräsentiert. Somit entwickelt sich hier kein Sozialorganisations-Utopia, sondern eine echte Möglichkeit einer teilhierarchischen Netzwerkorganisation.

Zusammengefasst gilt es festzuhalten, dass wir für ein inspiriert diakonisches Handeln im Kontext des Managements des Sozialen den Weg darin sehen, Organisationen so zu gestalten, dass auf der Basis von Hierarchien hierarchieübergreifende Netzwerke entstehen. Es geht um die Parallelität von Alltagsgestaltung und Forschungsauftrag dahingehend, kein Generikum im Markt der Leistungserbringer zu sein, sondern die eigenen Wirkstoffe stetig weiterzuentwickeln. Zur besseren Orientierung haben wir das nachstehende Schaubild entwickelt.

59 Beide Pyramiden vgl. https://www.gut-erklaert.de/mathematik/pyramide-berechnen.html (Zugriff am 08.10.2020).

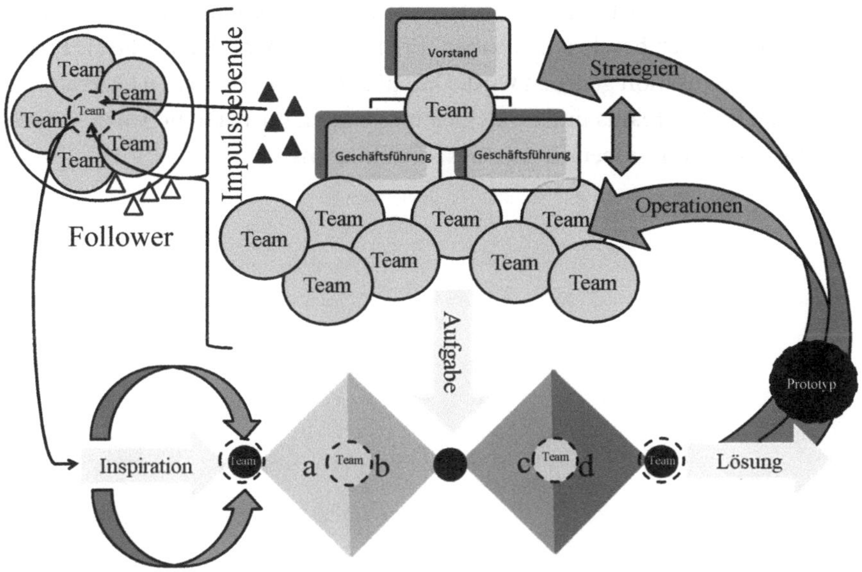

Abb. 14: Schaubild mit Organigramm (Teilhierarchie der Gesamtorganisation) in der Mitte (eigene Darstellung)

In der Mitte haben wir ein Organigramm eingesetzt, das in unserem Sinne die Teilhierarchie der Gesamtorganisation darstellt. Aus Vorstand und Geschäftsführungen haben wir ein Team gebildet, um die Notwendigkeit des Miteinanders auch an dieser Stelle zu verdeutlichen. In den dann folgenden Bereichen sind Organigramme unserer Meinung nach gemeinhin zu starr angelegt. Deshalb haben wir hier lediglich Teams eingezeichnet, die zudem nicht »starr« nebeneinanderstehen, sondern ineinandergreifen. Hier lohnt es sich sehr, die einzelnen Teams, also Wohnbereiche, Abteilungen etc., zu identifizieren und in gemischten Teams Berührungs- und (im Sinne von Netzwerken) Knotenpunkte herauszuarbeiten. Diese Maßnahme wird Organigramme zwangsläufig verändern.

Aus dieser Struktur heraus haben wir, um auch das neue bzw. quere Denken zu symbolisieren, gegen den Uhrzeigersinn durch schwarze Dreiecke Personen markiert, die Impulse geben. Diese Personen sind nicht spezifisch zugeordnet, sondern gehen aus allen Bereichen der Hierarchie hervor, womit die Adressat*innen gleichberechtigt einbezogen werden.

Im nächsten Schritt haben wir mit weißen Dreiecken Follower eingezeichnet, die nun um die Impulsgebenden herum ein temporäres Team bilden. Auch diese kommen aus allen Hierarchieebenen. *(Hier wäre nun Kanban [Bücherwald] eine echte Option. Aber das müssen Sie entscheiden.)*

Dieses Team durchläuft nun, wie dargestellt, einen Design-Thinking-Prozess, wie wir ihn im Buch beschrieben haben. Er endet in einer Lösung, die als Prototyp in die Organisation gegeben wird. Darauf aufbauend entstehen Operationalisierungen in den Teams und Strategieanpassungen im Vorstand sowie weitere Operationalisierungsideen in den Geschäftsführungen.

Literatur

Acemoglu, D./Robinson, J. A. (2013): Warum Nationen Scheitern – Die Ursprünge von Macht, Wohlstand und Armut. Frankfurt a. M.

Amerein, B./Ändra, R./Nagorny-Wittig, G./Rädle, S./Sturzenhecker, M. (2019): Sozialmanagement: Organisation, Leitung und Management sozialer Einrichtungen. Haan.

Andersen, Torben M./Bertola, Giuseppe/Driffill, John/James, Harold/Sinn, Hans-Werner/Sturm, Jan-Egbert/Urošević, Branko (2016): »Das dänische Modell: Zu schön, um wahr zu sein?« http://www.hanswernersinn.de/de/oekonomenstimme_29032016 (Zugriff am 13.10.2020).

Aner, K./Hammerschmidt, P. (2018): Arbeitsfelder und Organisation der Sozialen Arbeit – Eine Einführung. Wiesbaden.

Ankowitsch, C. (2018): Die Kunst, einfache Lösungen zu finden. Berlin.

Arbeitshilfe Loccum (2017): Gott gab uns Atem. Frankfurt a. M.

Arendt, H. (2016): Vom Leben des Geistes. München.

Aristoteles (1995): Politik – Philosophische Schriften 4. Hamburg.

Beck, R./Schwarz, G. (2013): Sozialstaat, Sozialpolitik und (sozial-)politische Steuerung. In Beck, R./Grunwald, K./Schellberg, K./Schwarz, G./Wendt, W. R./Wöhrle, A. (Hg.). Grundlagen des Managements in der Sozialwirtschaft (S. 35–81). Baden-Baden.

Berger, P. L./Luckmann, T. (1969/1996): Die gesellschaftliche Konstruktion der Wirklichkeit – Eine Theorie der Wissenssoziologie. Frankfurt a. M.

Bichsel, P. (1995): Zur Stadt Paris. Frankfurt a. M.

Bilgram, V./Füller, J./Leitl, M. (2018): Wie Innovationen Erfolg haben. Harvard Business manager, Heft 4/2018, S. 22–33.

Bitzan, M./Boley, E. (2016): Soziale Arbeit – die Adressatinnen und Adressaten – Theoretische Klärung und Handlungsorientierung. Bern.

Bourdieu, P. (1998): Praktische Vernunft/Zur Theorie des Handelns. Frankfurt a. M.

Bücken, E./Maschwitz, G./Netz, H. J./Seidel, U./Sorkale, F./Wende, W. (2001): Mein Liederbuch für heute und morgen. Notenausgabe. Düsseldorf.

Buber, M. (2017): Alles wirkliche Leben ist Begegnung. Oberpframmern.

Bude, H. (2019): Solidarität – Die Zukunft einer großen Idee. München.

Burnett, B./Evans, D. (2017): Mach, was Du willst – Design Thinking fürs Leben. Berlin.

Dieckbreder, F. (2015): Begriffserklärungen und Handlungsoptionen zu Quartier/Sozialraum/Inklusion/Stadtentwicklung/Netzwerkarbeit. In: Dieckbreder, F./Meine, J. (Hg.). Vielfalt im Quartier – Perspektiven inklusiver Stadtentwicklung (S. 13–27). Bielefeld.

Dieckbreder, F. (2016): Ökonomie und Solidarität. In: Dieckbreder, F./Dieckbreder-Vedder, S. (Hg.): Das Konzept Sozialraum. Vielfalt, Verschiedenheit und Begegnung (S. 201–219). Göttingen.

Dieckbreder, F./Dieckbreder-Vedder, S. (2016): Anspruch und Wirklichkeit – Was kann und darf Gesellschaft von der Sozialwirtschaft verlangen. In: Wöhrle, A. (Hg.): Moral und Geschäft – Positionen zum ethischen Management in der Sozialwirtschaft (S. 185–200). Baden-Baden.

Elias, N. (1970/2014). Was ist Soziologie? (12. Aufl.). Weinheim/Basel.

Erger, R. (2012): Sozialmanagement: Teamarbeit und Teamentwicklung in sozialen Berufen. Berlin.
Ferguson, N. (2018): Türme und Plätze – Netzwerke, Hierarchien und der Kampf um die globale Macht. Berlin.
Fox, R. L. (2013): Die klassische Welt – Eine Weltgeschichte von Homer bis Hadrian. Stuttgart.
Freudenberg, M./Siller A. (2020): Emder Synode 1571. Wesen und Wirkungen eines Grundtextes in der Moderne. Göttingen.
Frost, R. (2016). Promises to keep/Poems Gedichte. München.
Fürst, R./Hinte, W. (Hg.) (2014): Sozialraumorientierung – Ein Studienbuch zu fachlichen, institutionellen und finanziellen Aspekten. Wien.
Grunwald, K./Thiersch, H. (2008): Praxis Lebensweltorientierter Sozialer Arbeit – Handlungszugänge und Methoden in unterschiedlichen Arbeitsfeldern. Weinheim/Basel.
Haase, B. (2018): Leitung theologisch gestalten. In: Hofmann, B./Montag, B. (Hg.): Theologie für Diakonie-Unternehmen. Funktionen – Rollen – Positionen. Stuttgart.
Habermas, J. (2019): Auch eine Geschichte der Philosophie. Band 1. Berlin.
Hammer, G.-H. (2013): Geschichte der Diakonie in Deutschland. Stuttgart.
Harari, Y. N. (2019): 21 Lektionen für das 21. Jahrhundert. München.
Haskins, H. S. (1940): Meditations in Wallstreet. New York.
Heide-von Scheven, B/Dieckbreder, F. (2016): Integrierte statt doppelte Qualifikation. Zum Verhältnis Sozialer Arbeit und Diakoniewissenschaft. In: Zippert, T./Beldermann, J./Heide, B. (Hg.): Brücken zwischen sozialer Arbeit und Diakonischer Theologie (S. 136–159). Leipzig.
Herbart, J. F. (1804/1996): Über die ästhetische Darstellung der Welt als das Hauptgeschäft der Erziehung. In: Beutler, K./Horster, D. (1996) Pädagogik und Ethik. Stuttgart.
Keynes, J. M. (1936/2017). Allgemeine Theorie der Beschäftigung, des Zinses und des Geldes. Berlin.
Klein, A./Landhäußer, S./Richter, M. (2018): Soziale Arbeit – die Handlungs- und Arbeitsfelder. Bern.
Kleve, H. (2018). Methodische Grundlagen Sozialer Arbeit – Eine fragmentarische Skizze. In: Kleve, H./Haye, B./Hampe, A./Müller, M. (Hg.): Systemisches Case-Management – Falleinschätzung und Hilfeplanung in der Sozialen Arbeit (2. Aufl.; S. 16–41). Heidelberg.
Klotz, S./Kühn, I. (2002): Ökologische Strategietypen. Schriftenreihe für Vegetationskunde, Heft 38, 197–201.
Lambers, H. (2015): Ökonomische Bescheidenheit statt Sozialrendite. Sozialwirtschaft, Heft 6/2015, S. 13–15.
Lewerick, M./Link, P./Leifer, L. (2018): Das Design Thinking Playbook (2. Aufl.). München.
Luhmann, Niklas (1987): Soziale Systeme – Grundriß einer allgemeinen Theorie. Frankfurt a. M.
Mankiw, N. G./Taylor, M. P. (2016): Grundzüge der Volkswirtschaftslehre. Stuttgart.
Marcuse, H. (1964/2004): Der eindimensionale Mensch – Studien zur Ideologie der fortgeschrittenen Industriegesellschaft. München.
Marx, K. (1872/2000). Das Kapital. Köln.
Oestereich, B./Schröder, C. (2017): Das kollegial geführte Unternehmen – Ideen und Praktiken für die agile Organisation von morgen. München.
Osterwalder, A./Pigneur, Y. (2011): Business Model Genaration. Frankfurt a. M.
Raworth, K. (2018): Die Donut-Ökonomie. München.
Rousseau, J.-J. (1765/1996). Gesellschaftsvertrag. Stuttgart.
Rüegg-Stürm, J./Grand, S. (2017): Das St. Gallener Management-Modell. Bern.
Rosa, H. (2017): Resonanz – Eine Soziologie der Weltbeziehung. Berlin.
Salomon, A. (o. J.): Jane Addams. Ida-Seele-Archiv; Akte: Alice Salomon, Nr. 1/2/3/4
Sedlàčck, T. (2012): Die Ökonomie von Gut und Böse. München.
Schedler, K./Rüegg-Stürm, J. (2013): Multirationales Management – Der erfolgreiche Umgang mit widersprüchlichen Anforderungen an die Organisation. Bern.
Schmoll, U. G. (2013): Die Grenze ist der eigentlich fruchtbare Ort der Erkenntnis. Münster.

Schubert, H. (2005): Sozialmanagement: Zwischen Wirtschaftlichkeit und fachlichen Zielen. Wiesbaden.
Senge, P. (2011). Die fünfte Disziplin: Kunst und Praxis der lernenden Organisation (11. Aufl.). Stuttgart.
Sinek, S. (2017): Frag immer erst: warum. Wie Führungskräfte zum Erfolg inspirieren. München.
Sinek, S./Mead, D./Docker, P. (2018): Finde Dein Warum. Der praktische Wegweiser zu deiner wahren Bestimmung. München.
Smith, A. (1776/2009): Wohlstand der Nationen. Köln.
Sohn-Rethel, A. (1985): Soziologische Theorie der Erkenntnis. Frankfurt a. M.
Staub-Bernasconi, S. (2017). Soziale Arbeit als Handlungswissenschaft – Systemtheoretische Grundlagen und professionelle Praxis (2. Aufl.). Bern.
Steinmann, H./Schryögg, G./Koch, J. (2013): Management – Grundlagen der Unternehmensführung: Konzepte – Funktionen – Fallstudien. Wiesbaden.
Streminger, G. (2017): Adam Smith – Wohlstand und Moral – Eine Biographie. München.
Thorntons, P. (2015): Die großen Ökonomen – 10 Vordenker, deren Werk unser Leben verändert hat. Kulmbach.
Vogelbusch, F. (2018): Management von Sozialunternehmen: Eine Einführung in die Allgemeine Betriebswirtschaftslehre mit Abbildungen und Praxisbeispielen. München.
Vogelbusch, F. (2017): BWL Sozial – Entwicklung einer modernen Managementlehre für Sozialunternehmen. Köln.
Von Schönfeld, F. (2017): Leitungs- und Kontrollstrukturen in gemeinnützigen Organisation – Eine Untersuchung zu der Effektivität im Dritten Sektor und deren Verbesserung durch Kodex. Hamburg.
Webb, A. (2020): Planen wie eine Zukunftsforscherin. Harvard Busines manager, Heft 06/2020, S. 38–41.
Wehmeier, J. (2019): Mitarbeiter gesucht. Harvard Busines manager, Heft 11/2019, S. 9.
Wöhe, G. (2016). Einführung in die Allgemeine Betriebswirtschaftslehre (26. Aufl.). München.
Wöhrle, A. (Hg.) (2012): Auf der Suche nach Sozialmanagementkonzepten und Managementkonzepten für und in der Sozialwirtschaft. Band 1–3. Augsburg.
Wöhrle, A. (2017): Die Diskussion über das Sozialmanagement. In: Wöhrle, A./Fritze, A./Prinz, T./ Schwarz, G. (Hg.): Sozialmanagement – Eine Zwischenbilanz (S. 17–40). Wiesbaden.
Zängl, P. (2012): Sozialmanagement als Ergebnis und Produzent Sozialer Arbeit. In: Wöhrle, A. (Hg.): Auf der Suche nach Sozialmanagementkonzepten und Managementkonzepten für und in der Sozialwirtschaft. Band 2 (S. 36–52). Augsburg.
Zippert, T. (2020): Diakonische Praxis – Theologische Ethik für Mitarbeitende in der Diakonie. Leipzig.